KBS스페셜

행복의 리더십

이재혁 · KBS스페셜제작팀 지음 | 서승범 정리

나를 행복하게 할 리더는 누구인가

LEADERSHIP

미국, 독일, 브라질, 핀란드, 일본 등 13개국 로케이션 취재
김정운 문화심리학자와 함께 떠난 리더십 세계일주!

RHK
알에이치코리아

'나'를 '행복'하게 만드는 것이
진짜 리더십이다

"이거 아이템 될까?"

부장이 고개를 갸우뚱거린다.

"시청률이 잘 안 나올 것 같은데…."

옆에 앉은 동료 PD가 걱정한다.

"내년에 이 얘기는 개나 소나 다 할 것 같은데요."

후배가 찬물을 끼얹는다.

2011년 가을, 내가 '행복의 리더십'이란 프로그램 제목을 주위 동료들에게 보여주었을 때 나온 반응들이다. 2012년에 우리나라뿐만 아니라 전 세계 주요국가의 리더들이 바뀌게 되니, 신년특집으로 리더십 관련 다큐멘터리를 해보는 게 어떨까 하는 분위기가 있었다. 당연히 할 만한 기획이었지만 내가 잡은 키워드가 조금 엉뚱했던 것 같다. 행복의 리더십. 방송 18년차에 접어든 나 같은 경력 PD가 아니더라도 이것은 방송 프로그램 제목으로 문제가 많다.

먼저 너무 추상적이다. 행복이란 단어만큼 광범위하고 '자극적이지 않은' 단어가 어디 있겠는가? 또 너무 직접적이다. 방송 PD는 에둘러 얘기하는 것을 좋아한다. 아무리 시사 프로그램이라도 접근방식은 비유적이거나 감성적이어야 한다. 리더십을 제목에 날것으로 쓰다니, 경영학 서적도 아니고….

게다가 두 단어가 잘 섞이지도 않는다. 행복과 리더십(leadership). 한글과 영어가 섞이고, 감성과 논리가 섞이고, 추상성과 구체성이 비벼져 있어 주제의 명확성이 떨어진다. 이러한 문제점들 때문에 주위의 우려가 있었고, 나 스스로도 그 점을 잘 알고 있었다.

그렇지만 나는 '행복의 리너십'이란 제목과 콘셉트를 포기하지 않았다. 나는 왜 이 제목을 고수했는가? 몇 가지 답은 다음과 같다.

"행복의 리더십은 '나'를 행복하게 만드는 리더를 찾는 거야."

실제 방송에도 나왔지만, 나는 세계 곳곳의 평범한 사람들에게 행복을 주는 리더에 대해 물어보고 싶었다. 지금 세상에는 나를 불행하게 하는 리더가 너무 많다. 단순히 경제가 어렵고 복지·교육정책 등이 내 맘에 안 들기 때문만은 아니다. 월가 시위를 보자. 그들이 분노한 것은 경제 리더들의 탐욕과 부도덕함, 그리고 정치 리더들의 무책임함이었다. 자신이 속한 회사, 조직, 국가를 대표하는 리더에 대한 수치심과 배신감, 실망감이 그들을 불행하게 한 가장 큰 이유였던 것이다.

나를 행복하게 만드는 리더는 누구인가?

취재진의 이 질문에 전 세계인들은 각양각색의 대답을 해주었다. 돈을 잘 벌게 해주는 리더, 복지를 많이 보장해주는 리더, 혁신적인 리더, 카리스마 넘치는 리더, 가족 같은 리더 등등. 심지어 아예 없다고 대답한 사람도 많았다. 그렇다면 가장 많이 언급된 리더유형은 무엇이었을까? 의외로 답은 '소통'을 잘하고, '공감'을 끌어내는 리더였다. 특히 삶에 대한 불안감이 큰 젊은 층으로 갈수록 강한 카리스마보다는 소탈하고 부드러운 '대화형 리더'에 대한 선호도가 높았다. 이제는 국가, 지역, 집단의 이익만을 위한 리더가 아니라 '나'의 행복을 위한 리더를 뽑아야 한다는 생각이 든다.

이미 식상한 얘기지만 미국의 〈타임〉지가 올해의 인물로 'You', 즉 '당신'을 뽑은 지 6년이나 지났다. 인터넷 등 뉴미디어의 발달과 함께 이제 개인은 한 집단의 무기력한 구성원이 아니라 의사를 적극적으로 표현하고 변화를 이끄는 힘을 지닌 존재가 됐다. 트위터, 페이스북 등 SNS가 전성기를 구가하는 것은 수많은 나의 행복추구와 관련이 깊다. 과거 이데올로기와 지역주의에 휘둘려 나의 행복을 희생한 채 집단의 목소리에 동조할 수밖에 없던 시대가 있었다. 선거 때마다 편가르기가 초등학교 청백전처럼 유치하고 공공연하게 조장되었고, 수많은 '나'도 동원되었다. 이젠 나의 행복을 용감하고 소신 있게 얘기할 때다.

"행복의 리더십은 '진정한 행복'을 보여주는 리더를 찾는 거야."

행복은 주관적이다. 누구나 자신의 행복을 추구하지만 서로의 행복이 충돌할 수 있다. 이때 리더는 누구의 행복에 손을 들어줘야 할 것인가? 벤담이 주장하듯 공리주의에 입각해 '최대 다수의 최대 행복'을 추구할 것인가? 아니면 칸트처럼 '자유주의'에 입각해 그냥 행복추구를 각자의 권리로 방임할 것인가? 만일 개인의 행복추구가 무한정 보장된다면 힘과 권력, 자본을 소유하고 있는 일부의 행복 때문에 나수의 행복이 희생될 것은 불을 보듯 뻔하나. 그렇나고 사유민주주의 사회에서 있는 자의 것을 강제로 빼앗아 없는 자에게 줄 수는 없는 노릇이다.

《정의란 무엇인가》의 저자 마이클 샌델은 정치 리더들의 적극적 개입이 필요하다고 역설한다. 어렵게 성사된 단독 인터뷰에서 샌델 교수는 애매한 행복의 가치와 의미를 분명하게 정해주었다. 바로 '공동선'이라는 기준을 사용하면 된다는 것이다. 공동선이란 사회구성원 모두가 공감하고 자부심을 가질 수 있는 가치로서 정치 리더들은 이 공동선을 지키고 키우기 위해 스스로 도덕성과 공동체정신으로 무장해야 한다고 말한다. 아리스토텔레스는 "정치의 목적은 사람들이 고유의 능력과 미덕을 계발하게 만드는 것, 곧 공동선을 고민하고, 판단력을 기르며, 시민자치에 참여하고, 공동체 전체의 운명을 걱정하게 하는 것이다"라고 말했다. 무엇이 좋은 삶인지 시민들이 터득하도록 정치 리더가 끊임없이 도와줘야 한다는 것이다.

결국 개인의 행복은 전체의 행복과 양립할 수 있지만 이는 정치 리더들의 적극적인 개입과 책임 없이는 불가능한 것이다. 아직도 우리 사회의 많은 리더들은 '가짜 행복'을 명분으로 공동체를 가르고 계층 간의 위화감을 조성하는 경우가 많다. 하지만 우리에게 필요한 리더십은 구성원 모두가 스스로의 가치와 공동체의 가치를 공유하는 '진짜 행복', 바로 공동선을 구현하는 것이다. 샌델 교수는 이런 공동선의 리더십이 특히 교육, 복지, 일자리의 창출, 의료보장, 소셜 인프라의 구축 등에 가장 시급하다고 말한다. 물론 이것은 리더 자신의 도덕성과 정의, 책임감 없이는 시작조차 꿈꿀 수 없는 단계다.

"행복의 리더십은 리더 자신의 행복을 위한 길이기도 하지."

우리나라 언론에서 접하는 리더들의 모습은 그리 행복해 보이지 않는다. 항상 걱정거리가 많아 보이고, 스트레스와 격무로 육체적·정신적으로 많이 상한 모습이 자주 보인다. 대부분의 전직 대통령들은 각종 논란으로 시달림을 당하고 있고, 그중 한 명은 스스로 목숨을 끊기도 했다. 온갖 부귀영화와 특혜, 권력을 누리고 있는 듯하지만 적어도 우리 사회에서 마주치는 리더들의 초상은 우울하기 짝이 없다.

리더의 유형 중 '나르시시스트 리더(narcissistic leader)'가 있다고 한다. 쉽게 말하면 자신을 사랑하는 리더라고 할 수 있다. 리더십 분야의 권위자이자《우리는 왜 리더를 따르는가?》의 저자 마이클 맥코비는 역사적으로 자아도취에 빠지고 스스로 자부심을 가지는 리더 중에 위대한 리더가 많았다고 분석한다. 예를 들어 에이브러햄 링컨, 윈스턴 처칠, 프랭클린 루스벨트, 스티브 잡스 등이 그런 유형이다. 그들은 당신이 일하는 방식과 당신이 살아가는 방식을 더 나은 방향으로 바꾸고 싶어 한다. 중요한 것은 '보다 나은 방향'에 대한 사회적 합의이다. 올바른 방향에 대한 판단을 뺀다면 히틀러와 같은 파시스트도 나르시시스트라는 점이다. 이런 예외적 상황을 제외하면, 어떤 경제적 보상이나 사회적 명예와 존경 때문이 아니라 남을 위하는 일이 그 자체로 좋아서 한다는 것이 나르시시스트 리더의 강점이다.

이처럼 스스로 행복을 알고 느낄 줄 아는 리더만이 '나와 우리'를 행복하게 해줄 수도 있다. 이런 리더는 굳이 힘과 권력을 사용하지 않아도 사람들이 저절로 따른다. 자기만족이 충만하고, 항상 새로운 것에 도전해 성취와 보람을 느끼는 리더의 모습에서 사람들은 '긍정의 힘'을 발견한다. 그 결과 리더가 강제하지 않아도 자발적이고 좀더 강력한 지지를 보내게 된다. 맥코비는 자아도취적 비전을 가진 사람들은 자연스레 리더가 된다고 말한다.

"중요한 것은 나르시시스트들이 진입할 수 있는 상황이 있어야 한다는 점입니다. 대부분 변화의 시기죠. 그래서 새로운 기술의 변화가 있을 때 아주 많은 나르시시스트들이 나타납니다."

변화를 도전의 기회로 받아들이는 나르시시스트야말로 나를 바꾸고 세상을 바꿀 수 있는 혁신적 리더인 셈이다.

21세기 리더는 궁극적으로 우리를 행복하게 해줄 수 있어야 한다. 수많은 경제수치와 공약, 화려한 정책보다는 나의 고민을 듣고, 조금이라도 듣고 같이 노력해주는 리더가 필요하다. 당장 내 소망이 이루어지지 않아도 좋다. 다만 나의 가치가 무시되지 않으면서 타인의 이익과 공존할 수 있고, 사회 전체가 공동체라는 인식만 리더가 확실히 줄 수 있다면 우리는 당장 행복할 수 있다. 그렇다면 그 행복의 문을 열어주는 키워드는 무엇일까? 바로 '소통·공감·정의·책임·혁신' 이 다섯 가지라고 생각한다. 이중 하나의 키워드라도 입력되지 않으면 행복의 문은 열리지 않는다.

문밖의 리더를 맞는 것은 우리다. 우리가 어떤 리더를 선택하느냐에 따라 우리의 행복과 불행이 나뉘고, 기쁨과 슬픔이 갈린다. 리더를 선택할 수 있는 기회가 자주 오는 것도 아니다. 한번 맞아들인 리더는 5년 동안 우리의 삶을 결정짓는다. 그러니 어떤 문을 열어야 할지 심사숙고해야 한다. 어느 문을 열어야 한다고 주장하는 것이 아니다. 다만 문을 열기 전 '나를 행복하게 할 리더'인지 끝까지 고민해보자는 얘기다. 선택은 우리의 몫이다. "원하는 바를 당당히 요구하고, 주어진 한 표의 권리를 반드시 행사해야 한다"는 이 단순한 논리가 지금처럼 중요한 때가 또 있겠는가.

동료가 내 얘기를 다 듣고 고개를 끄덕이더니 이런 질문을 던진다.

"그런데, 어떤 리더들을 만날 건데?"

나는 이 말에 앞이 캄캄해졌다. '행복의 리더십'이라고 거창하게 제목은 달았는데, 도대체 어떤 리더를 만나야 할까? 나는 구글창에 일단 리더십 키워드 '소통·공감·정의·책임·혁신'을 차례로 입력했다. 수많은 리더가 등장했다. 물론 대부분은 섭외가 쉽지 않은 리더들이었지만 나는 나름대로 선정기준을 세웠다. 바로 앞서 이야기한 다섯 가지 리더십 키워드를 모두 갖출 것. 3개월에 걸쳐 13개 나라를 돌며 우리가 만난 인물은 50명에 이른다. 이들이 하는 일은 지휘자, 벤처 경영인, 노벨상 수상자, 대통령에 이르기까지 다양하지만, 위대한 영웅이나 완벽한 지도자와는 거리가 먼 사람들이었다. 역사에 길이 남을 업적이 많은 것도 아니었다. 하지만 적어도 그들은 사랑받는 리더들이었다. 사람들을 편안하게 하고 웃음 짓게 하는, 별거 아닌 것 같지만 아무나 가질 수는 없는 가치 리더십, 행복 리더십을 그들과의 인터뷰에서 느낄 수 있었다.

짧은 제작기간에 어려운 프로그램을 만드느라 그리 행복하지 못한 2011년 말을 보낸 스태프들에게 미안하면서 감사한다. 제작팀과 함께 세계 곳곳을 누비며 진행자로서의 사명에 충실했던 문화심리

<KBS 스페셜> '행복의 리더십'은 2012년 첫날인
1월 1일과 1월 8일 1, 2부로 나뉘어 방송되었다.

학자 김정운 교수, 끝까지 웃음을 잃지 않고 2부를 연출해준 유종훈 PD, 엄청난 자료와 취재내용을 알기 쉽게 써준 김민정 작가, 많은 날을 밤새며 전 세계 리더들과 전문가들을 섭외한 전하연 서브작가, 프로그램 전반의 골격을 끝까지 잡아준 한창록 선배, 그 밖에도 수많은 스태프들이 없었다면 이 방송은 결코 제작되지 못했을 것이다. 그리고 수많은 촬영원본을 검색해 책에 들어갈 사진을 찾아준 김승현·김혜민·이동환 FD에게도 감사하다. 방송 콘텐츠를 책이라는 활자 콘텐츠에 맞게 거듭나도록 도움을 준 알에이치코리아 송병규 에디터와 백영희 실장님, 서승범 작가에게도 고맙다. 마지막으로 퇴근 후 늦은 밤까지 조언과 격려를 해준 제니와 딸 그레이스, 부모님께 사랑한다는 말을 전하고 싶다. 그리고 이 책을 함께 읽는 독자 여러분과 행복한 꿈을 나누고 싶다는 소망을 가져본다.

2012년 가을 파주에서
이재혁

차 례 _

1

나를 춤추게 하는 리더십 : **소통과 공감**

2

나를 뿌듯하게 하는 리더십 : **정의와 책임**

3

나를 꿈꾸게 하는 리더십 : 혁신과 미션

우리는 '소통의 리더십'을 원한다
– 2012년 대한민국 리더의 필요조건, 성취와 소통

2012년을 살아가는 대한민국 국민들은 어떤 리더를 원할까? 프로그램을 제작하면서 사전자료를 준비하기 위해 2011년 12월 국민대학교 리더십 / 코칭 MBA 자료분석실에 의뢰해 '행복의 리더십 설문조사'를 진행했다. 조사대상은 전국의 남녀 1,348명. 전체 인구에 비하면 적은 수의 표본이라 할 수 있지만, 남녀의 비율은 물론 연령별·지역별·학력별 요소를 감안해서 진행했다(표본오차 ± 2.67%). 이 시대의 평범한 사람들은 어떤 리더를 원하는가? 우리가 대통령에게 원하는 가치와 원하지 않는 가치는 무엇인가? 우리가 원하는 가치는 구체적으로 어떻게 현실화되기를 바라는가?

현재 한국의 리더? 자기긍정, 하향온정, 성취열정은 수준급
미래의 리더에게? 수평소통과 솔선수범, 상호포용

가장 먼저 물은 것은 '현재 한국의 리더들이 어떤

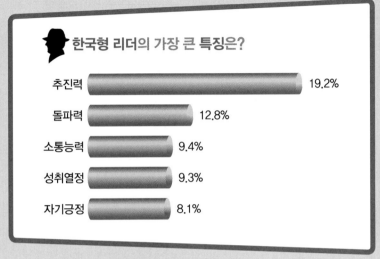

한국형 리더의 가장 큰 특징은?	
추진력	19.2%
돌파력	12.8%
소통능력	9.4%
성취열정	9.3%
자기긍정	8.1%

국민은 현재 한국의 리더의 특징으로 '자기긍정'과 '하향온정',
미래 한국의 리더에게 원하는 가치로 '소통'과 '모범'을 꼽았다.

행동을 보이고 있다고 생각하는지'였다. 가장 높은 점수를 받은 3가
지 항목은 '자기긍정(2.6점 / 4.5점 만점)', '하향온정(2.5점)', '성취열정(2.4
점)'이었다.

평가항목은 미래비전, 변화주도, 성취열정, 자기긍정, 하향온정,
상호포용, 솔선수범, 수평소통으로 모두 8가지였다. 이 8가지 요소
는 2010년 국민대학교 리더십 / 코칭 MBA 자료분석실이 진행한 연
구결과를 토대로 정해졌다. 당시 연구의 주제는 "한국 사람들이 가지
고 있는 문화적 가치에 기반을 둔 리더십의 요체는 무엇인가?", 요컨
대 '한국형 리더십'이었다. 기업 임직원들을 대상으로 이뤄진 연구결
과에서 8가지 요소가 나왔고, 이것이 이번 연구에 적용되었다. 다만

윗사람과의 조화를 말하는 상향적응은 국민과 대통령의 관계를 묻기 위해 상호포용이라는 요소로 바꿨고, 수평조화 역시 수평소통이라는 요소로 변형시켰다. 다시 이번 설문결과로 돌아가자.

현재의 리더십을 특징짓는 요소로 등장한 자기긍정과 하향온정, 성취열정은 미래의 리더십에 바라는 요소 중 가장 낮은 점수를 받은 3가지 요소였다. 자기긍정과 성취열정은 우리나라 사람들이 생각하는 리더십의 대표적인 행동양식이다. 짧은 시간에 고도의 경제성장을 이룩하면서 알게 모르게 체득한 가치다.

법적인 주당 노동시간은 선진국의 추세에 맞춰 반 박자 느리게나마 개정되고 있지만, 현실은 두어 박자 더 느리게 따라가고 있다. 당신은 지난주에 정시 퇴근을 몇 번이나 했는가? 혹시 철야를 한 적은 없는가? 철야와 야근, 주말노동은 그리 낯설지 않다. 생산현장 역시 잔업을 하지 않으면 생활수준을 유지할 수 없다. 우리가 어려운 시절을 극복하는 데 큰 힘이 되었던 자기긍정은 시대가 바뀌면서 때로 문제가 되기도 한다. 무조건 밀어붙여서 일을 내고 그다음 결과로 평가받겠다는 자세는 지금 시대와는 맞지 않기 때문이다.

하향온정이 등장한 이유는 뭘까? '내리사랑'이라고 아랫사람에게 온정을 베푸는 일이 나쁜 일은 아닐 터, 이 역시 자기긍정과 마찬가지로 현실에 어떻게 나타나느냐의 문제다. 다소 바람직하지 않은 가치로 평가된 이유는 하향온정이 정치권의 자기 식구 또는 측근 챙기기로 나타나기 때문이다.

반면 미래의 대한민국을 이끌어갈 리더에게 원하는 가치는 소통과 솔선수범, 포용인 것으로 나타났다. 가장 높은 점수를 받은 것은 솔선수범과 수평소통으로 4.1점이었고, 미래비전과 변화주도, 상호포용이 4.0으로 뒤를 이었다. 지금까지 이런 가치들이 부족했다는 뜻이기도 하고, 경제성장 과정에서는 이런 리더십이 크게 필요하지 않았다는 뜻이기도 하다. 그 결과 어느 정도 성장을 일궈낸 지금 우리는 리더십의 '영양불균형'을 이루게 되었다.

불균형 중에서 가장 큰 차이를 보이는 항목은 리더들이 잘난 체하고 고집을 부린다는 점, 다른 사람의 말을 안 듣는다는 점이었다. 이는 그동안 우리의 정치 리더들이 모범과 소통, 포용의 리더십을 발휘하지 못했다는 뜻이다. 하지만 '압축성장'의 과정에서 그리 중요하지 않았던 가치들이 사회가 변화하면서 급부상했다. 리더십이란 리더와 팔로어의 관계에 따라 결정되기 마련인데, 양과 부피에서 질과 깊이로 패러다임이 바뀌면서 팔로어가 리더에게 요구하는 가치도 달라졌다.

현재의 팔로어들은 입보다 귀가 크고 말과 행동이 일치하는 리더를 원한다. 하지만 듣기보다 말하는 데 익숙한 리더십이 한국 리더들의 중요한 특징이다. 또한 고집은 자기긍정의 씁쓸한 뒷모습이다. 한국형 리더십이 바뀌어야 하는 이유다.

공정하고 더불어 사는 사회를 원한다

지나간 리더와 리더십에 대한 평가보다 더 궁금한 것은 차기 대통령에게 바라는 가치였다. 일단 보기로 제시한 사회상을 모두 나열해본다. 잘 읽어보면 어느 것 하나 포기할 수 없는 것들이다.

- 열심히 일한 만큼 보상이 돌아오는 사회
- 가난한 사람과 부자 간의 격차가 적은 사회
- 학력보다는 능력으로 인정받는 사회
- 자신의 능력과 포부에 맞는 일자리를 쉽게 구할 수 있는 사회
- 여당과 야당, 우파와 좌파 간 갈등이 합리적으로 해결되는 사회
- 돈이 없어도 원하는 만큼 교육을 받을 수 있는 사회
- 경제적으로 확실한 선진국의 지위
- 힘 있는 다른 나라들이 무시할 수 없는 강한 나라
- 통일, 글로벌 경제위기 등 난제를 주도적으로 해결하는 국가
- 북한이 넘볼 수 없는 수준의 확고한 국방력
- 이른바 '국민정서법'이나 '떼법'이 통하지 않는 규범사회
- 부자가 될 수 있는 기회가 많은 사회
- 한류와 같이 문화적으로 세계에서 인정받는 국가

듣기만 해도 뿌듯하고 행복한 보기들이다. 위의 13가지 항목 중 당신이 차기 대통령에게 바라는 가치는 무엇인가? 설문의 결과는 설문의 순서에 미리 반영해놓았다. '열심히 일한 만큼 보상이 돌아

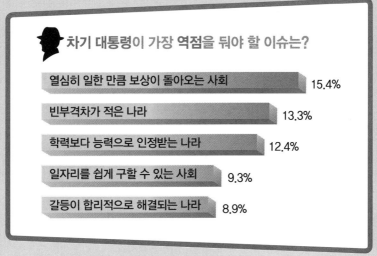

차기 대통령이 가장 역점을 둬야 할 이슈는?

열심히 일한 만큼 보상이 돌아오는 사회	15.4%
빈부격차가 적은 나라	13.3%
학력보다 능력으로 인정받는 나라	12.4%
일자리를 쉽게 구할 수 있는 사회	9.3%
갈등이 합리적으로 해결되는 나라	8.9%

'일한 만큼의 보상'을 선택한 사람이 많다는 것은
현재 경제정의가 실현되고 있지 않음을 역설적으로 보여준다.

오는 사회'가 15.4%, '가난한 사람과 부자 간의 격차가 직은 사회'가 13.3%, '학력보다는 능력으로 인정받는 사회'가 12.4%였다. 그 뒤로 자신의 능력과 포부에 맞는 일자리를 쉽게 구할 수 있는 나라(9.3%), 여야·좌우 간 갈등이 합리적으로 해결되는 나라(8.9%), 돈이 없어도 원하는 만큼 교육을 받을 수 있는 나라(8.0%), 경제적으로 확실한 선진국 지위 / 힘 있는 국가들이 무시할 수 없는 강한 나라(각각 6.5%), 통일, 글로벌 경제위기 등 난제를 주도적으로 해결하는 국가(6.0%), 북한이 넘볼 수 없는 수준의 확고한 국방력(4.9%), 이른바 '국민정서법'이나 '떼법'이 통하지 않는 규범사회(3.9%)로 이어져 부자가 될 수 있는 기회가 많은 나라(2.0%), 문화적으로 세계에서 인정받는 국가(1.9%)로 마무리된다. 공감하는가?

이 결과는 전체적으로 볼 때 공정하고 더불어 잘살 수 있는 사회를 만들어달라는 국민의 요구를 반영하고 있다. 1인당 국민소득이 2만 달러를 훌쩍 넘어서도 국민은 감흥이 없다. 상징적인 평균소득일 뿐 내 소득이 아니기 때문이다. 오히려 '나는 평균도 못 되는구나' 하는 좌절감만 느낄 뿐이다. 국민들은 이제 나라는 웬만큼 사니까 모두 공정하게, 크게 상처받지 않으면서 인간다운 삶을 살 수 있기를 바란다. 그들이 바라는 사회는 1인당 국민소득 7만 달러 사회가 아니라 결과가 노력과 능력을 속이지 않는 사회다.

설문에서는 차기 대통령이 해서는 안 될 것도 물론 물었다. 자기 고집대로만 밀고 나가는 것(20.7%), 선심성 정책으로 경제를 위태롭게 하는 것(17.2%), 자신의 지인이나 측근들만 고위공직에 임명하는 것(14.4%), 가족이나 측근들의 부정부패를 감싸주는 것(14.2%) 순이었다. 그 뒤로 해결해야 할 문제를 회피하는 것, 정치적 편견으로 이끌어가는 것, 자신의 공약을 뒤집는 것, 자신의 앞날을 먼저 생각하는 것 등이 이어졌다.

소통의 리더십을 보여다오

우리의 차기 대통령은 어떤 유형이어야 할까? 이

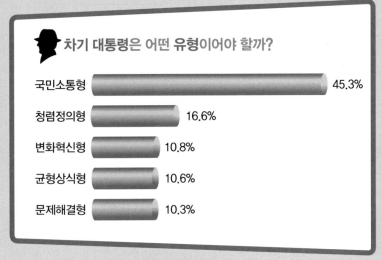

차기 대통령은 어떤 **유형**이어야 할까?

국민소통형	45.3%
청렴정의형	16.6%
변화혁신형	10.8%
균형상식형	10.6%
문제해결형	10.3%

우리 국민의 반 정도는 '소통을 잘하는 대통령'을 원하고 있다.
우리는 소통에 능한 대통령을 맞이할 수 있을까?

번에는 7가시 리더십의 유형을 보기로 제시했다. 즉, 비전제시형, 문제해결형, 국민소통형, 청렴정의형, 변화혁신형, 균형상식형, 운수대통형이다. 이번에는 지지도에 따라 배열하지 않았다. 당신은 어떤 유형의 리더십을 갖춘 대통령을 원하는가?

설문결과에 따르면 45.3%의 압도적인 지지를 받은 유형은 국민소통형이었다. 그다음이 청렴정의형(16.6%), 변화혁신형(10.8%), 균형상식형(10.6%), 문제해결형(10.3%) 순이었다. 비전제시형과 운수대통형은 각각 5.5%와 1.0%에 머물렀다. 국민과 소통하는 대통령? 대통령은 당연히 국민과 소통해야 한다. 하지만 과연 소통이란 무엇이고, 소통의 내용은 무엇인가? 그래서 이것도 설문으로 물었다.

이번에는 주관식으로 먼저 물어보겠다. 국민과 소통을 잘하는 대통령은 어떻게 할까? 평범한 시민의 트윗에 답글을 달아줄까? 여당과 야당 국회의원들을 불러 대화를 나눌까? 자신의 생각을 다양한 채널로 국민에게 전할까? 틀리진 않았지만 핵심에서는 한참 벗어나 있다.

응답자의 38.9%는 '상식수준에서 국민이 이해할 수 있게 처신하는 것'이라고 대답했다. 21.4%는 '인재를 널리 구하고 사심 없이 중용하는 것'이라고 답했고, 11.1%는 '국민 개개인의 처지를 헤아려 주려고 노력하는 것'을 꼽았다. 힘들어 하는 국민들을 먼저 찾아가 문제를 해결해주기를 바란다는 답도 8.7%였다. 국회의원과의 대화? 6.1%. 여기에는 국회의원에 대한 불신도 역할을 하지 않았을까? SNS를 이용한 소통? 물론 있었지만 5.9%에 지나지 않았다. 형식보다 내용이 훨씬 중요하다는 것이다. 자신의 생각을 국민에게 알리는 것? 5.2%. 민심은 모르면서 리더의 생각만 이해해달라고 하는 것은 국민에 대한 예의가 아니라고 생각하기 때문이다. 청와대 비서관 또는 장관들과 열띤 토론을 하는 것도 보기로 제시했는데, 민망하게도 1.0%가 나왔다. 소통이 '인재를 널리 구하고 사심 없이 중용하는 것'이라는 대답의 뒷모습일 것이다. 상식 수준에서 감동도 아닌, 이해할 수 있는 처신이 그렇게 어려운 것일까?

이번 설문조사 결과를 전반적으로 살펴보면, 우리나라 사람들이 생각하는 리더십의 핵심은 소통과 성취였다. 성취는 과거 고도성장을 경험하면서 리더들이 잘 습득하고 보여준 리더십인 반면, 소통은 리더들이 중요성을 인식하면서도 아직 행동으로는 잘 보여주지 못한 리더십이다. 리더에게 바라는 소통이란 결과적으로 수렴과 포용을 포함하고, 성취는 열정과 비전을 전제로 한다. 국민대학교 리더십 / 코칭 MBA 자료분석실은 우리나라 리더십의 코드를 '고도의 합리성'으로 분석하는 한편, 우리의 정치 리더들은 이러한 국민들의 인식과 바람을 따라가지 못하고 있다고 정리했다.

2012년에는 우리나라뿐 아니라 세계 58개 나라에서 정치적 리더가 바뀌었거나 바뀔 예정이다. 프랑스 국민들은 사르코지에 이어 올랑드를 대통령으로 뽑았고, 이집트 국민들은 무르시를 선택했다. 미국은 11월 초 현 대통령인 오바마와 롬니가 대선에서 맞붙을 예정이다.

2012년 말 우리는 대통령을 우리 손으로 뽑게 된다. 헌법이 개정되지 않는 한 우리는 5년마다 새 대통령을 선출할 것이고, 그때마다 우리가 어떤 리더를 원하는가 고민하고 소중한 한 표를 던질 것이다. 다시 5년이 흘러 새로운 대통령을 뽑아야 할 때는 이번 설문결과에 나왔던 차기 대통령에 대한 기대와 바람들이 현재 대통령에 대한 평가로 바뀌기를 바란다.

행복의
리더십

1

나를
춤추게 하는
리더십:
소통과 공감

똑같은 탱고 공연은 없다. 탱고는 즉흥적으로 만들어지기 때문이다. 마치 재즈처럼. 최고의 경지에 오른 탱고 댄서는 처음 만나 완벽한 안무를 창조한다. 그 비결은 소통이다. 댄서들은 눈빛, 표정, 터치 등 비언어적 방식으로 소통한다. 비언어적 소통은 쌍방향의 소통이다. 한쪽이 보내는 신호에 다른 쪽이 즉각적으로 반응하지 않으면 스텝이 꼬이고 동작이 엉킨다.

일상의 소통 역시 쌍방통행이다. 표현과 수용이 자유롭게 아무런 제한 없이 이뤄져야 소통이다. 작은 단위에서 소통이 이뤄져야 큰 소통도 막힘이 없다. 소통은 단순히 말하고 듣는 데서 끝나지 않는다. 소통의 궁극적인 목적은 헤아리는 것이다. 상대방의 입장과 생각에 대한 이해와 공감이 이뤄지면 충분하다. 이해하는 쪽이 지는 것이라고 생각하면 오산이다. 진정한 소통과 공감은 오히려 리더십을 만든다. 어릴 시절, 친구와 죽이 척척 맞아 신났던 기억이 있다. 그게 소통이자 공감이며 행복이다. 행복의 리더십을 묻는 질문에 가장 많은 사람들이 소통과 공감을 꼽은 이유다.

"진심만이 올바로 볼 수 있다."
"It is only with the heart that
one can see rightly."

— 앙 투 안 드 생 텍 쥐 페 리

부자와 빈자를 함께 만족시켜라

전 브라질 대통령 룰라의

삼바 리더십

"모든 사람과 이야기할 수 있는 사람이다. 돈이 많든 없든."

●● 상파울루의 시민

"아래에서 위까지 모든 계층을 아우를 수 있는 사람을 원한다."

●● 방글라데시의 나즈 볼리스탄

소통의 리더십을 보여준 전 브라질 대통령 룰라와
그의 부인 마리자 레티시아. ➡

해변의 아이스크림 장사

　　　　　한 가지 상상을 해보자. 여기는 볕이 따가운 바닷가, 8월 초의 해운대다. 더위에 지친 사람들은 시원한 아이스크림을 먹고 싶다. 이때 아이스크림 장수 두 사람이 커다란 아이스크림통을 들고 나타났다. 편의상 해변의 길이는 100m이고 사람들은 바닷가에 고르게 분포돼 있다고 가정하자. 아이스크림의 종류와 값도 같다. 그렇다면 이 아이스크림 장수 둘은 어디에 있어야 가장 효율적일까?

　답은 25m 지점과 75m 지점이다. 해변을 반으로 나눴을 때 두 구간의 중간지점이기 때문이다. 그래야 한시라도 빨리 아이스크림을 먹고 싶은 사람들이 뙤약볕이 내리쬐는 바닷가를 25m 이상 움직이지 않고 사먹을 수 있다. 물론 아이스크림 장수가 아저씨가 아니라 비키니 차림의 아가씨 또는 식스팩을 드러낸 청년이라면 25m가 아니라 250m라도 기꺼이 움직이는 게 소비자 심리지만, 그런 차이는 무시하자. 하지만 이 이상적인 형태의 위치선정은 가정으로 가득한 허구의 세계에서도 잘 이뤄지지 않는다. 왜 그럴까.

구매자가 아니라 판매자의 입장에서 생각하면 간단하다. 다른 판매자와 가까워질수록 당신의 고객이 늘어나기 때문이다. 예를 들어 당신은 30m, 다른 판매자는 원래대로 75m 지점에 있다면 51m 지점의 고객은 당신에게 간다. 그래서 당신은 저쪽 아이스크림 장수의 눈치를 보며 조금씩 중앙으로 움직이게 될 것이다. 문제는 저쪽에서도 같은 생각을 한다는 점이다. 게다가 슬쩍 보니 당신이 자기 손님을 조금씩 빼앗고 있지 않은가. 그는 어쩌면 당신보다 조금 더 빠른 속도로 중앙을 향할지도 모른다.

어차피 상대방의 움직임을 눈치챘다면 두 사람의 속도는 더 빨라질 것이다. 머지않아 두 아이스크림 장수는 50m 지점에서 서로 만날지도 모른다. 그러잖아도 목이 타는 소비자들은 아이스크림 장수들의 행태에 바짝 약이 오른 상태. 자신들이 있는 쪽으로 아이스크림 장수를 불러오기 위해 서로 목소리를 높이거나 멀리 있는 아이스크림 장수의 험담을 늘어놓을지도 모른다.

더운 여름날 어느 해변에서 벌어질 만한 풍경을 복잡한 현실사회로 가져와보자. 선거철이 다가오면 각 정당들과 후보자들은 다양한

30
욕망의 경제학

공약을 발표한다. 이 공약들이 얼마나 충실한지 또는 실천의지를 담고 있는지, 가능성은 어느 정도인지는 일단 논외로 하자. 우리의 관심사는 공약의 색깔이다. 보수적인 정당이 어울리지 않게 진보적인 공약을 내걸거나, 상대적으로 진보적인 정당이 보수적인 공약을 내놓기도 한다. 앞 이야기 속의 해변을 이념의 스펙트럼이라고 생각하고, 정당 또는 후보자를 아이스크림 장수라고 생각하면 쉽다. 물론 투표는 아이스크림을 사는 것과 달라서 마음만 먹으면 다른 아이스크림 장수를 쉽게 선택할 수 있다.

어느 날 해변에 새로운 아이스크림 장수가 나타났다. 그는 오래전부터 왼쪽 해변 끄트머리에 머무르며 아이스크림을 요구하다가 직접 아이스크림통을 메고 나타났다. 사람들은 그가 어느 위치에 설 것인지 예의주시하고 있었다. 자기가 머무르던 구석지리의 관광객들만 상대한다면 주먹다짐이라도 벌어질 분위기였다. 하지만 그는 해변을 돌아다니며 손님들을 맞았고, 아이스크림을 사먹을 형편이 안 되는 이들에게는 무료로 아이스크림을 나눠주기도 했다. 해변 사람들은 모두 그 아이스크림 장수를 좋아하게 되었다. 브라질의 룰라 이야기다.

참고로 룰라의 당선 득표율은 61.4%였지만, 퇴임 후 그의 지지율은 83%를 넘어섰다. 모든 계층을 아우르며 절대적인 지지를 얻은 룰라의 리더십 비결은 무엇일까?

'노동자 대통령' 룰라

2002년 10월 27일, 브라질 대통령 선거에서 노동자당의 루이스 이나시오 룰라 다 실바가 당시 집권여당이던 사회민주당의 조제 세하를 압도적인 표차이로 따돌리고 대통령에 당선되었다. 룰라의 득표율은 61.4%였다. 당선 직후 룰라가 밝힌 첫 당선 소감은 "희망이 두려움을 이겼다"였다.

룰라가 누구인가. 빈민가에서 태어나 구두닦이와 금속노동자를 거쳐 브라질 노동운동을 이끈 인물이다. 가난한 농부의 아들로 태어나 일곱 살 때 거리에서 땅콩과 오렌지를 팔았고, 열한 살 때는 세탁소점원과 전화교환원으로 일하기도 했다. 열다섯 살에 국가기술연수원에서 기술선반공자격증 과정에 등록해 3년 동안 교육을 받고 상파울루시의 상베르나르두 금속공장에 취직했다. 룰라가 노동운동에 눈을 뜬 건 스물네 살 때, 자신이 다니던 공장이 소속된 금속 및 전기기구공단 노동조합집행부 제의를 받으면서였다.

이때만 해도 정치에는 문외한이었지만 조합활동을 하면서 현실에 눈을 떴고, 1975년 서른 살의 룰라는 노동조합위원장으로 선출된다. 1989년 처음으로 대선에 도전해 2위를 차지하고 결선투표에 진출했지만 낙선했다. 이후 1994년과 1998년 대선에 잇달아 출마했지만 계속 차점자에 머물렀다. 그리고 2002년 대선에서 마침내 압도적인 지지로 대통령에 당선되었다.

룰라의 연설은 3차례 대선을 거치면서 많이 부드러워졌다. 정책도 변혁보다는 안정을 추구하는 방향으로 흘렀다. 그 결정판이 2002년 대선을 앞두고 룰라가 발표한 '브라질인들에게 보내는 서한'이다. 안정과 연속성을 강조한 이 공개서한에서 룰라는 중간계급을 겨냥해 물가안정과 시장질서에 바탕을 둔 정치·경제적 안정을 약속했다. 말하자면 해변 가운데로 조금 자리를 옮긴 것이다. 하지만 취임 초기, 정책과 예산이라는 '아이스크림통'을 메고 '진짜 해변'에 나선 룰라의 자리는 여전히 중앙보다는 왼쪽 구석에 가까워 보였다.

룰라의 대통령 당선을 바라보는 시선에는 그래서 기대만큼 우려도 컸다. 룰라의 언론자문위원을 지냈고 룰라의 자서전《다른 세계는 가능하다》를 엮은 데니지 파라나는 2002년 대선 당시의 분위기를 이렇게 전했다.

"그땐 긴장감으로 가득했습니다. 브라질이 곧 끝장날 거야, 기업들은 파산하고 실업률이 급등해 사람들이 브라질을 떠날 거야 하는 이야기들이 많았죠. 실제로 거의 테러가 일어날 것 같은 분위기도 퍼져 있었으니까요."

브라질의 선거결과를 전하는 외신들의 평가도 룰라에 대해 부정적인 시선이 더 많았다. 옛 소련과 동유럽 등 현실사회주의가 붕괴된 상황에서 노동조합 지도자 출신의 대통령은 많은 의미를 지니지만, 현실의 정치와 경제, 사회는 '의미'로 풀 수 없는 것들이 훨씬 많았기 때문이다. 조지 소로스는 룰라의 당선을 두고 "브라질은 아르헨티나처럼 국가부도 사태를 맞게 될 것"이라고 예견했다. 이는 단순히 좌파 지도자에 대한 감정적인 평가가 아니었다. 실제로 당시 브라질의 경제상황은 절망적이었다.

브라질은 우리나라가 국제통화기금(IMF)에 구제금융을 요청한 지 1년 뒤인 1998년 IMF에 손을 내밀었다. 그 당시 여당이었던 브라질의 까르도주 정부는 외환위기를 해결하지 못해 4년 뒤인 2002년 후속협약을 체결했다. 룰라가 취임하기 직전인 2002년 말 브라질의 외채는 외환보유고의 6배, 연간 수출총액의 3.5배에 달했다.[1] 참고로 우리가 나라빚을 갚겠다고 장롱 속 금반지와 금송아지를 모으고 어르신들이 금니까지 빼내던 1997년, 우리나라의 총외채는 외환보유고보다 많았지만 수출총액 대비 70~80% 정도였다.[2] 당시 우리가 느꼈던 절망감을 떠올리면 2002년 브라질의 상황을 이해하기 어렵지 않다. 이런 상황에서 선출된 좌파 대통령이 바로 룰라였다.

지지율 83%의 비결, 공감

룰라는 2010년에 퇴임했지만 그에 대한 브라질 사람들의 애정과 지지는 여전하다. 취재 당시 룰라는 후두암 투병 중이었다. 이후 오랜 치료와 투병 끝에 지난 3월 후두암을 이겨내고 정계에 복귀했다는 뉴스를 접했다. 취재진이 브라질을 찾았을 때 룰라는 후두암 투병 중이었다(2012년 3월 후두암을 이겨내고 정계에 복귀했다는 뉴스를 접했다). 룰라가 치료를 위해 상파울루 시내의 시리오리바네스 병원에 온다는 제보에 취재진도 부리나케 달려갔다. 이미 병원 곳곳은 브라질 신문·방송사 기자들과 카메라로 가득했다. 기다리는 동안 현지 기자들에게 전 대통령 룰라에 대해 물어봤다. 하나같이 칭찬 일색이다. 봉지아 상파울루 방송의 도니 데 누치오 앵커는 "룰라는 좋은 연설가이고 사람들과 어떻게 소통해야 하는지 아는 대통령"이라 평하며 병세를 걱정했다. TV 가제타 정치부 펠리페 데 아브릴 기자는 "그는 다가가기 쉬웠어요. 장난도 치고 친근했죠" 하고 재임시절의 룰라를 회상했다.

"국민 여러분, 저는 암과 싸워 이길 것입니다. 반드시 이기고 건강한 모습으로 여러분 곁으로 갈 것입니다. 그러니 국민 여러분께서도 힘내시기 바랍니다."

후두암 진단을 받은 후 룰라가 처음 국민에게 한 말이었다. 아픈 내색 없이 자신감 넘치는 모습의 그는 정말 후두암을 이겨낼 수 있을 것 같았다. 정치인과 언론을 비롯해 모든 국민들이 룰라의 쾌차를 빌었고, 동시에 믿었다. 이와 동시에 대통령(정치인)에 대해 비판을 넘어 비난을 서슴지 않는 우리나라 언론사들이 생각났다. 특히 전직 대통령이란 말만 들어도 우리나라 국민 대부분은 좋은 단어를 떠올리기 어렵다. 일반적으로 친정부 언론사들도 공식적인 자리가 아니면 전직 대통령의 문제 몇 가지 정도는 지적하지 않는가?

마침내 룰라가 부인과 함께 응급실에 나타났다. 연신 터지는 카메라와 돌아가는 비디오, 분주한 리포트…. 그는 현직 대통령보다 언론의 관심을 더 많이 받는 듯했다. 이러한 룰라의 대중적 인기는 도대체 어디서 오는 것일까?

룰라의 성공을 가장 상징적으로 보여주는 것은 2006년 재선을 거쳐 2010년 임기를 마치기 직전 실시된 여론조사에서 나온 지지율 83%다. 경제적 위기상황에서 등장한 좌파 대통령과 재임 후 83%의 지지율 사이의 간극을 어떻게 메울 수 있을까?

상식적으로 생각할 때 83%의 지지율은 특정계층의 지지만으로는 나올 수 없는 수치다. 이 절대적인 지지율의 비밀은 계층을 아우르는 정책, 곧 부유한 사람들과 가난한 사람들 모두가 공감할 수 있는 정치에 있었다. 특정계층의 희생을 요구하거나 강제하지 않았다는 뜻이다. 룰라 정권이 출범했을 때 브라질 사람들은 안정보다는 변화를 기대했다. 특히 좌파적 변화에 대한 기대가 컸으며, 혁명을 기대하는 시선도 많았다. 하지만 기대했던 변화는 없었다.

"기존의 혁명은 계급혁명입니다. 혁명이란, 거칠게 말하자면, 부자의 것을 빼앗아 가난한 사람들에게 나눠주는 것이죠. 하지만 룰라는 고용을 창출해 새로운 부를 만들어냈고, 가난한 사람들을 지원해 새로운 국부로 유입시켰습니다. 부유한 이들은 아무것도 잃지 않았어요. 하지만 극빈층은 삶이 개선돼 중산층이 되었습니다. 이것은

룰라 대통령이 도입한 '볼사 파밀리아' 프로그램 카드.
혜택을 받으려면 자녀를 학교에 보내야만 한다.

혁명이죠, 새로운 혁명."

파라나는 룰라가 브라질에 가져온 변화를 '새로운 혁명'이라 표현했다. 새로운 혁명은 어떻게 가능했을까?

룰라는 모든 정책의 최우선은 가난한 사람들에게 희망을 주는 것이라고 밝혔다. 양극화 현상이 뚜렷했던 브라질 사회에서 빈곤퇴치를 위한 예산집행은 단순한 빈곤층 지원이 아니라 사회적 투자임을 강조했다. 2억 인구 가운데 4천만 명이 넘는 빈곤층의 주머니가 두둑해지면 구매력이 늘어나고, 이는 결과적으로 기업의 생산을 늘려 기업에도 도움이 된다는 논리였다. 많은 나라들이 빈곤문제를 해결하지 못하는 이유는 이 단순하고 명쾌한 알고리즘을 몰라서가 아니다. 선순환이 시작되는 고리를 만들려면 엄청난 비용이 들어가기 때문에 악순환의 고리를 끊지 못하는 것이다. 룰라의 브라질은 '볼사 파밀리아(Bolsa Familia)' 프로그램을 선보였다. 이는 빈곤층에 대한 재정적 지원이자 자립을 위한 교육 프로그램이다.

"저는 볼사 파밀리아에서 제공하는 재봉수업을 들었어요. 수업을 들으면서 일을 시작했죠. 아무것도 없는 상태에서 시작했어요. 한 회사와 연락이 닿아 볼사 파밀리아 등록증을 보여주고 일하고 싶다고 했어요. 그 뒤 재봉틀 두 대를 사서 일을 시작했는데, 처음에는 변변한 의자도 없어서 양동이에 앉아서 일하기도 했어요. 첫 회사에서 받은 돈으로 의자를 사고 재봉틀도 더 샀어요. 지금은 작업장을 내서 일하고 있죠."

리오의 한 파벨라(빈민가)에서 봉제완구를 만드는 엘리아니는 볼사 파밀리아 프로그램의 지원금으로 아이들의 식료품을 사고 아이들을 가르쳤으며, 자신은 교육 프로그램을 통해 재봉기술을 배워 일을 시작했다. 엘리아니를 담당한 볼사 파밀리아 상담소 여직원은 볼사 파밀리아를 '책임이 따르는 프로그램'이라고 소개했다. 단순히 지원금에 의존해 생활하는 것이 아니라 지원금과 교육을 통해 한 가족의 삶을 변화시키는 프로그램이라는 것이다. 볼사 파밀리아는 성인의 교육만 지원하는 것이 아니다. 지원금을 받으려면 아이들을 반드시 학교에 보내야 하고, 결석률이 15%를 넘으면 지원이 보류된다.

볼사 파밀리아 프로그램은 기존의 빈곤층 복지 프로그램 4개를 개선, 통합시킨 프로그램이다. 2003년 10월 처음 도입되면서 당시 1인당 소득이 월 50헤알(약 3만 원) 이하인 가족에게 월 50헤알을 시원했다. 2011년 말에는 1인당 월 140헤알 이하인 가족에게 70헤알을 지원하고 있었다. 도입 당시 기존의 4개 프로그램에 들어가던 예산은 2004년 두 배로 증액되어 657만 명을 지원했고, 2010년에는 1,280만 명이 볼사 파밀리아의 혜택을 받았다.

볼사 파밀리아를 비롯한 빈곤퇴치 프로그램으로 2억 명의 인구 가운데 6천만 명에 달하던 빈곤층은 4천만 명으로 줄었다. 줄어든 빈곤층만큼 서민층과 중산층이 늘어났고, 이는 기업의 매출신장으로 이어졌다. 세계가 금융위기로 휘청거리던 2008년에도 브라질은 큰 타격을 받지 않았다. 전해보다 낮아지긴 했지만 2008년 GDP 성장률은 5.15%였다. 타우바테에 있는 LG공장 관계자도 같은 이야기를 했다.

"우리는 최근 몇 년 동안 매년 20% 이상의 성장을 달성하고 있다. 물론 여기에는 기업 이미지도 한몫했을 것이다. 브라질 경제가 어려워 다른 기업들이 철수할 때도 우리는 여기에 남았기 때문이다. 또 룰라 정부에서 중산층을 확대하는 정책이 서서히 실현되면서 실질적으로 고객층이 두꺼워졌다. 여기에 우리가 친서민적인 제품을 개발한 것도 주효했다고 생각한다. 룰라 대통령이 우리 신제품발표회에 와서 친서민 제품을 만들어달라고 주문했고, 이에 따른 연구로 만든 것이 듀얼심(dual sim) 휴대전화였다. 이 제품에 대한 시장의 반응이 아주 좋다."

이 관계자가 소개한 듀얼심 휴대전화에는 사용자 정보를 담은 심카드가 두 개 들어 있다. 통신사별로 할인혜택이 다르므로 휴대전화를 사용할 때 혜택이 많은 통신사를 이용하기 위해서다. 우리 식으로 말하자면, 휴대전화 한 대에 A사와 B사의 유심카드를 넣어 A사 사용자에게 전화를 걸 때는 A의 유심카드를, B사 사용자와 통화할 때는 B의 유심카드를 이용하는 식이다. 같은 통신사를 이용하는 사람끼리 통화를 하면 요금이 싸기 때문이다. 즉, 듀얼심 휴대전화를 이용하는 사람들은 더 낮은 비용으로 더 많은 사람들과 통화할 수 있다.

룰라는 성장과 복지 중 하나를 선택하지 않았다. 복지를 통해 성장을 꾀했고 결과는 성공적이었다. 브라질은 8년 만인 2006년 1월 IMF에서 빌린 돈을 모두 갚았고, 경제규모도 커져 세계 8위의 경제 대국이 되었다. 최근 브라질발 소식들은 브라질의 경제가 급성장하면서 인구의 절반을 차지한 중산층들이 상류층으로 발돋움하고 있고, 이에 따라 역이민 현상이 나타나고 있다는 내용을 전하고 있다. 브라질 지리통계청은 역이민자들이 2000년 8만 7,900명에서 2010년 17만 4,600명으로 늘었다고 발표했다.

공감, 쌍방향 리더십의 다른 이름

"내가 이 자리에 오를 수 있었던 이유는 나 자신만이 아니라 수백만, 수천만 사람들의 염원에 항상 충실했기 때문이라고 생각합니다."

"모든 업적의 공은 초등학교밖에 나오지 않은 나를 대통령으로 뽑아준 국민들에게 돌아가야 합니다."

앞의 말은 룰라가 2003년 대통령 취임 후 가진 인터뷰에서 한 말이고, 뒤에 나온 말은 룰라의 퇴임연설 중 일부다. 퇴임 직전에 실시된 여론조사에서 룰라는 83%의 높은 지지를 얻었다. 룰라의 후임 대통령은 룰라의 정치적 양자라는 지우마 호세프이고, 룰라에 대한 지지는 지금도 크게 달라지지 않았다.

룰라는 성장과 복지라는 두 마리 토끼, 그것도 서로 반대 방향으로 내달리는 토끼를 모두 잡은 것으로 평가되고 있다. 그 덕분에 가난한 사람들은 물론 중산층과 부유층의 공감대까지 이끌어냈다. 공감의 리더십이란 리더가 공감하는 리더십일까, 리더가 공감을 이끌어내는 리더십일까? 정답은 둘 다이다. 리더가 공감하지 않고 공감을 이끌어내는 것은 불가능하기 때문이다. 또한 일방으로만 공감하는 것은 진정한 공감이 아니기 때문이다. 말 그대로 공감이란 함께 느끼는 것이다. 룰라연구소 파울로 오카모토 소장의 다음 말은 룰라가 보여준 수많은 결과 뒤에 공감하는 능력이 있음을 말해준다.

"일반적으로 정치가들은 스스로 모든 것을 알고 있다고 생각해요. 하지만 룰라는 자신이 아무것도 모른다고 생각합니다. 그래서 현장을 찾고 정보를 모으고 대화를 나누죠. 그는 국민들의 꿈과 바람을 이해하고 이루기 위해 내 편이든 네 편이든 상관없이 만나고 대화하기를 두려워하지 않았어요. 다른 대통령들은 '네, 대통령님이 옳습니다', '네, 각하' 따위의 말을 듣고 살죠. 그러면 모든 것이 엉망이 돼버려요. 하지만 룰라에게는 사람들이 자기 생각을 말할 수 있었죠, 무엇이 옳고 그른지. 그것이 룰라를 만들었다고 생각합니다."

늘씬한 미녀들이 등장하는 브라질의 삼바축제. 삼바는 본래 남아메리카에 이주한 흑인들의 춤이었다. 브라질 상류층은 '미천한 이'들의 춤을 받아들였고, 춤은 브라질 전역으로 퍼졌다. 20세기 초 새로운 삼바 리듬이 가미되면서 삼바는 브라질의 국민춤이 되었다. 인종과 세대, 빈부격차 따위는 깡그리 무시하고 사람들 사이의 벽을 무너뜨려 모두가 한데 어울리는 삼바축제의 정수는 바로 공감이다. 룰라가 보여준 리더십 역시 대중영합주의가 아니라 '삼바 리더십'이었다.

피라미드에서 광장으로

이집트 민주화를 이끈

시민 리더십

"그들은 고개를 숙이고 국민들의 목소리를 들어야 한다."
●● 베이징의 시민

"가장 급한 것은 국민과 소통하는 일이다. 그리고 팍팍해진 국민의 마음을
좀 따뜻하게 할 수 있는 정책들이 필요하다."
●● 서울의 유병돈

이집트 국민들이 국기를 들고 타흐리르광장에 모여 민주화를 요구하고 있다. ➡

이집트의 귀환

　　이집트는 나일강의 나리이고, 그래서 피리오의 나라이고, 때문에 피라미드의 나라다. 고대문명은 모두 커다란 물줄기를 따라 발생했다. 황하든 인더스강이든 티그리스강과 유프라테스강이든 그리고 나일강이든 강이 문명을 잉태할 수 있었던 것은 범람 때문이다. 범람지역에는 엄청난 퇴적물이 쌓여 땅이 비옥해지면서 먹을거리가 풍부했다. 하지만 강의 범람은 그동안 일구었던 여러 결과물을 한 방에 쓸어버리기도 했다. 그래서 치수사업은 각 문명의 집권세력에게 가장 중요한 사업이었다. 막대한 노동력을 들여야 하는 토건산업인 치수사업은 결과적으로 강력한 중앙집권세력을 낳았다. 나일의 이집트에서는 그것이 파라오였고, 살아서 왕이었던 파라오들은 죽어서는 신이 되어 피라미드에 묻혔다.

  파라오의 절대권력은 피라미드에 남아 있다. 취재에 동행한 김정운 교수는 눈앞에 나타난 피라미드의 크기가 믿기지 않는 듯 연신 카메라 셔터를 눌러댔다. 피라미드에 사용된 돌 하나의 높이가 김정운 교수의 키보다 크다. 가자 지구의 세 피라미드는 쿠푸·카프라·멘카우라왕의 피라미드인데, 가장 큰 피라미드는 쿠푸왕의 것이다. 쿠푸왕의 피라미드는 2.5톤짜리 돌을 230만 개나 쌓아올려 만들었다. 높이가 무려 147m인 이 피라미드는 건축에 기계가 사용되기 시작한 19세기까지만 해도 인류가 만든 가장 높은 건축물이었다. 도대체 이 어마어마한 건축물을 누가, 어떻게 지었을까? 거꾸로 피라미드가 불가사의한 만큼 그 당시 이집트 사람들에게 파라오가 절대권력을 지녔다고 생각하면 파라오가 어떤 의미였는지 헤아릴 수 있다. 만리장성을 쌓은 것도 진시황 때가 아닌가.

  이집트에서 민주화 시위가 일어나기 전, 이집트의 통치 시스템은 파라오 통치 시스템과 별반 다르지 않았다. 군인이었던 무바라크가 집권한 1981년 10월 이후 이집트는 30년 넘게 비상계엄 상황이었다. 무바라크는 그야말로 파라오의 회귀였다. 그렇다면 무바라크 이전의 이집트는 어땠을까? 1950년 이전 이집트는 선거와 정당정치가 보장되는 민주주의 국가였다. 그리고 많은 이집트인들은 아직 그 과거와 소통하고 있다. 그들에게 이집트의 민주화는 새로운 것이 아니라 바로 '이집트의 귀환'이다.

2011년 2월 12일, 구글의 중동·아프리카 지역 담당 마케팅 이사 와엘 고님은 트위터에 이집트의 민주화운동을 응원하는 글(Welcome Back, Egypt!)을 올렸다. 이 트윗은 2011년에 전송된 900억 개의 트윗 가운데 트위터가 선정한 최고의 트윗이 되었다. 당시에 내가 리트윗 했는지는 정확히 기억나지 않지만, 나 역시 이집트를 비롯한 중동의 민주화운동을 지지하는 멘션을 남겼던 것으로 기억한다.

카이로 중심에 있는 타흐리르광장은 이집트 민주화의 성지다. 김 정운 교수는 파라오와 무바라크가 상징하는 피라미드와 민주화를 상징하는 광장의 대조를 기가 막히게 짚어냈다. 만일 민주화 시위대 가 피라미드 앞에서 시위를 시작했다면 얼마나 언밸런스했을까? 취 재진이 광장을 찾은 것은 어둑어둑한 밤이었는데, 아직 많은 시위대 와 시민들이 삼삼오오 모여 있었다. 특이한 점은 그들이 모두 휴대 전화나 컴퓨터를 들고 있었다는 점이다. 우리나라 거리나 지하철에 서도 수많은 엄지족을 볼 수 있는데 그것이 왜 특이하냐고 묻고 싶 겠지만, 타흐리르광장의 휴대전화는 그야말로 특별하다. 민주화의 주역이었으니까.

무바라크의 독재가 가능했던 것은 단절 때문이었다. 이집트는 이 슬람국가 중에서 국민의 구성이 다양한 편에 속한다. 영토로는 아프 리카에 속하면서 문화적으로는 중동에 속해 있기 때문에 여러 민족 이 섞여 있고, 종교적으로도 이슬람교 신자뿐 아니라 기독교·유대 교 신자도 꽤 많다. 무바라크는 국민들 간의 자유로운 소통을 철저히 막았다. 시민들이 소통하지 않고 서로 이해하지 못하면 체제를 위협할 만한 여론형성이나 정치세력화가 불가능하기 때문이다. 그리고 대부분의 국민들은 국제사회로부터도 단절돼 있었기 때문에 민주화의 개념조차 뚜렷하지 않았다. 이집트의 휴대전화는 그래서 특별하다. 4·6 청년운동은 1월 25일 카이로의 타흐리르광장에서 집회를 열 것을 페이스북을 통해 제안했고, 이에 8만 5천 명의 군중이 모였다. 시위와 진압 과정의 영상과 시위현장의 노하우들이 SNS를 타고 빠르게 번져갔고, 그와 함께 민주화의 메시지도 퍼져나갔다. 2월 11일, 마침내 무바라크가 전격적으로 대통령직을 사퇴했다. 사퇴소식이 전해지자 타흐리르광장에 모인 군중들은 스마트폰으로 기쁜 소식을 알리며 함께 감격을 나눴다.

와엘 고님은 2011년 노벨평화상 후보로 거론된 인물이다. 고님 외에도 이집트 민주시위를 주도한 단체인 4·6 청년운동의 지도자 이스라 압델 파타, 튀니지의 재스민혁명을 이끈 리나 벤 메니 등이 물망에 올랐지만 수상하지는 못했다. 노벨평화상 수상자는 세 명의 여성이었다. 예멘의 민주화운동을 이끈 타우왁쿨 카르만과 예멘 민주화운동을 지휘한 라이베리아 출신의 평화운동가 리머 보위, 그리고 라이베리아의 엘렌 존슨 설리프 대통령이다. 아랍의 봄바람이 노벨위원회까지 두근거리게 만든 것이다.

"18세기 무함마드 알리 전까지 이집트에 혁명이란 없었습니다. 1950년 이전, 이집트에서는 정치활동이 활발했어요. 민주주의 선거

SNS로 민주화 시위를 조직한 엘탄타위.
그는 민주화를 갈망하는 이집트 국민들의 바람이 SNS를 이용해 분출되었다고 말한다.(좌)
2011년 '최고의 트윗'으로 선정된 와엘 고님의 멘션. "이집트여, 환영한다."(우)

도 있었죠. 하지만 1952년 군사혁명 이후 지금까지 군사정권이 이어졌고, 그중에서도 무바라크는 최악이었습니다."

4·6 청년운동을 창설한 아흐메드 마헤르 이브라힘 엘탄타위의 말이다. 이 단체는 2008년 4월 6일 시작된 이집트 노동자총파업을 지지한 활동가들이 페이스북을 기반으로 설립했다. 무바라크 반대 시위를 처음 제안했으니 아랍의 봄을 불러온 단체라 할 수 있을 것이다. 이집트 사람들이 SNS 메시지를 보고 타흐리르광장에 처음 모인 2011년 1월 25일은 이집트 역사의 분기점이었다. 이집트가 맛본 첫 시민혁명이기 때문이다.

고맙다, SNS

잠시 이집트를 떠나 아랍의 봄이 시작된 튀니지로 가보자. 2010년 12월, 튀니지에서 노점상을 하던 청년 무함마드 부아지지는 단속에 걸렸다. 경찰은 그에게 벌금을 물리고 팔고 있던 과일과 채소를 압수했을 뿐 아니라 세상을 떠난 부아지지의 아버지를 욕했다. 부아지지는 지방청사를 찾아가 항의했지만 되레 쫓겨나자 결국 분신을 선택하고 말았다. 이후 부아지지를 추모하기 위해 모인 사람들이 나눈 이야기는 25년 넘게 집권하며 국민들을 탄압하는 벤알리 대통령을 향했고, 불씨는 금세 화염으로 커졌다. 이 와중에 벤알리 대통령의 부패상이 위키리크스를 통해 적나라하게 공개되면서 불길은 걷잡을 수 없이 번졌다. 결국 벤 알리 대통령은 프랑스로 망명하려다 거부당하자 사우디아라비아로 야반도주했다.

아프리카 꼭대기 알제리와 리비아의 틈새에 자리한 튀니지에서 시작된 민주화 바람은 아프리카 북단의 모로코·알제리·리비아·이집트로 퍼졌고, 이집트에 이웃한 요르단을 거쳐 시리아까지 확대되었다. 사람들은 튀니지 혁명을 '재스민혁명' 또는 'SNS 혁명'으로 부르기도 한다. 재스민은 튀니지의 나라꽃으로 시위 과정에서 군중들이 손에 들고 나온 꽃이기도 하다. 또한 SNS 혁명이라는 말은 시위 또는 혁명 과정에서 SNS가 보여준 놀라운 힘 때문에 붙은 이름이다. 실제 튀니지 혁명 당시 페이스북 가입자는 인구의 18%에 달했다.

2012년 5월 말 현재 튀니지의 페이스북 가입자는 298만 명으로 전체 인구의 28%를 차지하고 있다. 참고로 우리나라의 페이스북 가입자는 700만 명으로 이는 전체 인구의 14% 정도에 해당한다(통계치는 소셜베이커스 www.socialbakers.com).

4·6 청년운동의 창시자 엘탄타위 역시 소통이 중요했다고 강조한다. 그는 SNS를 통한 소통이 조직에 힘을 실어주었고, 그 덕분에 조직이 시민들과 신속하게 정보를 공유할 수 있었다며 "혁명은 소통이 있었기에 가능했다"고 말했다. 30년 넘게 철군으로 통치해온 무바라크를 무너뜨린 것은 폭력이나 쿠데타가 아니라 평화적 시위였다. 이 시위대의 무기는 SNS였다. 트위터와 페이스북 등 SNS가 없었다면 이집트의 민주화 물결은 전혀 다른 결말을 향했거나 찻잔 속의 태풍으로 그쳤을 가능성이 높다.

튀니지에서 혁명이 한창이던 2011년 1월 중순, 이집트에서도 소규모의 시위가 산발적으로 일어났다. 1월 15일, 무바라크 대통령을 반대하는 정치그룹인 키파야의 페이스북에는 25일 시위에 대한 공지가 떴다. 키파야(Kefaya)는 '충분하다'는 뜻의 아랍어로 '독재는 이미 충분하니 이제 그만'이란 의미고, 25일 시위는 훗날 '분노의 날'로 불리며 이집트 혁명의 도화선 역할을 했다. 분노의 날 하루 전인 24일, 9만 명의 시민이 SNS를 통해 시위참여를 선언했다. 그러자 정부는 25일 트위터를 차단한 데 이어 26일 페이스북을 차단하고 시위금지령을 발표했다. 이집트의 민주화 시위는 이후 집회금지령과 긴급포고령에 이은 집회, 통금령과 특수부대 투입, 대규모 시위와 군부의 태도변화 등을 거쳐 결국 2월 11일 무바라크의 축출로 일단락되었다.

또 하나, 이집트 민주화 시위를 집중적으로 취재, 보도한 언론사 알자지라의 공도 빼놓을 수 없다. 알자지라는 시위현장 사진들을 사진공유 사이트인 플리커(www.flickr.com)에 올려 출처를 밝히고 원본을 변형하지 않는 조건 하에 저작권 없이 누구나 보고 자유롭게 이용할 수 있게 했다. 또한 트위터와 페이스북에 올라오는 시위대의 메시지를 언론사 통신망을 이용해 실시간으로 중계함으로써 이집트 당국의 SNS 차단조치를 무력화했다.

SNS의 저력은 미국의 중동전략까지 변화시키기에 이르렀다. 미국무장관 힐러리 클린턴은 리비아 사태가 발발하자 무기지원 대신 통신망을 깔아줘야 한다고 주장했다. 대규모의 폭격과 살상을 앞세운 미국의 개입은 효과적이지도 않을뿐더러 국제사회의 비난만 초래한다는 것을 경험한 바 있기 때문이다. 2011년 7월 리비아의 수도 트리폴리가 격전 중일 때 클린턴 장관은 카다피 정부군의 통신시설을 빼앗아 반군에게 넘겨주고 광케이블을 설치해주었다. 이로써 반군들이 인터넷을 통해 해외자금을 지원받고 국내외 네트워킹을 통해 조직적으로 저항할 수 있는 기반을 제공한 것이다. 또한 최근의 시리아 사태에서도 클린턴 장관은 미국 정부로부터 무려 4,500만 달러의 예산을 지원받아 반군에게 무기 대신 컴퓨터 소프트웨어를 제공하고 통신교육을 시키는 데 사용했다. 그 결과 반군은 정부군보다 앞선 정보수집과 조직력으로 군사적 열세를 만회할 수 있었다. 이것은 소셜미디어에 기반을 둔 네크워킹의 힘이 첨단무기보다 강력할 수 있다는 것을 제대로 보여준 사례라고 할 수 있다.

하버드대학교 조지프 나이 교수는 이러한 클린턴의 리더십을 '스마트 파워'라고 표현했다. 스마트 파워란 강제나 보상을 활용하는 하드 파워와 강제와 보상 없이 설득하는 소프트 파워를 결합하는 능력이다. 중요한 것은 예전에는 하드 파워만으로 충분했지만, 이제는 소프트 파워까지 겸비해야 한다는 사실과 소프트 파워는 설득의 문제이기 때문에 정당성을 지녀야 한다는 사실이다.

SNS는 변화의 목적 아닌 도구

이처럼 이집트의 민주화 시위는 SNS가 있었기에 지금에 이를 수 있었다. 하지만 우리가 이집트 혁명을 SNS 혁명이라 할 때, 그 뜻은 정확히 말하면 'SNS가 가능케 한 혁명'이지 'SNS가 일으킨 혁명'이 아니다. 혁명의 성공을 가져온 가장 중요하고 결정적인 요건은 소셜미디어가 아니라 이집트 국민들의 열망이었다. 더 많은 민주주의, 더 많은 자유, 더 많은 사회정의에 대한 생각들을 소통하고 공감하면서 누가 지도자라 할 것도 없이 서로 협력하고 연합해 행동으로 옮겼고, 이 과정에서 SNS는 소통의 도구로 작용하며 혁명을 가능하게 했다. 기존의 어떤 언론매체도 따를 수 없는 속도와 현장성은 타흐리르광장의 시위를 혁명으로 성공시켰다. 즉, 이집트 국민의 열망이라는 필요조건과 실시간 소통을 가능케 한 SNS라는 필요조건이 만나 이집트 혁명을 성공시킨 것이다.

SNS가 소통의 도구일 뿐 소통 그 자체가 아니라는 사실은 우리나라에서도 잘 나타났다. 2011년 4월 총선 때 SNS에서는 야풍이 거세게 불었지만 실제 개표결과는 달랐다. 민의가 하나로 결집되기 시작하면 거대한 열망이 SNS를 타고 폭발할 수 있지만, 그 자체로는 하나의 미디어 툴, 즉 수단에 불과하다는 점이다. 일부 정치권에서는 SNS를 맹신해 경쟁적으로 후보추천, 정책결정, 경선 등에 적용했고, 그 과정에서 적지 않은 부작용을 초래했다. 데이터의 조작은 그 대표적인 사례다. 미디어가 '메시지'일 수 있다는 믿음이 SNS의 부적절한 사용을 조장했고, 오히려 투명하고 균형 있는 의견수렴을 방해한 것이다.

온라인의 파괴력은 오프라인의 열망과 진정성이 담보될 때 가능하다. 그러므로 SNS 자체에 초점을 맞추기보다 우리가 어떤 리더십, 어떤 정치지도자를 바라는지 스스로 묻고 생각해 그것을 주변과 나누는 일이 더 중요하다. SNS를 풀어 써보면 Social Networking Service다. 여기서 네트워크는 명사형이 아니라 동사형이다. 네트워크는 그냥 주어진 통신망, 컴퓨터단말기가 아니라 끊임없이 사용자에 의해 진화, 발전하는 유기체인 것이다. 우리나라는 세계 최고 수준의 인터넷망을 갖췄지만, 네트워킹 시스템을 소통의 도구로 제대로 활용하지 않는다면 시스템은 무용지물에 불과할 것이다. 수많은 '나'를 더욱 빠르고 편리하게 연결해줄 네트워킹 시스템은 끊임없이 발전할 테지만, 그것을 채워야 할 주체는 바로 나의 생각과 목소리다.

듣고 말할 수 있어 행복한 나라

이집트 국회의원 선거 과정을 취재하다가 재미있는 것을 발견했다. 바로 성냥들의 로고다. 대부분 로고는 정당의 이름과 이미지를 복합해 추상적으로 표현한다. 그런데 이집트 정당들의 로고는 특이하게도 축구공, 우산, 신호등, 카메라, 믹서기, 생수병 등 우리 주변의 일상적 물건들이다. 그 이유가 정말 궁금했는데, 한 여성 국회의원이 그 궁금증을 풀어줬다. 총선에 후보자를 낸 정당의 수는 무려 30여 개인데, 많은 이집트 사람들이 문맹이기 때문에 쉽게 연상되는 일상의 물건을 로고로 쓴다는 것이다. 즉, 그들만의 소통방식인 셈이다.

"나는 정부가 국민을 행복하게 해줘야 한다고 생각한다. 모든 국민을 행복하게 해줄 수는 없겠지만, 정부는 이집트 국민 모두의 의

총선에 나선 이집트 정당들의 로고가 독특하다.
문맹이 많은 이집트 국민들을 고려한 표현이지만, 고대 이집트의 상형문자를 떠올리게 한다.

견을 듣고 고려해야 한다. 이집트는 빈부격차가 크기 때문이다.”

“이집트에는 서로 다른 의견이 많기 때문에 이를 잘 아우르고 정치적으로 좋은 팀을 이뤄야 한다고 생각한다. 특히 혁명 이후가 더 중요하다.”

카이로대학에서 만난 대학생들에게 어떤 리더십을 원하느냐고 물었을 때 그들은 국민의 뜻을 잘 듣고 아우르는 리더십을 원했다. 이집트 국민들은 그런 리더를 가질 수 있을까? 아니, 뽑을 수 있을까? 안타깝게도 현실은 국민들의 바람과 조금 다른 방향으로 가고 있는 것 같다.

이집트는 2011년 2월 무바라크를 사실상 하야시킨 후 연말에 치러진 총선에서 온건 이슬람 성향인 무슬림형제단의 자유정의당이 전체 454석 가운데 235석(47.2%)을 차지해 제1당이 되었고, 이슬람 근본주의 정당인 누르당이 125석(25.1%)으로 제2당이 되었다. 대통령 선거는 2012년 5월 23~24일에 치러져 무함마드 무르시 후보와 아흐마드 샤피크 후보가 결선투표에 진출했다. 무르시 후보는 무슬림형제단 소속이지만 강경파이고, 샤피크 후보는 무바라크 대통령 시절 총리를 지낸 인물이다. 그렇다면 타흐리르광장에서 민주화를 외치던 이들의 표는 어디로 간 것일까?

이 결과에 대해 현지 전문가들은 혁명세력의 표가 여러 후보에게 분산되었고, 오랫동안 과도기의 혼란을 겪음으로써 사회안정을 바라는 국민의 바람이 반영된 것으로 분석했다. 이집트 혁명을 외치던 이들은 그 때문에 이슬람 근본주의자와 군부 파시스트가 결선투표를 치르는 '최악의 시나리오'가 현실화한 것으로 평가하고 있다. 물론 무르시는 "모든 이집트인을 위한 내동령이 될 것"이라 말했고, 샤피크는 "혁명 이전의 이집트로 돌아가지 않을 것"이라 약속했다.

결선투표 결과 6월 30일에 무슬림형제단 무함마드 무르시가 취임식을 갖고 이집트 대통령이 되었다. 결과가 곧바로 공개되지도 않았고, 군부가 의회를 해산하는 등 우여곡절이 많았지만 현재로서는 일단락되었다. 비록 이집트 국민들이 바라는 수준의 민주화는 이루어지지 않았지만, 여성과 기독교인을 각각 부통령에 임명한 것은 분명 예상 밖의 결실이라고 할 수 있다.

우리는 민주주의가 건축물처럼 한번 공들여 지으면 물리적·기계적으로 작동하는 무생물이 아니라 끊임없이 관심을 기울이고, 보살

피고, 때로는 환부를 도려내기도 하며 키워야 하는 생명체라는 것을 경험으로 알고 있다. 혁명은 쉽지만 혁명의 이상을 유지하기는 어렵다. 이번 이집트 대선결과는 타흐리르광장에 모였던 수많은 이들에게는 실망스러운 결과일 수도 있다. 하지만 격렬했던 광장의 몸부림은 시작에 지나지 않는다. 바꿔 말하면, 시작은 훌륭했으니 스스로 세운 비전을 따라 나아가는 것만 남았다

이집트의 국회의원 선거와 대통령 선거는 이처럼 약간 어설프게, 약간은 불만족스럽게 치러졌다. 대통령이 만족스럽지 않다고 해도 달라진 것은 분명 있다. 무엇보다 이집트 사람들이 달라졌다. 그들은 서슬 퍼렇던 파라오를 돌려세우고 자신들의 목소리를 냈다. 옆사람의 생각이 자신과 같다는 것을 알고 함께 기뻐했고, 지구 반대편에서 자신들을 응원하는 네티즌들과 교감했다. '어떤 중심'에 기대지 않고 스스로 중심이 되어 서로 연대하고 공감하며 거대한 피라미드 같던 이집트 사회를 뒤흔들었다. 그들의 조상들이 피라미드 밑돌을 나르던 기원전 2700년부터 지금까지 시민들의 힘으로 파라오를 내친 것은 2011년이 처음이다.

헤로도토스의 말처럼 이집트가 나일강의 선물이라면, 2011년에 앓았던 민주화의 열병과 진통이 이집트 국민에게 안겨준 선물은 경험과 기억이다. 내 안에서만 맴돌던 작은 울림이 다른 사람의 바람과 겹쳐지면서 두려움은 사라지고 울림의 폭은 커져가던 경험, 광장에 모여 한 목소리로 민주화를 외치던 기억…. 그 소통과 공감의 경

험과 기억이 이집트에 계속적으로 변화를 요구할 것이다. 이집트의 민주주의는 아직 꽃피지 않았지만 문은 활짝 열렸다. 문이 열려 있다는 사실이 중요하다. 사방팔방으로 뚫려 있는 타흐리르광장의 기억은 리더든 팔로어든, 현재 그리고 미래의 이집트 사람들에게 남아 앞으로 어떠한 '벽'과 '피라미드'도 용납하지 않을 것이다.

단절의 시대가 가고 연결의 시대가 왔다. 중동의 민주화에서 보았듯이 독재와 부패로 상징되는 구시대적 리더는 연결의 시대를 견딜 수 없었다. 우리나라도 마찬가지다. 아직도 많은 정치·경제 리더들이 국민들 또는 직원들과 연결되는 것을 두려워한다. 연결되는 순간 자신의 허점과 허물이 드러나기 때문이다. 소통은 더 이상 선택과 의지의 문제가 아니다. 이미 대세이며 운명이 되었다.

리더들이여, 들어라! 소통하라!

아니면 누구처럼 한순간에 '훅' 가는 수가 있다.

소통은 전쟁도 이기게 한다

전 영국 수상 처칠의

공감

"우리는 변화를 만들어낼 것이다. 시간이 얼마나 오래 걸리든."

●● 영국의 조지 바더

"소통하는 리더가 우리를 행복하게 만든다."

●● 서울의 김진주

본드가에 있는 미국 대통령 루스벨트(좌)와 처칠(우)의 동상. ➡

"결코 항복하지 않을 것입니다"

런던 본드가의 한구석에서 두 노신사가 벤치에 앉아 담소를 나누고 있다. 관광객들은 두 남자 사이에 앉아 기념사진을 찍는다. 두 신사는 다름 아닌 윈스턴 처칠과 시어도어 루스벨트다. 두 사람 모두 역사에 남을 만한 위대한 지도자였지만, 이곳에서만큼은 소박하고 다정다감한, 그야말로 동네 할아버지의 모습이다. 문득 궁금해졌다. 두 사람은 과연 무슨 이야기를 나누고 있을까? 현대사에서 이 두 사람의 대화는 매우 중요하다. 영국 사람들은 이 두 인물의 대화가 영국과 세계의 역사를 바꿨다고 믿고 있다.

1940년 5월 10일, 상황은 절망적이었다. 제2차 세계대전 이야기다. 유럽 서부전선에서 잠시 소강상태에 빠졌던 전쟁이 다시 시작되었다. 6월 14일, 히틀러의 나치 독일은 파리를 점령했고, 22일 프랑스는 독일에 항복했다. 다음 차례는 도버해협 건너에 있는 영국이었다. 독일 폭격기들이 런던의 하늘을 뒤덮었고, 미국의 참전소식은 아직 들려오지 않았다. 하지만 런던 시민을 비롯한 영국 국민들은 한 줄기 희망을 버리지 않았다. 그들은 라디오에서 흘러나오는 목소리에 귀를 기울였다. 국민들에게 "절대 포기하지 말라"고 독려하는 그 목소리의 주인공은 바로 윈스턴 처칠이었다. 그는 폭격으로 난장판이 된 런던 한복판에서 전쟁을 지휘하고 있었다. 지금도 런던 도심의 전쟁박물관에 가면 전쟁내각실(cabinet war rooms)을 볼 수 있다. 처칠은 가족과 함께 이 특수방공호에 머무르며 115번의 내각회의를 열었고, 마침내 전쟁을 승리로 이끌었다.

절망스러운 상황과 승리 사이에는 무엇이 있을까? 거기에는 영국 국민들의 저항과 미국의 참전이 있었고, 이를 가능하게 만든 처칠의 소통이 있었다. 처칠은 안으로는 국민들과 소통하며 승리에 대한 믿음과 자신감을 전했고, 대외적으로는 루스벨트와 편지를 주고받고 대화를 나누며 미국의 참전을 이끌어냈다. 처칠이 5년에 걸쳐 루스벨트와 주고받은 전문 편지는 무려 2천 통에 달한다. 그는 기회만 닿으면 워싱턴으로 날아가 루스벨트와 상하원 의원들을 만나 참전을 설득했다. 미국이 실제로 전투에 참여한 시기는 일본의 진주만공습(1941년 12월) 이후지만, 1941년 3월 무기대여법이 제정되었고 영국은 미국의 무기로 항전을 이어갔다.

그 당시 미국의 도움이 절실했던 이유는 영국이 파산상태였기 때문이다. 제1차 세계대전이 끝난 지 얼마 안 되었고 일찍이 인류가 경험해보지 못한 대공황의 여파가 남아 있었다. 영국은 제1차 세계대전을 치르느라 빌린 돈도 채 갚지 못한 상태였다. 1940년 말 루스벨트 대통령은 "미국이 민주주의의 병기고가 되겠다"고 외쳤지만, 처칠의 영국은 군수물자를 살 돈은커녕 운반할 능력도 없었다. 이런 상황에서 처칠은 무기를 공수해달라고 요청했고, 미국은 영국에 무기를 제공했다. 결과적으로 처칠의 진심과 소통능력이 제2차 세계대전을 연합국의 승리로 이끌었다고 해도 틀린 말은 아닐 것이다. 훗날 케네디 대통령이 "처칠이 승리를 위해 영어를 전장에 내보냈다"고 한 것도 이런 맥락에서 한 말이다.

"어떤 희생과 공포에도 승리할 것"

처칠이 루스벨트를 통해 미국을 전쟁에 참여시킨 것 못지않게 중요한 것은 영국 국민들에게 전한 승전의 희망이다. 전쟁은 외적인 조건보다 당사자들의 의지가 훨씬 중요하기 때문이다. 처칠의 비법은 세 가지, 즉 현장주의·진심을 담은 연설·쉬운 제스처였다. 위험을 피하지 않았고, 온 마음을 다했으며, 이를 쉽게 이해시켰다는 뜻이다. 처칠의 손녀 셀리아 샌디스는 "할아버지는 영국 국민들과 소통하고, 그들을 감화시키고, 미국이 참전할 때까지 버틸 수 있게 활력을 불어넣었다"면서 '소통'이 처칠의 가장 위대한 특징이라고 말했다. 아울러 처칠의 소통 덕분에 영국을 비롯한 연합군이 전쟁에서 이길 수 있었다는 말도 잊지 않았다.

처칠은 두려움에 휩싸인 영국 국민들에게 끊임없이 용기를 불어넣었다. 방법도 다양했다. 지금은 대여섯 살짜리 꼬맹이들도 카메라만 보면 들이대는 'V'가 바로 처칠의 작품이다. 승리(Victory)를 상징하는 이 간단하고 명확한 손짓은 나치 독일의 '하일 히틀러'와 대조를 이루었다. 친근해서 누구나 쉽게 따라 할 수 있었다. 애국심을 일깨울 수 있는 손쉬운 방법이었던 셈이다.

또한 라디오를 통한 연설도 효과적이었다. 제2차 세계대전 초기부터 처칠은 라디오방송을 잘 활용했다. 전쟁 상황에 진척이 없을 때는 뉴스용 영화도 자주 이용했다. 문체는 웅장했고 단어는 명확했다. 그는 같은 단어를 반복해 사용함으로써 메시지를 강조하는 것도 잊지 않았다. 시대를 초월하는 영웅상을 묘사하며 그는 자신의 비전을 전 국민과 나누고 전쟁 후의 미래를 국민과 함께 꿈꿀 수 있었다. 《처칠을 읽는 40가지 방법》에서 그레첸 루빈은 처칠의 가장 큰 장점으로 천재적인 문장력을 꼽았다. 하지만 더 정확히 말해서 그는 핵심을 추려내는 능력과 쉬운 단어를 사용해 핵심을 문장으로 표현하는 능력이 뛰어났다. 전쟁 도중 처칠이 한 연설 가운데 백미로 꼽히는 것은 '피와 땀과 눈물'과 '결코 항복하지 않을 것'이다.

'피와 땀과 눈물'은 1940년 5월 10일 체임벌린의 뒤를 이어 수상이 된 처칠이 5월 13일 의회에서 한 연설이다.

　"이 정부에 참여한 장관들에게 말씀드린 대로 저는 하원에서도 피와 땀과 눈물밖에 바칠 것이 없다고 말씀드리는 바입니다. 우리 앞에는 기나긴 세월의 투쟁과 고난이 놓여 있습니다. 여러분은 우리의 정책이 무엇이냐고 묻습니다. 저는 육지에서 바다에서 공중에서 전쟁을 하는 것이라고 말씀드리겠습니다. 여러분은 우리의 목적이 무엇이냐고 묻습니다. 저는 한마디로 대답할 수 있습니다. 그것은 승리입니다. 어떠한 희생을 치르더라도, 어떠한 공포에도 불구하고 승리입니다."

　그런가 하면 프랑스 됭케르크에서 철수한 후 1940년 6월 하원에서 행한 연설의 마지막은 "섬나라를 지켜낼 것이다, 결코 항복하지 않을 것이다"로 끝났다. 이 연설은 처칠 최고의 연설로 평가된다. 처칠을 좋아한다는 크리스토퍼 릴랜드 역시 이 연설을 가장 감명 깊은 연설로 꼽았다.

스스로를 감동시켜라!

　　　　처칠의 장례식 때 운구에 쓰였던 배 하비뇨르 (Havengore)의 주인인 릴랜드는 아버지를 비롯한 가족과 이웃들이 라디오 앞에 모여 처칠의 연설에 귀를 기울이는 사진을 보여주었다. 처칠이 죽었을 때 그는 겨우 열다섯 살이었다. 하지만 성인이 된 후에도 인생의 고비마다 그는 처칠의 연설에 귀를 기울이곤 했다. 그 시절 처칠의 라디오 연설을 들으며 감동받고, 독재와 히틀러에 저항할 수 있다고 믿었던 (무엇보다 실제로 그렇게 했던) 아버지의 이야기를 기억하기 때문이다.

"처칠은 사람들을 직접 만났어요. 런던이 폭격을 당할 때마다 처칠은 폭격받은 지역을 찾아가 구급대원들이나 시민들을 만났어요. 제 아버지께서 그 현장에 계시다가 처칠과 악수를 하셨다더군요. 현장에서 처칠은 사람들이 쉽게 이해할 수 있는 말로, 그리고 사람들이 생각하는 본질을 한 문장으로 요약하고 거의 마법과 같은 말로 핵심을 전달했다고 하셨어요."

그는 처칠의 리더십을 '영감을 주는 리더십'이라 표현했는데, 그가 생각하는 영감의 근원은 직접적인 소통이었다.

전쟁이 한창이던 1943년 당시 처칠의 스케줄표를 보면 자잘한 글씨들이 빼곡히 차 있다. 그중 많은 일정은 폭격현장을 찾아 시민과 관계자들을 위로하고 고마움을 전하는 것이었다. 처칠은 시민들과 직접 만나면서 시민들이 자신에게 원하고 기대하는 것을 정확히 알아냈고, 그에 맞는 메시지를 전했다. 그는 연설이나 대화와 같은 언어적 메시지는 물론 V자를 비롯해 모자, 여송연, 굳게 다문 입술 등 비언어적 상징과 기호들까지 동원했다. 그래서 영국의 역사가이자 정치사상가 이사야 벌린은 처칠을 이렇게 평가했다.

"영국민의 삶을 극적인 것이 되게 하고, 스스로 위대한 역사적 순간에 어울릴 화려한 의상을 입고 있다는 느낌을 가지게 함으로써 겁쟁이까지 용감한 사람으로 바꾸었다."

군인이자 정치가였고 영국 내의 정치적 반대세력에게는 독불장군이라 불리기도 했지만, 처칠은 눈물도 많은 인물이었다. 그는 의회 연설에서 '피와 땀'뿐 아니라 '눈물'도 기꺼이 흘리겠다고 말했는데, 이는 단순한 수사적 표현이 아니라 실제로 그랬다. 전쟁 상황에서, 그것도 일방적으로 공격당하고 있는 수세적 상황이라면 지도자의 눈물은 공감의 아이콘이다. 진심으로 국민을 위한다는 정치지도자가 공습으로 폐허가 된 도시에서 만난 국민들과 나눌 수 있는 것은 피와 땀보다는 눈물이 먼저다. 처칠은 이성적으로든 본능적으로든 이를 잘 헤아렸다. 그레첸 루빈은 처칠의 눈물에 대해 '처칠은 눈물을 감추기보다는 그 가치를 인정하는 쪽'이었다고 평했다. 처칠은 감정을 숨기거나 과장하지 않고 있는 그대로 드러내면서 청중과 공감대를 형성했다. 청중이 눈물을 흘리게 하려면 자신부터 울어야 한다는 사실을 잘 알고 있었던 셈이다.

처칠의 소통능력은 제2차 세계대전이 끝나기 직전 전후문제를 논의하기 위해 열린 얄타회담에서도 빛을 발했다. 당시 소련(지금의 우크라이나)의 얄타에 모인 지도자는 영국의 처칠, 미국의 루스벨트, 소련의 스탈린이었다. 독일 나치즘과 이탈리아 파시즘을 비롯해 일본의

67

군국주의까지 몰락 직전이었으니 승전국들의 회의에는 기쁨과 여유가 넘칠 법도 하지만 현실은 그렇지 않았다. 공공의 적 앞에서 뭉치긴 했지만 제2차 세계대전 전까지 '해가 지지 않던' 영국과 자본주의 경제를 무기로 해서 신흥강대국으로 등장한 미국, 혁명을 통해 사회주의 국가를 세운 소련의 조합은 상이한 배경과 이상만큼이나 어색하기 짝이 없는 분위기를 연출했다. 당연히 전후 세계질서의 재편을 둘러싼 각국의 이해는 날카롭게 부딪쳤다.

제2차 세계대전 당시 영국 국민들에게 희망을 주었던 처칠의 'V'와
군중 앞에서 연설하는 처칠의 모습.

알타회담에 처칠의 통역관으로 참석했던 휴 롱기는 스탈린이 간혹 처칠을 비난하기도 했지만 처칠은 단 한 번도 불쾌한 내색을 보이지 않았다고 말했다. 그는 무척 예의바르게 상대방이 말하려는 내용을 이해하려고 노력했고, 그에 대한 자신의 견해를 밝혔다고 한

다. 롱기는 "스탈린의 통역관은 스탈린을 무서워했지만, 나는 처칠을 두려워하지 않았다"고 당시를 회상했다.

"머릿속을 우르르 울린 그 무엇"

"할아버지(처칠)는 타고난 연설가는 아니었다. 아주 열심히 노력해야 했다. 할아버지는 태어날 때부터 언어장애가 있어 S발음을 정확히 발음할 수 없었다. 군인이었을 때는 의사를 찾아가 도움을 요청하기도 했다. 이후 정원에서든 절벽에서든 '더 스패니시 십스(The Spanish ships)'로 시작되는 문장을 연습하곤 했다."

말[言語]을 동원해 전생에 승리했다는 평가까지 받는 처칠이 타고난 연설가는 아니었다니 믿기 힘들지만, 이는 처칠의 손녀 샐리아 샌디스 여사가 들려준 사실이다. 처칠의 S발음은 오랜 노력으로도 완벽해지지 않았다. 하지만 진심을 다하면 운도 따르는 법인지, 전쟁 시기에는 처칠만의 독특한 발음이 오히려 득이 되었다. 전시 연설을 할 때 몇 마디만으로도 처칠이라는 것을 알 수 있었고, 그 목소리를 듣고 있다는 사실만으로도 희망과 용기를 얻었기 때문이다. 중요한 점은 그가 자신의 습관을 고치고 국민들과 소통하기 위해 끊임없이 노력했다는 것이다.

히틀러를 떠올릴 때 그 뒤를 이어 생각나는 것은 친위대(SS)나 괴벨스 같은 단어다. 괴벨스는 나치즘을 선전하고 대중을 속이는 데 천부적 자질을 보인 나치 독일의 선전상이었다. 무엇보다 히틀러 자신이 극적 효과를 노린 무대연출에 능숙했다. 하지만 처칠에게는 공보비서관도, 연설문을 대신 작성해주는 사람도 없었다. 심지어 대중 연설에서 다른 누군가를 먼저 무대에 올려 분위기를 띄움으로써 연설효과를 극대화하는 방법도 사용하지 않았다. 그 모든 것 대신 처칠이 택한 방법은 자신의 진심을 말에 담고 국민들의 진심을 받아들이려 노력하는 것이었다. 그는 모든 연설문과 담화문을 직접 작성했고, 발표 또는 연설 직전까지 수정에 수정을 거듭했다. 얄타회담뿐 아니라 테헤란회담과 포츠담회담에서 처칠의 통역을 맡아 그를 지켜본 롱기는 이렇게 정리했다.

"처칠은 모든 이야기를 아주 조심스럽게 준비했어요. 하지만 우리 (통역사들)가 받은 느낌은, 처칠의 머릿속을 우르르 울리는 그 무엇이 그의 혀를 타고 내려와 입으로 나오는 것 같았어요. 그의 화술은 놀라웠고 상대방은 잠시 주문에 걸린 듯 사로잡혔죠. 처칠의 언어는 웅변가의 언어였어요."

처칠의 유산

영국 국회의사당 풀 샷을 촬영하기 위해 인근 공원

폭격현장을 분주히 오가던 처칠의 일정표.(좌)
명확한 메시지를 전하기 위해 수없이 수정한 처칠의 연설문.(우)
처칠은 '땀과 눈물'로 국민을 설득했다.

팔러먼트 스퀘어에 갔다가 처칠의 동상을 발견했다. 등이 굽은 형상을 한 처칠의 동상은 몸은 국회를 향해 있지만 얼굴은 반대쪽을 바라보고 있다. 아니, 처칠이 왜 국회를 외면하고 있는가? 영국 사람들에게 가장 큰 사랑을 받았던 처칠이지만 그의 정치 말년은 축복받지 못했다. 전쟁 후 그의 인기는 급속도로 떨어졌고, 일부 국회의원들은 그를 전쟁광으로 몰아세우기까지 했다. 전쟁영웅으로서 쓸쓸히 퇴장했던 처칠은 은퇴 후 "국회는 죽어서도 꼴 보기 싫다"고 할 정도였다. 그렇다면 국회의사당으로부터 고개를 돌리게 동상을 만든 것은 혹시 처칠의 마음을 헤아린 작가의 배려였을까?

처칠이 의도했든 안 했든 그가 우리에게 남긴 유산은 많다. 소통을 위한 처칠의 노력은 승전의 충분조건까지는 아니더라도 매우 중요한 필요조건이었고, 승리의 V는 그것이 처칠의 유산이라는 것을 알지 못하는 전 세계 사람들이 애용하고 있다. 우리나라 정치인과 견주어보자면 처칠의 유머도 부러움의 대상이다. 참전을 권유하러 미국을 찾았을 때 숙소에서 목욕을 마치고 나오던 처칠 앞에 루스벨트가 예고도 없이 나타났고, 처칠이 놀라는 순간 그의 허리에 감겨 있던 수건이 그대로 바닥에 떨어졌다. 꽤 난감했을 법한데도 처칠은 "영국의 수상은 미국의 대통령에게 아무것도 숨길 것이 없다"며 웃었다. 처칠은 "내가 당신 아내였다면 커피에 독을 탔을 것"이라고 독설을 퍼붓는 정치 경쟁자에게도 "내가 당신 남편이었다면 그 커피를 마셨을 것"이라고 응수하기도 했다.

상대방의 날선 공격을 말 한마디로 무디게 하거나, 난처한 상황을 아무렇지도 않게 눙치고 넘어가는 처칠의 유머감각을 우리나라 정치인들도 좀 배웠으면 좋겠다. 유머는 소통을 가로막는 장애물을 없애주기 때문이다. 우리나라 정치인들의 유머감각이 처칠 급이었다면 지금처럼 '불통'의 오명을 입지는 않았을 것이다.

범위를 영국으로 한정시켜본다면, 처칠이 남겨준 위대한 선물로 두 장면을 꼽을 수 있을 듯하다. 하나는 소통의 정신과 토론의 전통이다. 제2차 세계대전 때 영국 국회의사당은 독일군의 폭격을 받아 파괴되었다. 전쟁이 끝나고 의사당을 다시 지으면서 다른 나라처럼 반원 모양의 널찍한 회의장을 만들자는 논의가 있었는데, 당시 수상이던 처칠은 이를 반대했다. 보기에는 어떨지 모르나 기존의 직사각형 형태의 회의장이 대화를 나누고 정책을 논의하기에 더 적합하다는 이유였다. 하나의 의장석과 300개의 의원석이 일대다 대응을 하는 우리나라와는 달리 영국 국회의사당의 의원석은 직사각형 회의장 안에 의원석이 U자형으로 배치돼 의원들끼리 적극적으로 소통할 수 있게 되어 있다. 덧붙이자면, 영국 의회의 의자는 딱딱한 나무 의자로 긴 벤치형이다. 서로 어깨가 맞닿아 이야기를 나누지 않으려 해도 그럴 수 없는 구조다. 즉, 형식보다 내용을 중요시하고 권위보다 소통을 꾀한 것이다.

소통을 위한 공간은 토론의 전통을 만들고 유지시켰다. 2011년 아카데미 여우주연상을 메릴 스트립에게 안겨준 영화 〈철의 여인〉을 보면 대처 수상이 여성으로서 의회연설 중 수많은 남성 정치인들에 둘러싸여 야유와 조소를 받는 장면이 나온다. 의사당이 비좁고 친밀한 장소여서 대처 수상의 고립감은 더 커 보였다. 하지만 영국에서는 이러한 국회에서의 갈등이 어느 나라(?)처럼 악의적인 필리버스터나 몸싸움, 폭력으로 이어지지 않는다. 영국 국회가 신성불가침으로 삼고 있는 토론의 전통 때문이다. 토론에는 규칙도 있고 에티켓도 있다. 이를 위반하면 의장의 견책을 받게 된다. 토론은 격렬하게 하되 그 이상 나아가지 않는다. 언어로 설득 안 되는 것을 몸으로 하려는 집단행동은 수치라고 생각하기 때문이다.

전 보수당 당수 마이클 하워드 경은 "거리에서나 할 수 있는 행동을 굳이 국회에서 할 필요가 있습니까?"라고 반문한다. 물론 이런 토론의 전통을 처칠이 만들었다고 할 수는 없지만, 전시 내각에서도 토론과 설득을 통해 영국 의회의 전통을 이어간 처칠의 공도 무시할 수 없다.

최근 우리나라 국회의 의원회관이 새로 완공되었는데, 사무실 크기도 엄청나고 장비도 매우 고가라고 한다. 에너지 사용이 비효율적이라는 보도도 나왔다. 그러잖아도 권위적으로 지어진 여의도 국회의사당인데, 거기에 더욱 크고 화려하게 첨단으로 구축된 의원회관이 더해진 것이다. 그런데 여전히 그 위로 최루탄, 집기 쌓기, 고성, 멱살 등이 겹쳐 보이는 이유는 무엇일까?

영국뿐 아니라 미국과 프랑스 의회의 회의장 의석도 하나로 이어져 있다. 언젠가 텔레비전을 통해 영국 의회를 볼 기회가 있다면 유심히 살펴보기 바란다. 여러 가지로 생각할 여지가 많은 풍경이다.

2012 런던, 보리스 존슨

처칠의 유산은 '강하지만 설득력 있는 리더십'으로 요약될 수 있다. 혹자는 강한 카리스마와 대화형 리더십의 공존이 불가능하다고 단정하지만, 처칠은 그 상식을 보기 좋게 깨뜨렸다. 이는 2012년 5월 재선에 성공한 런던시장 보리스 존슨의 경우도 마찬가지다. 윈스턴 처칠은 전쟁이라는 위기가 만들어낸 지도자라고 할 수 있다. 그렇다면 반세기가 지난 오늘날 영국을 대표하는 '위기의 리더십'은 어디에서 찾을 수 있을까? 물론 총리도 있고 국회의원도 있지만 많은 영국인들은 런던시장 보리스 존슨에게 주목한다. 그가 꾀하는 소통은 처칠의 유산을 짐작할 수 있는 두 번째 장면이다. 정치인과 시민, 리더와 팔로어의 소통.

터키 출신 이민자의 후손인 존슨 시장은 언론인 출신으로 흔히 괴짜 시장으로 통한다. 그는 시장이라는 직책에 걸맞지 않은 헝클어진 머리, 파격적인 의상으로 유명하고 거침없는 독설도 서슴지 않는다. 하지만 환경주의자로서 공공자전거를 설치하는 정책을 성공시킨 뒤 매일 자전거로 출퇴근하고 있다. 취재진은 당시 런던시장 재선을 준비 중인 존슨 시장을 시민공청회에서 만날 수 있었다. 그 시민공청회의 주제는 'Ideas for Mayor'였다. 즉, 일반시민이 시장의 정책 수립에 아이디어를 제공하기 위해 마련된 자리였다.

시민 수백 명의 의견을 하나하나 경청하고 대답하는 존슨 시장의 모습과 소통능력은 매우 인상적이었다. 더욱 놀라운 것은 이러한 시민의견이 이미 온라인을 통해 수만 건이나 접수되었다는 사실이다. 존슨 시장은 'Ideas for Mayor' 웹사이트를 구축하고 여기에 누구나 영상과 트위터 글을 올릴 수 있게 했다. 여기에는 모든 도로의 혼잡 상황을 알 수 있는 시스템을 마련하자는 안, 연금의 효율적 투자를 위한 안 등 다양한 의견이 올라왔다.

당시 가장 좋은 의견으로 선정된 아이디어는 7월 말에 열릴 올림픽 이전에 런던 지하철역에 책교환소를 설치해 버려지는 책을 적극

소통과 영감

적으로 활용하자는 내용이었다. 최근 서울에서도 트위터를 통한 시민과 시의 커뮤니케이션이 활발한 편인데, 아직까지는 제안보다는 제보의 성격이 많은 것이 사실이다.

런던은 지금 '위기'라고 할 수 있다. 테러의 위협이 상존하고 있고, 교통·환경·치안문제에 경제불황까지 겹쳐 영국의 위기는 런던에서 시작된다는 말이 있을 정도다. 이런 상황에서 런던의 재탄생을 천명하고 시장직에 오른 보리스 존슨은 강하면서도 설득력 있는 정책으로 런던의 근본적 위기를 극복하겠다고 공언했다.

그의 가장 큰 관심은 런던의 악명 높은 교통·환경문제였다. 고질적인 교통정체와 노후된 대중교통, 심각한 대기오염은 런던을 스모그의 시대로 되돌리기에 충분했다. 이에 그는 과감한 선택을 했다. 자전거로 출퇴근을 하겠다고 나선 것이다. 한번은 그가 출근길에 암스트롱이라는 여성을 강도에게서 구하고 강도를 자전거로 쫓아가 직접 잡은 사건이 화제가 되기도 했다.

교통·환경정책에 대한 존슨 시장의 강한 의지는 자전거 인프라구축, 혼잡세 도입·강화, 전기차 도입 등을 실시하고 런던의 이미지를 환경도시로 바꾸는 데 큰 역할을 했다. 이런 법안과 정책은 많은 상인과 시민들의 불만과 반대를 무릅쓰고 다른 대안이 없다는 생각으로 강하게 밀어붙인 정책이다. 또 런던의 명물인 2층버스의 전기버스 대체도 예산조달에 큰 어려움이 있었지만 결국 의지로 이루어냈다. 런던시는 특히 2012 런던 올림픽을 계기로 '그린 시티' 런던을 제대로 홍보하고 전 세계에 런던의 변화를 알린다는 목표를 세웠다.

존슨 시장은 이민자 차별과 무력시위 진압 등의 논란에도 불구하고 대규모 CCTV 설치, 공공장소 음주금지, 경찰지원 강화, 도시구역 정비 등을 강력하게 밀어붙여 안전한 런던을 가능하게 했다는 평가를 받고 있다. 그는 총기를 비롯한 흉기의 단속을 철저히 하고, 그동안 많은 지원을 받지 못한 성폭력 희생자들에게도 더 많은 관심을 기울이겠다고 약속했다.

영국 공공정책연구소(IPPR)에서 시정 정책을 설명하고 있는 보리스 존슨 시장. 그는 시민의 요구를 최대한 반영한 정책으로 많은 지지를 얻고 있다.

런던은 수많은 위기와 위협에도 불구하고 전 세계인들이 가장 살고 싶은 도시로, 특히 연예인과 유명인들이 가장 선호하는 도시로 꼽히고 있다. 보리스 존슨은 2012년 런던시장으로 재선되면서 런던을 재탄생시킨 리더십을 기반으로 가장 강력한 차세대 총리 후보로 떠오르고 있다.

보리스 존슨 하면 영국인들은 헝클어진 머리, 자전거, 강한 시장이라는 이미지를 바로 떠올린다. 그만큼 존슨 시장이 강한 상징과 언어로 시민들과 효과적인 소통을 이루고 있다는 증거다. 영국의 유력한 언론사 〈타임스〉, 〈텔레그래프〉, 〈스펙테이터〉 등에서 기자생활을 한 존슨 시장은 TV와 라디오를 넘나들며 적극적으로 자신의 정책과 신념을 알리고 있다. 그는 심지어 미국의 유명한 〈데이빗 레터맨 쇼〉에도 출연했다. 일각에서는 그를 '쇼맨(Show Man)'이라 비판하기도 하지만, 존슨 시장의 강한 리더십은 대중적 인기를 지렛대로 삼아 지지를 얻고 있다.

런던 올림픽을 앞둔 가운데 미국의 대통령 후보 롬니는 런던이 안전하지 않다고 지적했다. 그러자 성화봉송에 나선 존슨 시장은 하이드파크 연설에서 "여러분, 우리는 준비돼 있습니까? 그렇습니다"라는 연설로 롬니의 우려와 비판을 일축했다. 올림픽이 끝난 지금, 런던을 알리겠다는 계획과 안전하게 치르겠다던 다짐은 성공을 거두었다. 존슨 시장이 전한 메시지의 핵심은 '우리(we)'와 '준비(ready)'였다. 그중에서도 '우리'는 2008년 오바마의 대선 캠페인이었던 "우리는 할 수 있다(Yes We Can!)"를 연상시킨다.

리더는 홀로 존재하지 않는다. 수많은 '나'가 있어야 리더가 존재할 수 있고, 혼자가 아니라 '우리'와 함께할 때 진정한 리더십이 완성

된다. 리더가 단상에서 내려와 우리와 눈높이를 맞추고 같은 방식으로 소통할 때 견디기 힘든 리더의 요구에도 팔로어는 공감한다. 그리고 이런 'We 리더십'은 바로 처칠의 유산이기도 하다. 우리를 뜻하는 We의 이니셜 W에는 두 개의 승리가 담겨 있다. 처칠이 트레이드마크인 V자를 영국 국민에게 보였을 때 영국 국민도 V로 화답했다. 그 두 개의 V가 하나로 합쳐져 더 큰 '우리(We)'가 되고, 그 저력이 전쟁에서 승리하고 위기를 극복할 수 있게 한 것은 아닐까 생각해본다.

누구보다 훌륭한 소통의 리더십을 보여준 지도자 처칠. 그는 시대와 소통하며 미래를 읽었고, 국민과 소통하며 그 미래를 공유하고 만들어갔다. 보수당 당수를 지낸 마이클 하워드 경은 치칠을 가리켜 '우뚝 솟은 거인(towering giant)'이라고 표현했다. 처칠에 관한 논문은 종이의 무게만 15톤에 달할 정도다. 지금도 많은 이들이 '처칠 컨퍼런스'에서 처칠의 리더십을 연구, 발전시키기 위해 노력하고 있고, 정치인들은 처칠의 리더십을 오늘날에 맞게 다시 선보이고 있다. 처칠이 보여준 소통의 리더십을 우리나라에서도 만날 수 있을까?

작은 이야기가 큰 이야기를 만든다

구글과 시스코, 엔씨소프트의

작은 이야기들

"차세대 지도자에게 소통은 아주 중요하다."
●● 베이징의 대학생

"다른 사람들의 말에 귀 기울일 줄 아는 사람."
●● 서울의 남영주

소통의 리더십

엔씨소프트 김택진 대표는 소통의 리더십으로 괄목할 만한 성장을 일구어내
업계의 주목을 받고 있다. 엔씨소프트는 2012년의 키워드를 '협업'으로 정했다. ➡

구글의 낙서판

　　　　　미국 산호세 팔로 알토에 있는 구글 캠퍼스를 방문
했다. 기업의 본사를 캠퍼스라고 부를 만큼 직원들의 복장, 회사의
분위기가 자유로웠다. 안내를 받아 로비에 들어서니 한 직원이 생과
일주스를 건넨다. 옆을 보니 한쪽 벽면에 각양각색의 생과일주스가
꽉 차 있다. 직원의 말로는 구글 방문자 누구에게나 생과일주스를
제공한다고 한다. IT회사와 생과일주스라⋯ 뭔가 판에 박히지 않은
듯한 느낌이 좋았다.

　다른 벽면으로 눈을 돌렸다. 약 10m에 이르는 크고 긴 화이트보
드에 손으로 쓴 낙서가 가득하다. 유명한 구글의 '마스터플랜'이다.
이것은 구글의 모든 직원들이 제품 아이디어, 회사에 대한 코멘트,

사적인 얘기까지 자유롭게 적을 수 있는 열린 공간이다. 때로 진지한 전략이 이 공간에서 도출되기도 한다. 구글은 회사 안에 대형 화이트보드 두 개를 설치해 어느 직원이나 자유롭게 자신의 생각을 끼적일 수 있게 만들어놓았다. '세계 석권을 위한 구글의 계획'이라는 슬로건이 적힌 대형 화이트보드는 직원들이 농담이나 만화 등을 맘대로 적게 한 일종의 낙서장이지만 기발한 아이디어의 산실이기도 하다. 구글의 주력상품으로 떠오른 G메일과 구글 뉴스, 구글맵스, 구글스카이 서비스의 초기 모델도 이 화이트보드에서 시작됐다.

누군가의 메모장 또는 커피타임의 수다에서 나온 '이런 거 있으면 진짜 재미있지 않을까?' 같은 아이디어들은 자칫 쓸모없어 보이지만, 구글의 화이트보드에서는 생명력을 얻는다. 어쩌면 큰 이야기가 작은이야기를 만드는 게 아니라 작은 이야기에서 큰 이야기가 시작되는 것인지도 모른다. 작은 아이디어를 세상을 바꾸는 서비스로 발전시킬 수 있는 구글의 원동력은 사고의 유연함이고, 이는 자유분방한 기업문화에서 비롯되었다.

구글의 자유분방함은 본격적인 사무실 투어에서 더욱 분명해졌다. 근무시간에 사무실 한편에서 당구를 즐기고, 건물 곳곳의 카페테리아에서 삼삼오오 모여 잡담을 하며, 피곤하면 사내 마사지숍에 가거나 피트니스센터를 이용할 수도 있다. 한쪽 복도에서는 애완견 소리가 들렸다. 직원들이 회사에 애완견을 데려올 수 있고, 아예 애완견과 함께 출근하는 직원들의 소모임인 두글러스(Dooglers)까지 있다고 한다. 이 밖에도 게이와 레즈비언의 모임 Gayglers, 볼링모임 Nooglers 등 소모임의 수는 무려 1천 개가 넘는다. 물론 회사는 금전적 지원과 함께 공간 지원도 한다.

구글에는 CEO, CTO, CFO 외에 CCO(Chief Culture Officer)라는 직책이 있다. 기업문화최고책임자 정도로 옮길 수 있는 이 직책은 직원들의 '문화'를 담당하는 최고책임자다. 현재 구글의 CCO인 스테이시 설리반은 CCO의 역할이 직원들의 사기와 회사의 매출에 결정적인 영향을 미친다고 강조한다.

"구글의 규모가 커질수록 구성원들의 결속력과 동기부여는 약화될 수밖에 없는데, 이를 보완하기 위해 소규모 그룹을 활성화했다. 결과적으로 직원들 사이에 유대감과 교류가 늘었고, 구성원들이 구글을 회사가 아닌 공동체로 느끼고 깅한 소속감을 가지게 되었다."

소그룹의 활성화는 자칫 소외될 수 있는 비주류 또는 사회적 약자의 소속감을 강화하는 효과를 나타냈고, 이들의 색다른 경험과 시각이 새로운 아이디어들을 창출했다. 작은 이야기가 가진 독특함과 새로움. 어쩌면 익숙지 않아 불편할 수도 있는 그 이야기들이 지닌 가능성을 놓치지 않고 발굴해 키우는 것이 구글의 진짜 실력이라 할 것이다.

"참으로 위대한 일은 언제나 서서히 이루어지고, 눈에 보이지 않게 성장해가는 법이다"고 했던 로마의 철학자 세네카의 격언이 새삼 의미깊게 다가온다.

시스코의 작은 목소리

구글의 작은 이야기가 소통의 규모를 뜻했다면, 시스코시스템즈(이하 시스코)의 작은 이야기는 낮은 목소리를 가리킨다. 통신장비업체인 시스코는 1990년대 말 '닷컴붕괴'에서 살아남은 몇 안 되는 기업이다. 시장점유율이 한때 90%를 육박했고, 경쟁이 치열해진 요즘에도 70% 정도를 유지하고 있다. 시스코의 CEO 존 체임버스 회장은 수장이 수시로 바뀌는 IT업계에서 벌써 20년 가까이 시스코를 맡아 설득과 소통의 리더십을 발휘하고 있다.

존 체임버스 회장의 목소리는 세계 굴지의 IT기업을 이끌고 있는 리더라는 생각이 들지 않을 만큼 나긋나긋하고 상냥했다. 취재진 한 명 한 명과 일일이 악수를 나누고 통성명하는 모습에서 여느 기업 회장과는 다른 느낌을 받았다. 그를 장수 CEO로 만든 것은 단순히 실적과 주가만은 아니었다. 바로 주주와 고객, 직원들을 향한 '설득의 리더십'이 통했기 때문이다. 그는 환갑을 넘긴 나이에도 하루 수십 번의 회의와 컨퍼런스 콜, 미팅을 쉼 없이 소화해내 주위를 놀라게 하곤 한다. 그의 설득의 리더십이 통하는 것은 무엇보다 '낮은 목소리' 때문이다. 체임버스 회장은 지금까지 한 번도 회사에서 소리를 높인 적이 없는 CEO로 유명하다. 그는 이렇게 말한다.

"당신이 모르는 것이 무엇인지 아는 것이 중요하다. 그리고 당신이 대접받고 싶은 그대로 상대를 대접하는 것이 핵심이다."

모르는 것이 무엇인지 알고, 그것을 알아가기 위해서는 다른 사람의 목소리에 귀를 잘 기울여야 한다. 또 다른 사람에게 존중을 받고 싶다면 먼저 존중할 일이다. 체임버스 회장의 '설득의 리더십'은 말하기보다 듣기에 능한, 설득하기보다 존중하는 것을 중요하게 여기는 리더십이다. "툭하면 목소리부터 높이는 사람들(bullies)을 좋아하지 않는다"는 체임버스 회장에게 가장 중요한 것은 휴먼 네트워크, 곧 인간과 관계성이다.

이런 철학은 시스코의 제품에도 반영돼 있다. 전통적으로 인터넷 통신장비의 강자인 시스코는 얼마 전부터 '텔레-프레즌스(tele-presence)'라는 새로운 사업에 전력하고 있다. 인터넷 화상통화를 통해 멀리 있는 가족, 친구, 비즈니스 파트너 등과 마치 한 공간에 있는 것처럼 느끼게 하는 기술이다. 단순히 얼굴을 보고 전화하는 화상전화의 수준을 넘어 실제로 같은 시공간에 존재한다는 느낌을 구현하는 것이 시스코의 목표다. 텔레-프레즌스는 편리성을 넘어 기존의 인간관계를 혁신적으로 바꿀 것으로 기대되고 있으며, 시스코의 기업문화에도 혁신을 가져오고 있다.

체임버스 회장의 낮은 목소리는 실질적인 소통을 중요시한다. 자주 만나서 많은 이야기를 나누는 것도 중요하지만, 각자 자신이 맡은 곳에서 IT기술을 통해 소통하며 협업(collaboration)을 성공적으로 이끄는 것이다. 시스코에는 약 70여 개의 팀이 있는데, 엔지니어 팀장이 영업 마케팅에 나서기도 하고 재무담당자가 비즈니스 전략을 짜기도 한다. 또는 모든 팀장과 전문가가 모여 함께 고민하고 서로 배운다. 한 분야의 전문가가 다른 분야에서도 리더가 될 수 있는 능력을 키우는 것이다.

체임버스 회장은 커뮤니케이션, 즉 소통을 단순히 기업문화 형성에 국한시키지 않고 실질적인 조직구조와 제품생산에까지 활용하고 있다. 결과는 대성공이었다. 그는 이미 명령과 통제의 시대에서 협업과 팀워크의 시대로 바뀌었다고 했다. 이제 업무의 80~90%는 서로 다른 업무를 하는 팀들이 어떻게 공동목표를 향해 나아가느냐의 문제라고 말한다. 시스코가 추구하는 낮은 목소리의 소통은 톤은 낮을지 모르지만 그 깊이는 깊다.

엔씨소프트의 보이지 않는 조직

'커피 번개 한번 할까? 10분 뒤 어때?' 문자메시지를 받은 몇 명의 직원이 사내 카페로 향한다. 카페에서 만난 이들은 공채 4기 동기들이다. 이야기의 주제는 다양했다. 대화 중에 '대규모 공성전'이니 '아이온'이니 하는 소리가 몇 번 들렸다. 모두 이 회사에서 제작하는 게임 이야기다. 다양한 부서에서 근무하는 동기들이 모여 차를 마시는 일은 매우 잦다. 입사 4년차인 전략기획실 전략기획팀의 전유미 대리는 이런 모임이 무척 유익하다고 말한다. 전략기획실 소속이지만 개발팀이나 홍보팀, 재무팀에 물어볼 내용이 많기 때문이다. 물론 업무적으로 해당 팀에 문의할 수도 있지만, 동기들에게 물어보면 부담 없이 친절하게 알려준다는 것이 가장 큰 장점이다. 이런 관계 속에서 필요할 것 같은 정보를 미리 전해주기 때문에 업무에 도움을 받기도 한다.

엔씨소프트는 우리나라 온라인 게임의 아이콘이다. 엔씨소프트는 몰라도 '리니지'라는 온라인 게임은 모르는 사람이 없을 것이다. 지금은 '아이온'이나 '블레이드&소울'로 게임 마니아들의 전폭적 지지를 받고 있다. 엔씨소프트는 1997년에 만들어져 이듬해 리니지 상용서비스를 개시했고, 2000년에는 코스닥에 등록했다. 이는 당시의 벤처붐을 감안해도 놀라운 성장이었고, 성장세는 벤처 거품이 꺼진 뒤에도 지금까지 유지되고 있다.

엔씨소프트 김택진 대표는 매년 '올해의 키워드'를 정해 임직원과 공유하는 것으로 유명한데, 2012년의 키워드는 '협업'이었다. 협업은 비단 2012년뿐 아니라 지난 2010년부터 올해의 키워드로 지정돼 3년째 유지되고 있다. 이럴 경우는 둘 중 하나다. 즉, 시켜도 안 돼서 계속 시키거나, 잘 지켜지고 있지만 계속 강조해야 할 만큼 중요하거나. 앞의 사례들에서 볼 수 있듯이 엔씨소프트의 경우는 후자에 해당한다.

김택진 대표는 창조적인 일, 창의력을 발휘하는 일을 할 때 창조는 한 개인이 번뜩 생각해서 나오는 것이 아니라 사람과 사람들의 생각이 서로 연결돼 나오는 것이라고 생각한다. 그렇기 때문에 일을 할 때는 일을 나눠서 하는 분업이 아니라 공동의 목표를 같이 생각하면서 가는 협업이 훨씬 중요하다고 생각한다. 이와 함께 김택진 대표는 가장 올바른 조직구조가 커뮤니티 구조라고 말한다. 나무만 바라보다 숲을 놓치기 쉬운 분업과 달리 협업은 끊임없이 숲을 고려해야 하는데, 이를 위해서는 원활한 의사소통이 가장 중요하기 때문이다. 직능별 조직 간의 의사소통은 기본이고, 다양한 구성원 간의 활발한 커뮤니케이션을 담보하는 것이 바로 커뮤니티 구조다. 앞서 말한 엔씨소프트의 소규모 미팅이 그 예이고, 구글에서 소개한 다양한 동호회 역시 다르지 않다. 커뮤니티의 생명은 커뮤니케이션이다.

이를 위해 김택진 대표는 '버추얼팀(virtual team)'이라는 개념을 강조한다. 이는 기존의 직능별 조직을 유지하면서 필요할 때 올바른 의사결정을 내릴 수 있게 하는 조직이다. 이미 만들어진 조직이 아니라 사안에 따라 인원이 새로 구성되고, 해당 안건이 해결되면 버추얼팀 구성원들은 원래 자리로 돌아가 맡은 바 업무를 진행한다. 서류상으로는 존재하지 않고 눈에 보이지도 않지만 회사의 전체 계획과 목표를 이해하고 회사 차원의 의사결정을 할 수 있는 조직인 셈이다. 이러한 버추얼팀의 존재는 회사의 미션과 전략 등을 좀 더 많은 구성원들에게 이해, 공유시킨다는 점에서 사내 소통을 원활하게 한다.

버추얼팀과 함께 김택진 대표가 강조하는 것은 대화다. "결국은 의사소통이 가장 중요하다"고 말하는 그는 대화의 중요성을 강조한다. 그에게 의사소통은 '이루어지면 좋은 것' 정도가 아니라 회사의 존립과 직결되는 문제다. 대화는 업무를 위한 의사소통에는 물론 업무로 인한 스트레스를 푸는 데도 좋은 방법이기 때문이다. 수시로 옆사람 또는 취미가 같은 사람들과 이야기를 나누면 스트레스를 받는 뇌 부위가 진정된다면서 대화를 강조한다. 그러니까 엔씨소프트 전략기획실의 전유미 대리는 다른 부서 동기들과 이야기를 나누며 업무에 필요한 정보도 얻지만 업무에서 오는 스트레스도 풀고 있었던 셈이다. 이처럼 작은 소통 또는 작은 이야기들이 엔씨소프트의 협업을 만들고 버추얼팀을 이끌어가고 있다.

이야기의 힘은 크기가 아니라 재미다

엔씨소프트를 취재하면서 내심 부러운 점 중 하나는 아이와 함께 출근하는 아빠의 모습이었다. 총무팀 최재근 차장은 아들 현원이와 함께 출근해 아이를 사내 어린이집에 데려다주고 사무실로 올라간다. 점심시간에는 아이와 함께 밥을 먹기도 하고 짬을 내서 동화책을 읽어주기도 한다. 대다수의 직장인들이 아이를 보육 시설에 맡기고 불안해하거나 시설이 끝나는 시간에 맞추기 위해 배우자와 신경전을 벌이는 것과는 비교되는 장면이다. 양쪽의 업무효

엔씨소프트에서는 직급과 상관없이 수시로 대화가 이뤄진다.
이런 막힘없는 소통이 좋은 게임과 좋은 조직을 만든다.

율성이나 회사에 대한 소속감 또는 충성도는 당연히 차이가 날 수밖에 없다.

미국의 분석 소프트웨어 업체인 SAS는 시장점유율 34%를 자랑하는 회사다. SAS는 〈포춘〉이 '미국에서 가장 일하기 좋은 100대 기업'을 발표하기 시작한 1998년 이래 2012년까지 15년 연속으로, 그것도 거의 매년 10위 안에 선정되었으며, 2010년과 2011년에는 1위를 차지했다.

SAS 직원들은 아이들과 함께 출근해 사내 유아원에 아이를 맡긴다. 점심시간에는 아이들과 함께 직원식당에서 식사를 한다. 허리 디스크를 앓고 있는 직원에게는 정밀진단과 맞춤형 의자를 마련해주고, 우울증 증세를 보이면 정신과 상담을 알선한다. 핵심은 '많은' 혜택이 아니라 '제대로' 된 혜택이다. SAS의 연봉은 미국 최고도 아니고 근무조건도 여느 IT기업처럼 화려하지 않다. 대신 직원들의 작은 '스토리'를 귀담아 듣고 해결해주는 리더가 있다. SAS 창업자이자 현재 최고경영자인 짐 굿나잇은 직원들의 고충을 '맞춤형'으로 해결해준다. 주식 상장을 하지 않은 것도 직원 위주의 '독특한' 기업문화가 외부 자본에 의해 훼손될 수 있다는 우려 때문이었다. 그는 직원을 고용하면서 직원의 가족까지, 그리고 직원의 퇴직 후까지 책임지는 'SAS Family Program'을 만들어 미국 사회에 반향을 일으켰다. SAS 직원들은 회사를 캠퍼스라고 부른다. '회사'가 노동을 제공하고 그만큼의 보상만을 받는 삭막한 곳이라면, '캠퍼스'는 다른 사람들과 어울리고 자유를 만끽하며 보람을 느끼면서 재미있는 시간을 보낼 수 있는 '행복한 공간'이다.

구글이 매년 가장 일하고 싶은 기업에 높은 순위로 선정되는 이유는 단지 높은 임금과 직업의 안정성 때문만은 아니다. 구글 본사에서 만난 많은 직원들은 그 이유를 '재미(fun)'라고 했다. 회사에서 근무하는 것이 즐겁고 행복하다는 얘기다. 릭 월츠만 드러커 인스티튜트 소장은 구글의 직원 이직률이 낮고 회사에 대한 충성도가 높은 이유를 '회사공동체(plant community)'라는 개념에서 찾는다. 일찌감치 지식사회의 도래를 예견했다는 경영학의 구루 피터 드러커는 지식 노동자가 기업의 생산성을 급격히 향상시킬 것으로 보았다. 오로지 임금만을 위해 일했던 기존 산업사회의 노동자와는 달리 지식사회의 노동자들에게는 '일의 의미와 가치'가 더 중요하다. 지식 노동자는 대부분 정보습득과 교환, 아이디어 개발 같은 창의적 작업에 가치를 부여하고 보람을 느끼며, 회사를 단순한 직장 이상의 사회적 공동체로 인식한다. 자신의 능력을 검증받기 위해 끊임없이 도전하고, 임무를 수행하기 위해 희생도 마다하지 않는다. 그리고 가장 값진 보상은 개인의 성취감과 주위 동료와 함께 느끼는 일체감이다.

구글과 같은 기업문화를 강조하면서 실제로는 직원들의 출퇴근 시간을 체크하고 있는 조직이나, 구글과 같은 창의력과 성과를 지향한다고 하면서 막상 어떤 재미와 가치도 제시하지 못하는 리더라면 구글과 같은 성과나 문화는커녕 직원들의 마음도 얻지 못한다. 마음을 얻으려면 먼저 마음을 읽어야 한다. 마음은 회의와 같은 공식석 상에서가 아니라 잡담과 수다, 낙서와 같은 작은 이야기를 통해 드러난다. 작은 이야기에 귀를 기울이고 거기에 담긴 사람의 마음을 얻어야 크고 새로운 이야기도 가능해진다.

이야기의 힘은 크기나 길이가 아니라 재미에 있다. 재미는 단순히 힘이 아니라 생명과 같다. 재미가 없는 이야기는 존재할 필요가 없기 때문이다. 대선을 앞둔 리더십 이야기에 웬 재미 타령이냐고? 한 조직, 나아가 한 나라를 다스리는 일이 재미로 이뤄질 리 없지만, 그럼에도 불구하고 재미는 중요하다. 재미가 꼭 박장대소하거나 키득거릴 수 있는 요소만을 뜻하는 것은 아니기 때문이다.

재미의 본질은 유머가 아니라 감동이다.

좋은 이야기는 마음을 움직이고, 마음을 움직이는 리더십은 표를 얻는다.

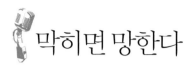

막히면 망한다

후쿠시마 사고의

교훈

"국민을 지지하는 리더가 좋은 리더라고 생각한다."

●● 브라질의 꼬르꼬바두 언덕 예수상에서 만난 시민

"나를 행복하게 하는 리더는 거짓말을 하지 말아야 한다."

●● 프랑스 칸의 한 시민

2011년 3월 11일 일본 후쿠시마에 들이닥친 쓰나미. 쓰나미로 인한 피해도 컸지만, 원전피해와 정부의 늑장대응이 더 큰 화를 불렀다. ➡

거짓말은 더 큰 거짓말을 낳는다

벌써 1년도 더 지난 일이다. 2011년 3월 11일 오후 2시 46분 일본 혼슈 센다이시 동쪽 179km 해역에서 리히터 규모 9.0의 지진이 일어났다. 지진이 발생한 곳에서 380km 떨어진 도쿄 건물들까지 흔들릴 정도로 강력한 지진이었다. 이 지진의 파괴력은 히로시마 원자폭탄의 6만 배라고 한다. 1900년 지진 측정을 시작한 이래 4번째의 강진이고, 지금까지 일본에서 발생한 지진 중에서는 가장 셌다.

그나마 육지에서 발생하지 않고 먼바다에서 발생한 것이 불행 중 다행이라 생각할 수 있겠지만 이는 순진한 착각이다. 지진의 충격으로 바닷물이 출렁거리자 높이 10m가 넘는 파도가 초속 11m가 넘는 속도로 밀려들었다. 안전한 곳으로 대피할 틈은커녕 정신을 차릴 겨를도 없었다. 파도가 건물을 뒤덮었고, 자동차들은 건물옥상 옆으로 떠다녔다. 최근의 통계는 동일본 대지진으로 사망자가 1만 5천 명이고 실종자가 3천 명 정도인데, 그중 90%가 지진해일 때문인 것으로 보고 있다.

하지만 이것도 최악은 아니었다. 그동안 과학자들은 일본 동북부에서는 그 정도의 강진이 일어나지 않을 것으로 예측해왔다. 후쿠시마에 원자력발전소가 들어선 것도 그런 근거에 따른 것이었다. 하지만 예상은 빗나갔고, 지진과 해일이 원자력발전소를 휩쓸었다. 사람들은 불안해했다. 지진과 해일이 발생한 당일에 정부는 "방사능이 유출될 가능성은 전혀 없다"는 공식발표로 주민들의 동요를 막으려 했다. 하지만 주민들과 전문가들의 우려는 곧 현실로 나타났다, 그것도 정부의 공식발표 하루 만에.

'후쿠시마 1, 2원전 방사능유출 본격화'
'1.5km 떨어진 곳에서 통상 70배 방사선량 확인'

실제로는 지진발생 두 시간 후 1, 2호기에 핵비상사태가 선언되었지만, 발표는 다음 날 나왔다. 일본 경제산업성 원자력안전보안원은 후쿠시마현 제1원전과 제2원전 모두 방사능이 포함된 증기를 배출하는 작업을 시작했다고 밝혔다. 지진과 해일로 냉각기능이 고장 나

에다노 관방장관이 원전과 관련된 위험은 없다고 발표하고 있다.
하지만 이 발표는 하루 만에 거짓으로 드러났다.

서 원자로 격납용기 내 온도가 비정상적으로 올랐기 때문에 압력을
낮추기 위해 증기를 방출하기로 한 것이다. 본격적으로 방사능이 유
출되기 시작한 셈이다. 이에 따라 제1원전 부근 주민의 대피명령은
반경 3km에서 10km로 확대되었고, 제2원전 역시 마찬가지였다.
사고발생 다음 날인 12일 오전 10시 경찰청의 발표에 따르면, 사망
287명 · 행방불명 725명 · 부상자 1,046명 등이었고, 원전 부근에서
발생한 피난민은 21만 명에 달했다.

  원전사고는 그것으로 끝이 아니었다. 12일 오후에는 1원전 1호기
에서 수소폭발이 일어났다. 하지만 이때도 도쿄전력은 "유출된 방사
능은 인체에 유해하지 않다"고 발표했다. 마침내 14일에 3호기 외벽
이 폭발했고, 그제야 에다노 키오 관방장관은 "인체에 위험한 수준

의 방사능유출 가능성"을 인정했다. 국제원자력기구(IAEA)에서 국제
원자력사고등급(INES) 4등급(발전소 내 위험사고, 방사성물질의 소량 외부방출)으
로 발표했던 내용은 며칠 후 6등급(심각한 사고, 방사성물질의 상당량 외부방출)
으로 조정되었다. 간 나오토 총리가 도쿄전력을 방문해 통합대책본
부를 세운 것은 15일로 지진이 발생한 지 4일 만이었다.

한번 깨진 신뢰는 회복하기 어렵다

프랑스 〈리베라시옹〉지는 3월 11일의 재앙을 표
지 이야기로 싣고 표지에 "인류의 종말이 온 줄 알았다"고 적었다.
그 정도로 엄청난 재앙 앞에서 사태를 수습해야 할 도쿄전력과 일본
정부의 태도는 참 안이했고, 그래서 슬픈 동시에 당황스러웠다. 하
지만 작지만 놀라운 반전이 일어나고 있었다. 반전의 주인공은 피해
당사자들 또는 주변지역의 평범한 사람들이었다.

직접적으로 지진의 피해를 입은 미야기현 이시마키시에서는 자원
봉사자들이 매일 나와 대피처인 초등학교에 주먹밥과 미소시루를
제공했고, 피해가 적은 지역의 주민들은 음식과 모포를 피난민들에
게 나눠주었다. 또 상점주인들은 모포와 성냥 등 생활필수품을 보냈
다. 물에 잠겨 1,300명이 고립된 센다이공항에서는 승객과 직원들
이 침수되지 않은 상점에서 과자와 주스를 꺼내와 사람들과 나누었

다. 이런 정성과 마음이 모여 피난민의 피로와 절망을 토닥여주었다.

　이후 사고의 영향을 가장 많이 받은 후쿠시마와 미야기, 이와테현 그리고 아오모리와 아키타, 야마가타 지역에 있는 47개 대학과 직업학교에서 실시된 설문조사는 일본인들의 인식변화를 보여준다. 즉, 사고 전에는 응답자의 23.2%가 직업의 목적을 돈이라고 답했지만, 사고 후에는 남을 돕기(18.8%), 안정적인 생활하기(17.7%)라고 답했다. 지난 재앙에서 혹시 긍정적인 결과를 얻은 게 있는지 묻는 질문에는 45%의 응답자들이 사람들 간의 유대가 강화됐다고 답했다. 재난대비의 중요성을 알게 되었다(34.2%), 남을 돌보는 것이 중요하다는 것을 깨달았다(21.1%)는 답도 있었다.

　이상적인 사회에 대해서는 38.2%가 사람들끼리 서로 믿을 수 있는 사회라고 답했다. 여기에는 기대와 예상을 벗어나 도움을 준 시민들에 대한 감사와 아울러 피해자들을 당연히 도와야 할 관계자들의 무책임한 태도에 대한 아쉬움 또는 분노가 반영돼 있다. 재난 후 일본 정부가 국민의 수요를 충족시켰는지를 묻는 질문에 무려 94%가 그렇지 않았다고 대답했던 것이다.

　반면 일본 정부의 태도는 별로 달라지지 않았다. 2012년 5월 말, 도쿄전력은 후쿠시마 제1원전 사고로 인한 방사성물질이 76만 테라베크렐 정도 방출되었다고 발표했고, 이 내용은 6월에 나온 사내 사고조사위원회 최종보고서에도 반영되었다. 그런데 이 수치는 경제산업성 산하의 원자력안전보안원이 2월에 발표한 48만 테라베크

렐의 1.6배에 달하고, 히로시마에 원자폭탄이 떨어졌을 때에 비해 168배나 큰 수치다. 도쿄전력의 발표가 맞다면 원자력안전보안원이 축소발표를 한 셈이다.

정부와 관련된 또 하나의 뉴스는 원전사고 당시 총리였던 간 나오토 전 일본 총리가 사고조사위원회에 참고인으로 출석했다는 소식이었다. 정부책임자로 위원회에 출석한 간 총리는 책임자로서 사고를 미연에 방지하지 못한 점에 대해 사과했다. 하지만 다음에 나온 이야기는 놀라웠다. 그는 "원자력안전보안원은 원자력재해대책 특별조치법에 근거해 상황을 파악해 대책을 제시해야 했으나 그렇지 못했고, 사태예측 보고도 거의 올리지 않아 사태를 파악하는 데도 애를 먹었다"며 담당부처를 탓했다.

도쿄전력 역시 5월 26일 사고가 발생한 제1원전 4호기 원자로 건물의 내부를 공개하면서 "그동안 내부공사를 했기 때문에 동일본 대지진 당시와 같은 충격이 있어도 연료저장조가 붕괴되는 일은 일어나지 않을 것"이라고 자신했다. 하지만 핵연료가 녹아내리면서 방사성물질이 유출된 것은 1, 2, 3호기였다. 이 원전은 5월 말 당시 내부 방사선량이 너무 많아 어떤 작업도 시작될 수 없는 상태였다. 개방한 4호기 역시 방사선 문제로 취재가 30분 동안만 허용되었다.

자연재해를 사람의 힘으로 막을 수는 없다. 하지만 어떻게 받아들이고 수습하느냐에 따라 피해자들의 상처와 후유증은 달라진다. 일본의 경우 재해에 대처하는 방식은 극명하게 나뉘었고, 재해를 수습할 책임이 있고 피해자를 지원할 물자를 보유한 정부의 불통과 무성의, 무책임은 화를 더욱 키웠다.

간루 : 동사. 간 나오토처럼 굴다

후쿠시마의 흔적은 사회 곳곳에 남아 있다. 도쿄여자대학 히로세 히로타다 교수가 2011년 6월 전국민을 대상으로 실시한 설문조사에서 "재해에 관해 믿기 힘든 정보원을 고르라"는 요구에 59.2%의 응답자가 중앙부처 또는 정부를 꼽았다. 그런가 하면 재난발생 3개월 뒤 이뤄진 여론조사에서는 70%의 응답자가 총리 교체를 요구했다.

민심을 가장 적나라하게 보여주는 것은 신조어다. 일본의 사전 전문 출판사 다이슈칸쇼텐이 중·고등학생들을 상대로 일본어사전에 올리고 싶은 새 단어를 응모한 결과 간루, 하토루 등의 신조어가 두드러졌다. '루'는 일본어의 동사형 어미로 '~처럼 굴다', '~처럼 행동하다'의 뜻이다. 간루는 원전사고 당시의 간 나오토 총리처럼 행동한다는 뜻으로 '끝까지 자리를 지키다', '아무것도 하지 않은 채 줄줄 새다', '무의미하게 달라붙어 있다'는 뜻이 있다. 하토루는 하토야마 전 총리를 풍자한 말로 대략 '무책임하게 아무 말이나 하다', '말할 때마다 내용이 바뀌다', '상황이 나쁘면 무심코 거짓말을 하다' 등의

일본의 신조어, 간루. 후쿠시마 사태 당시 총리였던 간 나오토의
무책임함을 조롱하는 단어다.

뜻이다. 하토야마 총리의 경우는 지진보나 후텐마 미군기지 이전을
둘러싼 논쟁 당시의 언행을 비꼰 것이다.

"국민들을 좀 더 믿어야 했어요. 국민들에게 실제 데이터를 전달
할 필요가 있었습니다. 전문적인 기술용어와 너무 많은 데이터가 비
록 이해하기 힘든 내용이라 해도 공개를 하는 것이 공개하지 않는
것보다 바람직하죠. 인터넷에 공개하면 많은 전문가들이 그것을 분
석하거나 풀어서 설명했을 테니까요. 그러면 당시에는 몰라도 시간
이 지난 뒤에는 오히려 정부의 신뢰도가 높아졌을 수도 있습니다."

후나바시 요이치 전 〈아사히신문〉 주필은 인터뷰를 통해 정보를
공개하고 공유하지 않은 점이 그 당시 정부에 대한 신뢰를 떨어뜨렸
다고 지적했다. 물론 정상참작 사유도 있었다. 전후 최대·최악의
재해 앞에서 초기에는 일본 정부도 제대로 된 정보를 알기 힘들었을
것이라는 점이다. 원자로가 어떤 상황이었는지 알 수 없고, 냉각로
수위와 압력에 대한 정확한 수치를 확보하기가 어려웠을 것이기 때
문이다. 하지만 따지고 보면 시스템의 부재 역시 결국 관리의 책임
이다.

후나바시 씨도 일본 국민들이 보여준 태도에 대해서는 높이 평가
했다.

"국민들은 참 잘했어요. 저희는 '현장력'이라는 표현을 쓰는데, 현
장의 힘이라는 뜻입니다. 재해현장의 사람들은 서로 도우면서 사태
를 수습하기 위해 최선을 다했습니다. 하지만 정작 사태를 수습하고

도움을 줘야 할 중앙의 정치가들이나 행정 시스템에는 의지할 수 없는 상황이었죠. 현장력이라는 말이 모두에게 유행어가 된 것은 오히려 (정치인들의) 리더십이 많이 부족했다는 것을 보여줍니다."

3·11이 가져온 변화(?)

잃어버린 소는 안타깝지만, 다른 소를 다시 잃어버리는 어리석음을 피하려면 외양간을 튼튼히 고쳐야 한다. 2011년 3월 일본은 소떼를 잃어버리고 큰 소란과 논란이 있었지만 외양간을 고치는 작업 역시 병행하고 있다.

일본 정부는 원자력방재지침을 개정해 방재구역 범위를 원전 반경 8~10km에서 국제원자력기구 기준에 맞춰 30km로 확대하기로 했다. 이에 따라 일본의 '원전 주변지역'은 61개 시·군·읍, 205만 명에서 135개 시·군·읍, 793만 명으로 늘어났다. 또한 장기적인 원자력발전계획의 방향도 바뀌었다. 사고 전 2010년의 에너지기본계획에 따르면 일본은 2030년까지 14기의 원전을 더 건설하고, 발전량의 비율 역시 26%에서 53%까지 끌어올릴 예정이었다. 하지만 2050년까지 단계적으로 모든 원전을 폐쇄하기로 했다. 2012년 5월 5일 일본 정부는 정기점검을 위해 유일하게 가동하고 있는 홋카이도전력 관내 도마리발전소의 원자로 3호기 가동을 중지시켰다. 5월

6일부터 7월 초까지는 원자력발전 제로 시대였지만, 여름철 전력수급을 이유로 2012년 7월 9일에는 오이 원전 3호기가, 25일에는 오이 원전 4호기가 각각 전면 가동에 들어갔다.

일본 국민들은 즉각 반응했다. 3호기 원전이 다시 가동된 16일, 도쿄에서는 17만 명이 모여 원자력발전을 반대하는 시위를 벌였다. 반정부 시위로는 사상 최대였던 1960년 미일안보조약 체결 반대시위를 능가한 규모였다. 이 시위는 노벨문학상을 수상한 작가 오에 겐자부로가 주도한 것으로 알려졌고, 원자력발전을 반대하는 서명에는 지금까지 785만 명이 참여했다. 시위대는 후쿠시마 원전사고도 제대로 수습되지 않은 상황에서 원전을 재가동하는 것은 있을 수 없는 일이라는 입장이다.

원전 재가동에 반대하는 시위는 3월부터 매주 열렸다. 하지만 노다 총리는 원전 재가동 카드를 거침없이 밀어붙였다. 원전문제뿐 아니라 소비세인상이나 주일미군의 수직이착륙 수송기 배치 문제 역시 국민들의 반발에 아랑곳하지 않고 추진했다. 노다 총리는 "국론이 둘로 쪼개지면 분노와 비판의 대상이 되는 게 나의 역할"이라며 불통의 리더십을 책임과 결단의 리더십이라고 주장했다.

일본에서 '고집불통'의 강한 리더십이 통하던 시절이 있었다. 패전 후 피해를 복구하고 강한 일본을 재건하기 위해서는 강한 리더가 필요했다. 경제가 호황이었던 1980년대는 명령과 위계질서에 기초한 일본식 리더의 전성기였다. 일본 국민들은 강한 리더에게 기꺼이 순종했다. 하지만 1990년대 이후 일본은 저성장 속에 장기불황에 빠져들었고, 초일류 일본 기업의 몰락과 함께 국가경쟁력 역시 급속도로 약화되었다. 2010년 도요타 아키오 회장은 대규모 리콜 사태로 인해 미국 법정에 서야 했다. 품질경영을 강조하던 '도요타 웨이(도요타 방식)'의 명성은 땅에 떨어졌다.

도쿄에서 만난 한 시민은 일본의 총체적 위기가 정치 리더의 존재감 부재 때문이라고 지적했다. 지난 5년 동안 6번이나 바뀐 총리는 더 이상 일본 사회의 구심점 역할을 하지 못했다. 게다가 구시대 파벌정치를 버리지 못하고 단발적인 포퓰리즘에만 기댄 정책을 남발해 국민들의 의견을 수렴하는 데도 실패했다. '후쿠시마 사태'는 이처럼 총체적인 리더십의 부재가 쌓여 나타난 현상이다.

진지함과 감동의 리더십

'통즉불통(通卽不痛) 불통즉통(不通卽痛)'이라는 말이 있다. 허준의 《동의보감》에 나오는 이 말은 "통하면 아프지 않고, 안 통하면 아프다"는 뜻이다. 이것은 몸에 대한 이야기지만, 사회 역시 마찬가지다. 소통에는 막대한 예산이 들어가거나 엄청난 희생이 필요하지 않다. 미국 대통령 오바마가 흑인 교수, 백인 경찰과 함께 백악관에서 맥주를 마신 이야기는 시사하는 바가 있다.

하버드의 흑인 교수인 루이스 게이츠는 열쇠를 잃어버려 자기 집 문을 강제로 열고 있었고, 이를 수상히 여긴 주민의 신고를 받고 출동한 백인 경찰 제임스 크롤리 경사는 게이츠 교수를 체포했다. 그저 하나의 해프닝으로 끝날 수 있었던 게이츠 교수와 크롤리 경사 간의 논쟁은 오바마 대통령이 크롤리의 행동을 '어리석은 행동'이라 표현하면서 인종문제로 비화될 조짐을 보였다. 그러자 오바마 대통령은 부인과 상의한 끝에 사태를 키운 책임이 자신에게도 있다며 사과했고, 이에 크롤리 경사는 맥주회동을 제안했다. 오바마 대통령이 이 제안을 흔쾌히 받아들여 세 사람은 백악관에서 시원한 맥주를 마시며 오해를 풀었다.

이처럼 소통에 필요한 것은 예산과 정책이 아니라 진심과 용기다. 통하면 살고 막히면 죽는다!

왜곡된 소통의 참혹한 결과

히틀러와

홀로코스트

"리더는 '좋은 사람'이어야 한다."

●● 런던의 스페인 관광객

그릇된 리더십의 전형을 보여준 아돌프 히틀러.
사람들의 불안과 욕망을 악용해 엄청난 파국을 불러왔다. ➡

스스로 새긴 주홍글씨

      독일 베를린의 쿠담가는 늘 시민들과 관광객들로 북적거린다. 베를린 최대의 번화가이기 때문이다. 쇼핑의 거리 쿠담가를 걷다보면 높다란 교회 첨탑을 만난다. 빌헬름 1세가 독일통일을 기념해 1895년에 세운 카이저빌헬름 교회다. 우리나라에도 명동 한복판에 명동성당이 있으니 번화가에 교회가 있는 것이 새삼스럽지는 않지만, 기이한 모습은 놀랍다. 마치 폭격으로 몇 대 얻어터진 것 같은 이 모습은 제2차 세계대전 당시 연합국의 공습으로 생긴 결과다. 흔적도 없이 사라진 부분에는 새로운 교회당이 들어섰지만, 잔해처럼 남은 원래의 카이저빌헬름 교회에는 폭격의 흔적이 그대로 남아 있다. 독일 사람들은 이를 가리켜 '썩은 이빨'이라 부른다.

독일 사람들은 이 썩은 이를 뽑지 않은 채 50년 넘게 곁에 두고 있다. 전쟁의 참혹함을 잊지 않기 위해 철거하지도 복원하지도 않은 채 폭격당한 그 모습 그대로 남겨둔 것이다. 독일 사람들에게 '전쟁의 참상'이란 뼛속까지 가슴 아픈 말이다. 인류역사상 가장 참혹했던 전쟁인 제1·2차 세계대전이 모두 독일의 주도로 일어나 엄청난 상흔을 남겼기 때문이다.

그나마 제1차 세계대전은 제국주의끼리 팽창하다 부딪쳐 일어난 전쟁이니 독일에만 책임을 물을 수는 없다. 말하자면 잘나가는 동네 형들끼리 세력다툼을 벌인 탓에 죄 없는 꼬맹이들만 놀지도 못하고, 때로는 다치기도 하고, 골목 분위기만 뒤숭숭해진 모양새였다. 하지만 제2차 세계대전은 달랐다. 독일과 이탈리아, 일본 등의 추축국이 일으킨 전쟁이기 때문이다. 특히 독일은 싸움을 일으킨 나쁜 형 셋 중에서 가장 악명 높은 형이었다.

게다가 단순히 국가와 국가, 군인과 군인의 전쟁으로만 끝나지 않았다. 제2차 세계대전이 독일사람들에게 도저히 지울 수 없는 상처를 안긴 것은 홀로코스트 때문이다. 단지 유대인이라는 이유만으로 600만 명 이상을 학살했고, 이 대학살에는 나치 친위대나 게슈타포와 같은 극단적 나치주의자뿐 아니라 평범한 독일 사람들도 가담했다. 전쟁이 끝난 뒤, 독일 사람들뿐 아니라 전 세계 사람들이 나치즘과 홀로코스트를 어떻게 이해해야 할 것인지를 두고 고민에 빠졌다. 그것은 마녀사냥을 하던 중세도 아니고 과학과 이성을 신주단지처럼 떠받들던 계몽의 시대와 근대를 거친 20세기에 벌어진 일이었다. 게다가 히틀러는 쿠데타가 아니라 선거로 국가수반의 자리에 오른 인물이었다. 무려 89.9%의 지지를 등에 업고.[3]

독일이 어떤 나라인가? 독일은 베토벤과 괴테, 쉴러의 나라가 아닌가? 더불어 칸트와 헤겔, 니체의 나라다. 한마디로 예술의 나라, 철학의 나라다. 프로이트 정신분석연구소 이창재 소장에 따르면 독일 국민은 높은 수준의 사변적 철학을 가지고 있었고, 따라서 매우 합리적이며 자신들의 철학에 대한 자부심 또한 높았다. 쉽게 말해서 독일 사람들은 논리적으로 이해되지 않으면 여간해서는 설득되지 않는다. 그런데 그런 민족이 거의 아무런 저항도 없이, 오히려 국가와 사회가 적극적으로 전쟁에 나서고 민간인을 대량으로 학살했다. 이 사실을 어떻게 받아들여야 할까? 나는 카이저빌헬름 교회가 독일 사람들이 스스로의 가슴에 새긴 주홍글씨라고 생각한다.

낙오자에서 연기자로

히틀러의 리더십(리더십이라고 할 수 있다면)에 대한 질문은 대부분 하나로 모아진다. 무엇이 국민과, 측근들, 지식인들을 히틀러에게 열광하게 만들었을까?[4] 히틀러가 처음부터 뛰어난 리더였거나 사람의 마음을 잘 헤아리는 소통의 달인이었던 것은 아니다.

삶의 우여곡절을 겪으며 사람들이 원하는 것을 제시하는 다양한 방법을 터득한 것으로 볼 수 있다.

히틀러는 1908년부터 1913년, 그의 나이 19세부터 24세까지 오스트리아 빈에서 생활했다. 당시 그는 국립미술학교에 두 번이나 낙방한 후 외로움과 혼란에 빠져 빈의 거리를 헤매고 다녔다. 이 시기는 그에게 가난과 궁핍의 시기였다. 히틀러는 자신의 사상을 밝힌 책 《나의 투쟁》에서도 빈 시절이 자신에게 가장 슬픈 시기였고, 암울한 기억으로 남아 있다고 밝혔다. 반면 이 시기는 히틀러의 성격과 정치 철학을 세우는 데 결정적인 영향을 미쳤다. 그래서 히틀러는 빈을 "내 인생의 가장 혹독한 학교이자 가장 투철한 학교"라고 적었다. 이 시기에 히틀러를 변화시킨 것은 두 가지였다.

"이 시기에 나는 그때까지 이름을 거의 들어보지 못한 두 가지 위협에 눈떴다. 마르크스주의와 유대인이었다."[5]

이언 커쇼에 따르면 당시 빈에는 독일의 다른 도시에 비해 많은 유대인들이 살고 있었다. 이들은 대부분 법률가나 의사와 같은 전문직, 언론인, 사업가 등이었지만, 동유럽 여러 나라에서 온 가난한 유대인 계층도 있었다. 이런 배경으로 인해 유대인은 (잘사는 유대인들 때문에) 자본주의를 착취하는 착취자들로, (못사는 유대인들 때문에) 사회주의 혁명을 신봉하는 자들로 여겨지기도 했다. 이 시기에 대해 히틀러는 이렇게 적었다.

"나에게 그 거대한 도시는 인종모독의 표본으로 보였다."

이후 제1차 세계대전을 치른 독일은 종전 후 혁명의 소용돌이 속에 빠져들었다. 히틀러는 그 소용돌이 속에서 정치에 눈을 뜨고 나치당의 전신인 독일노동자당에 입당해 활동하기 시작했다. 정치를 하면서 그는 배우가 되어갔다. 히틀러는 신비감을 위해 모습을 잘 드러내지 않았다. 그래서 중앙당 고위간부들도 히틀러의 얼굴을 보기 힘들었고, 대중연설 역시 분위기가 무르익은 뒤 나타나 어휘와 동작까지 연출된 연설을 하고 사라졌다. 히틀러는 "내적인 공감이나 진실성이라고는 조금도 없는" 냉정한 계산으로 의도적으로 짜낸 조작을 통해 대중을 움직일 수 있었다.[6]

실제로 그는 연설로 군중의 마음을 사로잡는 방법을 익히기 위해 뮌헨의 희극배우 바이스 페르들을 연구하고 따라했다. 페르들은 맥줏집에서 손님들을 상대로 코미디쇼를 하고 있었으며, 히틀러가 처음 대중연설에 나선 곳도 뮌헨의 맥주홀이었다.

히틀러는 일단 무대에 서면 30초 정도 청중을 둘러보다가 연설을 시작했다. 처음에는 천천히 느리고 낮게, 마무리는 격앙된 목소리로. 박수가 터질 문장을 곳곳에 마련하고, 박수갈채가 터지면 잠잠해지기를 기다렸다가 말을 이어갔다. 앤드류 로버츠는 히틀러가 1930년대 민주주의 진영에서는 볼 수 없었던 연설형태를 만들어냈고, 이 연설기법이 오늘날 정치연설의 전형이 되었다고 말한다.[7]

히틀러와 프로이트

　　　　대중의 마음을 얻기 위한 히틀러의 노력 하나는 인정할 만하다. 여기서 문제는 "히틀러의 노력이 독일 국민에게 통한 이유는 무엇일까" 하는 것이다. 이성과 철학을 좋아하는 국민들의 히틀러 숭배를 이해하는 열쇠는 무엇일까? '의식'의 차원에서 도무지 납득되지 않는 문제를 푼 것은 프로이트의 '무의식'이었다.

　사실 프로이트와 히틀러는 같은 시공간에 머무른 적이 두 번 있다. 장소는 모두 오스트리아의 빈이었다. 첫 번째는 1909년으로 그 당시 프로이트는 《꿈의 해석》을 발표하며 전성기를 누렸고 히틀러는 빈털터리였다. 두 번째는 히틀러가 독일을 손에 쥔 뒤인 1938년이었다. 총통에 오른 히틀러는 오스트리아 국민들의 열렬한 환호 속에 오스트리아를 합병하며 행진하고 있었고, 팔순을 넘긴 프로이트는 암수술을 받고 빈에 머무르다 나치의 탄압을 피해 영국으로 망명했다. 그 사이인 1921년, 히틀러는 맥주홀에서의 성공적인 연설로 정치인생을 막 시작했고, 프로이트는 《집단심리학과 자아분석》을 통해 특정지도자에게 열광하는 군중심리를 분석했다. 그 심리의 핵심은 '전이'라는 개념이다.

　"프로이트는 사람들이 불안하고 확신이 없을 때 답을 줄 수 있는 리더를 원한다고 말합니다. 하지만 전이된 관계는 진정한 관계가 아닙니다."

심리학자 마이클 맥코비, 프로이트의 '전이' 개념을 이용해
히틀러의 리더십을 분석했다.

심리학자 마이클 맥코비는 대중이 불안하면 답을 줄 리더를 찾고
그를 우상화한다고 말했다. 그럴듯하긴 한데, 뭔가 명확하지는 않다.
팔로어가 스스로 못하는 것을 리더에게 바라는 것은 당연하지 않을
까? 리더는 팔로어와는 다른 답을 제시할 수 있어야 하지 않을까?

하지만 프로이트는 우상화 자체가 왜곡된 관계라고 말한다. 프로
이트는 자신의 환자가 자신을 사랑하는 과정을 관찰하던 도중 전이
개념을 발견했다. 그는 젊고 아름다운 여성이 자신을 사랑하게 된
것은 자신의 매력 때문이 아니라 그녀가 의사인 자신에게 부모를 투
영시켰기 때문이라는 것을 깨달았다. 정신적으로 힘겨울 때 부모에
게 기대고 의지하고 싶은 환자의 욕망이 자신을 돌보는 의사의 모습
에서 부모의 역할을 발견한 것이다. 하지만 의사는 부모가 아니고

의사의 역할과 부모의 역할도 분명 다르다. 마찬가지로 리더와 우상은 다르다.

단순하고 거칠게 말하자면, 프로이트가 발견한 무의식의 세계는 '이드(Id)'라는 개념을 만들었다. 이드는 원초적인 자아로, 본능에 충실한 이드와 도덕적 '초자아(슈퍼에고)'를 중재하는 것이 '자아(에고)'다. 말하자면 사흘 굶으면 남의 집 담장을 넘게 만드는 것이 이드, 그래도 남의 것에 손을 대면 안 된다고 말리는 것이 슈퍼에고, 그 사이에서 판단하고 결정을 내리는 것이 에고다. 그런데 욕망과 도덕은 워낙 강력한 펀치를 가지고 있어서 이 둘이 크게 붙으면 자아가 억압받게 된다. 그래서 고래 싸움에 끼게 된 '새우(자아)'에게 준 특혜가 방어기제이며, 전이는 대표적인 방어기제다. 즉, 전이는 적대적이고 억눌린 감정을, 원래 감정을 일으킨 대상보다 덜 위험한 대상에게 발산하는 것이다.

다시 1930년대 독일로 돌아가보자. 독일 국민들에게 히틀러는 패배를 안겨준 연합국보다 훨씬 덜 위험했고, 유대인을 싫어하는 그를 지지하는 것은 유대인들에게 직접 폭력을 가하는 것보다 합법적이었다. 맥코비의 말처럼 리더가 모든 것을 아는 것은 아니다. 하지만 리더는, 특히 히틀러는 모든 것을 아는 것처럼 행동했다. 전이를 유발한 것이다. 전쟁의 패배로 인한 굴욕감과 공황으로 곤두박질친 경제문제로 우울했던 독일 국민들은 막힌 가슴을 풀어주고 희망을 줄 수 있는 누군가가 필요했고, 바로 그때 히틀러가 나타났다. 그리고 히틀러는 말한다.

"우리는 잘될 것이다. 우리의 적은 바로 유대인과 (제1차 세계대전 승전 국인) 연합국이다. 우리는 그들에게 복수할 것이며, 다시 위대한 국가 가 될 것이다."

마이클 맥코비는 희망을 잃은 사람들에게 희망을 줄 때 리더의 힘 이 강해진다고 말한다. 사람들이 처한 절망의 깊이와 리더가 전하는 희망의 세기가 팔로어십을 결정한다는 말이다. 중요한 것은 리더가 전하는 희망이 진짜인지 가짜인지 처음에는 잘 구분하기 어렵다는 점이다. 사이비 희망을 추려낼 수 있을 정도라면 그리 절망적인 상 황이 아니다. 물에 빠져 허우적거리기 전에는 지푸라기 따위를 잡지 않는 법이다. 맥코비는 당시 독일 사람들이 처음에는 히틀러의 희망 을 진짜로 생각했다고 말한다. 가짜인 줄 알면서 다른 이유 때문에 믿었다면 중간에 돌이킬 지점이 있을 수도 있지만, 진짜 희망으로 받아들였다면 파국의 결과를 지켜보는 수밖에 없다.

소통의 두 방향

전이 자체가 나쁜 것은 아니다. 어떤 그룹이라도 리더에게 전이를 할 수 있다. 어쩌면 선출된 리더는 모두 그를 선출 한 이들이 전이한 결과물이라고 할 수 있다. 미국의 루스벨트 대통령은 매우 강력한 아버지 전이를 만들어냈고, 레이건 대통령은 좋은 아버지 전이의 결과였다. 한편 빌 클린턴 대통령은 '형제' 전이를 일으킨 경우다. 그가 섹스스캔들에 휘말렸을 때 미국인들은 클린턴을 마치 '형제처럼 너그럽게 용서'했다. 바로 전이의 힘이다. 하지만 전이는 기본적으로 불안정하다. 욕망이 정확한 대상을 찾지 않고 대용물을 찾기 때문이다. 결혼상대자로 아버지를 닮은 남편이나 어머니를 닮은 아내를 찾는 것도 이와 크게 다르지 않다. 어머니에게 바랄 것은 어머니에게 기대하고, 아내에게는 배우자에게 바랄 것을 바라는 게 맞다.

그럼 리더를 선택하는 옳은 방법은 뭘까? 맥코비의 말을 빌리면 리더의 철학과 가치관을 판단하고 리더가 내린 결정의 도덕적 바탕과 진행하는 일을 신뢰해서 따르는 것이다. 즉, 무의식에서 깨어나 의식으로 판단할 필요가 있다는 것이다. 전이라는 무의식은 제법 강해서 긍정적으로 작용할 때는 큰 힘을 발휘하지만, 때로는 팔로어들의 이성적 판단을 흐리게 해 맹목적으로 만들 수 있다. 그러므로 팔로어 스스로 올바른 리더상을 세우고 리더(가 되고자 하는 사람)의 도덕과 철학 및 가치관에 근거해 원하는 리더를 뽑으면 된다. 이런 리더라면 그의 결정을 믿고 따를 수 있지 않을까?

소통은 방향이 중요하다. 소통에는 두 가지 방향이 있다. 하나는 교감이 흐르는 방향이다. 소통의 주체 사이에 교감이 쌍방향으로 오가는 것이 진정한 소통이다. 일방통행은 엄밀한 의미에서 소통이 아니다. 리더발 일방통행은 지시이고 교육이며 훈계에 지나지 않고, 팔로어발 일방통행은 팬덤이나 우상화에 가깝다. 부족하면 단절되지만 한 방향으로만 넘치면 왜곡되기 쉬운 것이 바로 소통이다. 그래서 소통의 첫 번째 조건은 쌍방향성이다.

하지만 히틀러와 독일 국민의 관계처럼 쌍방향으로 교감이 이뤄진다고 해서 꼭 진정한 소통이 이루어지는 것은 아니다. 더욱 중요한 것은 소통이 추구하는 대상이다. 소통 자체가 지향하는 가치가 소통의 두 번째 방향이다. 그러니 우선 소통이 잘되고 있는지 살펴보고, 잘되고 있다면 무엇을 위한 소통인지 찬찬히 살펴야 한다. 지금 우리 사회의 소통은 잘 이뤄지고 있는가? 우리의 소통은 옳은 가치를 추구하고 있는가? 즉, 우리의 소통은 정의로운가?

목소리 크다고 리더냐, 잘 들어야 리더다

— 참다운 리더를 만드는 팔로어가 되는 법

한 유치원에서 아이들 세계의 리더십을 살펴보기 위해 간단한 실험을 했다. 시간관계로 방송되진 않았지만, 아이들의 놀이를 통해서도 리더십의 역할은 물론 몇 가지 원형을 살펴볼 수 있었다. 우리는 유치원교사들의 도움을 받아 몇 가지 놀이를 진행했다. 몇 가지 역할을 나눠야 하는 놀이였다. 우리의 관심은 '아이들이 어떻게 목표를 정하고, 전략을 짜며, 역할을 나누는가?'였다.

먼저 한 놀이는 뗏목을 타고 강 건너기. 다섯 명이 한 팀이다. 뗏목은 방석으로 대신하고 정해진 반환점까지 가면 강을 건너는 것이다. 놀이를 위해서는 뗏목에 탈 사람과 뗏목을 밀거나 끌 사람을 나눠야 했는데, 이것은 전적으로 아이들의 몫으로 남겼다. 그중 두 팀의 풍경을 편집하자면 이렇다.

A팀

아이 1 : 누가 끌까?

아이 2 : 내가 끌게.

아이 1 : 알았어. 넌 키가 크니까. (다른 아이에게) 너도 끌고 싶어?

아이 3 : 응.

아이 1 : (또 다른 아이를 보고) 너도 끌고 싶어? 얘는 좀 가벼운데.

(키를 재는 아이들, 키 큰 순서를 정하더니)

아이 4 : 야, 우리 셋이 하자. 얘네 둘은 타라고 하고.

아이들 : 선생님, 저희 다 정했어요!

B팀

아이 5 : 네가 첫째 해, 네가 해!

아이 6 : 아, 싫어. 내 맘대로 정할 거야.

아이 5 : 왜 네 맘대로 정해? 여기서 네가 왕이냐? 아니잖아. 우리도 정해야 할
　　　　 거 아냐.

아이 6 : 다 이를 거야.

아이 5 : 너 늑대. 네 맘대로 정하는 거 아냐.

아이 6 : 아까부터 소리 지르지 말라고 했어.

　한눈에 봐도 A팀은 역할을 나누는 과정이 순조로웠지만 B팀은 순탄치 않았다. 대화를 이끌어가는 아이가 있느냐 없느냐의 차이도 있고, 역할배정을 위한 대화에 참여한 아이들의 숫자도 A팀은 4명, B팀은 2명으로 다르다. 아이들에게 뗏목을 타느냐, 끌거나 미느냐의 차이는 어른들에게 회식장소를 어디로 잡느냐, 어떤 프로젝트를 맡느냐 등의 문제보다 훨씬 중요하다. 물론 어떤 프로젝트든 열심히 일해서 성과를 내는 게 중요하고, 어디서 회식을 하든 팀의 화합을 다지면 된다. 하지만 그게 어디 꼭 그런가? 이런저런 욕심과 이해가 부딪치거나 엇갈리면서 갈등이 생기고, 또한 리더도 만들어진다.

진짜 리더, 가짜 리더

　실험 결과 아이들은 크게 세 그룹으로 나뉘었다. 유아인데도 리더십이

좀 있는 아이들, 자기주장만 하는 아이들, 좀 순응적인 아이들이다. 예상했던 결과지만 미리 생각했던 것과 다른 부분도 있었다. 아이들은 4개 팀으로 나뉘어 게임을 했는데, 어느 팀이나 눈에 띄는 아이들이 있었다. 그 아이들은 주어진 조건을 나름대로 분석하고 같은 팀 아이들 각자에게 미션을 부여했다. 그 친구들의 상황 판단과 작전은 옆에서 어른이 보기에도 크게 틀린 것 같지 않았다. 그런가 하면 별 이야기 없이 조용히 있다가 가끔 몇 마디 하는 친구들도 있었다. 물론 고집을 부리는 친구와 생각을 적극적으로 표현하지 못하는 친구들도 있었다.

"자기주장이 강한 아이들은 대개 좀 똑똑해 보입니다. 목소리도 크고 확신에 차서 이야기합니다. 꼭 틀린 이야기는 아니지만, 자기 이야기만 하는 경향이 있어요. 반면 제가 보기에 리더십이 있는 아이들은 다른 사람의 이야기를 잘 들어요. 그러고 나서 자기 이야기를 공격적이지 않게 잘하죠. 게임이 끝나면 결과와 상관없이 친구들을 다독이는 모습도 보여줬어요. 하지만 처음 볼 때 많이 두드러지지는 않아요."

실험을 지휘한 숙명여자대학교 사회교육대학원 겸임교수이자 원광아동상담센터 소장 이영애 교수는 실험에 참가한 아이들에 대해 한 가지 단서를 달았다. 목소리 큰 아이들이 다른 그룹에 비해 상대적으로 많은 이유는 그때가 딱 그럴 시기이기 때문이라는 것이다. 유아기와 아동기는 리더십을 비롯해 다른 사람과의 관계맺기를 연습하고 관계를 형성하는 시기여서 아직 자기중심적인 성향이 많이 남아 있다.

이영애 교수는 아이들이 보여주는 리더십을 크게 두 가지 요소, 즉 자기조절 능력과 대인관계 능력으로 구분했다. 자기 마음과 의지를 조절할 줄 알고, 다른 사람의 마음과 의지를 읽어내는 능력이다. 자기조절 능력은 만 2세부터 형성되기 시작해 만 7세 정도가 되면 어느 정도 결정된다고 한다. 하지만 대인관계 능력은 생후 5개월이면 이미 발견된다. 엄마와 눈을 마주치는 것 역시 초기의 대인관계 능력이다. 이 시기를 어떻게 보내느냐에 따라 자기조절 능력과 대인관계 능력이 리더가 되기 위해서는 자신과 다른 사람의 감정을 들여다보는 것이 중요하다고 말하는 이영애 교수.

달라진다고 한다.

아이들의 세계에 나타난 리더십의 유형은 '인식-표현-조율-추진'이다. 감정적인 문제를 해결해야 할 때 자기 감정이 무엇인지 파악하고 → 감정을 다른 사람에게 어떻게 표현해야 할지 생각해서 → 다른 사람들의 감정과 조율한 다음 → 문제를 해결하는 것이다. 게임이나 어떤 목표가 주어지면, 감정 대신 아이디어를 떠올리고, 조율 대신 협상을 한 다음, 목표를 이루어 나간다.

아이들의 세계에서는 모든 반응과 행동, 행동의 결과가 즉각 나오기 때문에 목소리가 큰 아이가 리더를 하는 경우가 많다. 우선 당장 게임을 해야 하는데 모든 친구의 의견을 모으고 최상의 방법을 찾기는 너무 어렵고, 무엇보다 아이들에게는 시간이 너무 오래 걸리기 때문이다. 당장 눈앞의 승리가 달콤한 사탕과 캐러멜을 보장한다면 이기는 것 자체가 가장 중요한 목표가 된다.

소극적인 아이들뿐 아니라 일반적인 아이들도 목소리가 큰 아이들을 따르는 경향이 있다. 바람직할까? 결과는 달콤하지만 행복하지는 않다. 일반적인 아이들은 성취의 과정에 자기 목소리가 하나도 들어 있지 않기 때문이다. 그래서 그 팀은 오래가지 못한다. 목소리가 큰 리더도 마찬가지다. 분명 자기가 게임을 주도해서 이겼는데, 친구들과 선생님의 칭찬과 환호는 기대에 못 미치기 때문이다. 결국 그 리더는 지치고, 팔로어는 설 자리를 잃게 된다.

리더십이 있는 아이들과 언뜻 리더십이 있는 것처럼 보이는 아이들이 달라지는 지점은 어디일까? 어떤 경험과 교육, 어른들의 태도가 그런 차이를 만들었을까? 가장 큰 차이는 자율성이다. 어떤 결정을 내릴 때 스스로 생각하고 판단한 아이들은 다른 사람의 생각과 판단을 존중할 줄 안다. 다음은 주도성이다. 내가 할 일을 스스로 주도하지 못하고 시키는 대로 해야 하는 경험이 쌓이면 또래집단에서도 주도성을 발휘하지 못한다. 마지막으로 감정표현이다. 자신의 감정을 들여다보고 표현해야 하는데, 감정을 드러낼 때 어떤 억압이 있었거나 감정을 부정당하면 감정을 드러내지 않게 된다.

이 세 가지 기준에서 두 그룹의 차이를 만든 것은 아이의 경험이다. 중요한 것은 아이의 표현에 대한 부모의 반응이다.

"시끄러워! 엄마(아빠)가 시키는 대로 해. 네가 뭘 안다고."

참 낯익은 말이다. 이 말이 낯익은 아이일수록 자율성과 주도성, 감정표현의 방법을 조금씩 잃어간다. 엄마(아빠도 마찬가지다)가 아이보다 잘못된 결정을 내릴 확률이 얼마나 되겠는가? 솔직히 부모는 모든 생각과 판단이 아이를 위해서라고 말하고, 사실이 그렇다. 그런데 그게 아이들에게 도움이 되지 않고 도리어 해가 된다는 이야기다. 넘어지지 말라고, 다치지 말라고, 안전하게 타라고 보조바퀴를 떼어주지 않으면 아이는 영원히 두발자전거를 타지 못한다. '온실 속의 화초'라는 표현은 그래서 만들어졌고, '마마보이'도 아들을 향한 극진한 정성이 만든 비극적 또는 해학적 결말이다.

꿩 먹고 알 먹는 노하우

아이를 리더로 키우고 싶지 않은 부모는 없다. 앞에 나서는 리더가 아니라 다른 사람의 마음을 헤아리고 그의 말에 귀 기울이는, 그래서 다른 친구들에게 모범이 되는 리더 말이다. 이런 아이로 키우려면 부모가 어떻게 해야 할까?

"가장 중요한 것은 부모님들이 아이의 이야기를 잘 들어주셔야 해요. 의사표현이 명확하지 않은 친구들은 때로 자기감정이 무엇인지 제대로 모를 때도 많아요. 그런 아이의 행동에서 아이의 감정이나 생각을 이해하고 표현해줘야 한다는 거예요. '네가 장난감을 던지는 걸 보니 화가 단단히 났구나', 이렇게요. 아이의 행동과 감정을 잘 연결시켜주는 거죠. 의사표현이 되는 아이들에게는 '그때 네 기분이 어땠니?' 하고 이야기할 기회를 주시고요. 실제로 자연스럽게 말할 수 있는 분위기를 만들어주는 것도 중요하겠죠."

이영애 교수가 말한 두 번째 노하우는 부모 스스로 솔직하게 말하는 것이다. 아이에게 피해가 가지 않는 범위 내에서 감정을 솔직하고 담담하게 표현하는 것이 좋다. 화가 났으면 화를 내지 말고 화가 났다는 사실을 말하라는 것이다. 장난감이 어질러졌다면 "어지르지 말랬지! 싹 갖다 버리기 전에 치워!"가 아니라 "네가 이렇게 어질러놓으면 엄마는 화가 나. 좀 치워줄래?" 하고 말하는 게 답이다. 소통에도 기술이 필요하다. 그리 어려운 기술이 아니라는 게 다행이긴 하다.

부모가 아이를 위해 할 수 있는 다른 하나는 본을 보이는 것이다. 아이에게는 친구들과 사이좋게 놀라고 가르치면서 엄마는 날마다 과일가게 아줌마와 싸운다면 아이가 어느 쪽을 따라 배우게 될까? 아무리 말로 가르치고 타일러도 눈으로 보는 것이 다르면 학습이 되지 않는다고 이영애 교수는 지적한다. 또한 부모와 다른 사람의 관계도 중요하지만, 부와 모의 관계가 더 중요하다. 즉, 엄마와 아빠가 얼마나 함께 이야기를 나누고, 듣고, 서로 의견을 양보하며 조율하느냐에 따라 아이들의 리더십은 달라진다.

아이들끼리 팀을 이루어 놀이를 하고 있다. 리더의 역할은 놀이 과정에서 드러난다.(좌)
다른 사람의 감정과 의견을 존중하는 리더의 팀은 리더와 팔로어 모두에게 만족감을 준다.(우)

아동의 리더십

이렇게 익힌 가르침은 실전을 거치면서 몸에 밴다. 이영애 교수는 마지막으로 공부시킨다고 집에만 붙들어놓지 말고 애들을 밖에 내보내 놀게 하라고 말한다. 밖에서 아이들과 어울려 놀고, 갈등이 생기면 스스로 풀어보고, 해결이 안 되면 부모에게 와서 이야기하고, 다음 날 그 친구를 만나서 해결하고…. 이 과정을 통해 대인관계의 폭과 깊이가 넓어지고 깊어진다는 것이다.

이영애 교수와 인터뷰를 마치고 나오는데, 교육의 이치가 참 간단하고 쉽다는 생각이 들었다. 아이가 다른 사람의 마음을 헤아리기를 원하면 아이의 마음을 헤아리고, 친구들의 말에 귀 기울이기를 원한다면 아이의 말에 귀를 기울이면 된다. 다른 친구에게 모범이 되는 리더가 되기를 바란다면? 답은 뻔하다.

이 취재의 주제는 '유아 리더십'이었다. 하지만 유아 리더십의 내용 중에 성인들의 사회에 들이대서 어색한 기준은 찾을 수 없었다. 특히 목소리 큰 리더의 교훈은 새겨들을 만했다. 달콤하지만 행복하지 않은 결과는 성장과 성과만 강요하는 우리 사회에서 자주 볼 수 있는 모습이다. 우리 사회는 팔로어들의 목소리를 잘 반영하고 있는가? 리더가 되겠다고 나선 이들이 혹시 목소리만 높이고 있지는 않은지 살펴볼 일이다. 또 하나, 가정 역시 하나의 사회조직이라는 것을 감안할 때 아이들(팔로어)의 목소리보다 부모(리더)의 목소리가 높지 않은지 돌이켜보자. 우리가 원하는 리더십과 우리가 실제로 아이들에게 보여주는 리더십이 일치한다면 우리는 이상적인 리더를 가지게 되고, 우리 아이들은 다른 이의 의견에 귀를 기울이는 리더로 자라날 것이기 때문이다.

행복의
리더십

나를
뿌듯하게 하는   2
리더십 :
정의와 책임

아프지만, 정의만큼 우리에게서 저만치 떨어져 있는 가치가 있을까? 2011년부터 화두가 된 '위로'와 '힐링'은 정의와 현실 사이의 거리를 가늠케 한다. 정의롭지 못한 사회에 좌절한 이들에게 필요한 것이 위로이기 때문이다. 위로가 진통제였다면, 상처를 치료하는 것은 결국 정의다. 이것이 상투적이고 식상한 정의를 다시 이야기해야 하는 이유다.

모든 소중한 가치들이 그렇듯이 정의 역시 몰라서 멀어진 것이 아니라 실천하지 않아서 멀어졌다. 정의로운 길이란 것을 알지만 눈앞의 이익이나 당장의 편의 또는 거절하기 어려운 인간관계 등을 이유로 바른길을 외면한 결과다. 누군가는 그 피해를 입는다. 또한 누군가의 정의롭지 못한 행위가 나의 피해로 돌아온다. "정의롭지 못한 사회에 저항하는 유일한 방법은 스스로 정의로워지는 것"이라는 카뮈의 말을 잊지 말자.

정의는 쉽게 말하자면 해야 할 일과 해서는 안 될 일을 구분하고, 해야 할 일은 하고 해서는 안 될 일은 하지 않는 것이다. 아는 것으로는 부족하고 실천이 따라야 한다는 것이다. 그러니 리더가 되겠노라 나선 이들에게 따져 묻자, 당신은 얼마만큼 정의롭냐고.

"현실은 꿈을 무너뜨린다. 꿈이라고 현실을 깨뜨리지 말란 법 없지 않은가?"

"Reality can destroy the dream,
    why shouldn't the dream destroy reality?"

— 에 드 워 드 무 어

정의가 새삼 떠오르다

나침반이 고장 난

월가의 비극

"밑도 끝도 없이 돈을 버는 것은 범죄다."

●● 핀란드의 스웨덴 은행인 노디어은행 앞에서 시위하던 시민

"관료주의는 안 된다. 사람을 위한 리더십이어야 한다."

●● 프랑스 칸에서 만난 시민

월가를 점령한 시위대는 금융자본주의의 탐욕과 무책임을 질타했다.
하지만 달라진 것은 없었다. ➡

합리성이 만든 비합리

세상엔, 적어도 나에겐 두 개의 '월(wall)'이 있다. 먼저 만난 것은 핑크 플로이드의 벽이다. "너는 그저 거대한 벽의 벽돌일 뿐이야(you're just another brick in the wall)", "아이들을 그냥 내버려둬(leave us kids alone)"…. 그때 나에게 사회는, 세상은 온통 벽이었고, 로저 워터스의 노래는 벽 앞에 선 나를 위한 응원 또는 위로 비슷한 것이었다. 몇 년 뒤 벽은 얼마간 무너졌고, 나는 벽 사이로 난 길을 따라 사회에 들어왔다.

또 하나의 벽은 월가(wall street)의 벽이다. 자본주의의 첨병이라 불리는 금융기관들이 모인 거리의 이름이면서 전 세계 자본의 흐름을 좌지우지하는 수뇌부이기도 하고, 이제는 거꾸로 전 세계를 위기와 곤란에 빠뜨린 고약한 문제아로 낙인찍힌 거리의 이름이다. '월'이라는 거리 이름은 17세기에 지어졌다. 그 당시 뉴욕은 네덜란드 사람들이 많이 이주해와 뉴암스테르담으로 불렸고, 주변 인디언들의 침략을 막기 위해 세운 커다란 나무벽에서 거리 이름이 만들어졌다. 누가 누구를 침략한 것인지 모르겠지만, 어쨌든 나무벽은 세워졌고, 그 자리에 뉴욕 증권거래소를 비롯한 금융기관들이 들어서면서 오늘날의 월가가 만들어졌다. 인디언을 막기 위해 세웠던 벽은 오래전에 사라졌지만, 월가에 둥지를 튼 금융자본주의와 이 시대를 살아가는 절대다수의 평범한 사람들 사이에는 도무지 넘을 수 없는 벽이 새로 생겨났다. 오랜 시간에 걸쳐 만들어진 그 벽은 얼마 전까지만 해도 잘 보이지 않았지만 2008년 금융위기로 분명히 드러나게 되었다. 당시 월가에 정의는 없었다.

팔로어는 리더에게 정의를 원한다. 정의가 무너진 '암흑시대'가 얼마나 춥고 고달픈지 그리고 절망적인지 '경험적으로' 잘 알기 때문이다. 암흑은 아직 완전히 걷히지 않았다. 월가의 정의가 어떻게 사라졌는지 알아보자. 월가 또는 금융위기를 떠올릴 때 우리는 서브프라임 모기지, 리먼브라더스, AIG, 파생상품 등의 키워드를 떠올린다. 이 몇 개의 '구슬'을 잘 꿰면 월가에서 일어난 일을 이해할 수 있다.[8]

집을 살 때 대부분의 사람들은 대출을 받는다. 그리고 오랜 기간에 걸쳐 원리금을 갚아 나간다. 이것은 신용카드 할부구매와 같은 방식이지만, 가격이 엄청나게 비싸고 대출금을 갚는 기간이 아주 길다는 차이점이 있다. 상대적으로 돈을 빌려준 기관의 입장에서는 '많은' 돈을 받지 못할 위험이 '오래' 지속된다. 그래서 주택자금을 대출해준 회사는 대출계약서를 다른 기관에 팔아 자금을 얻는다. 물론 대출금보다는 적은 자금이지만, 총액이 어디 한두 푼이겠는가. 대출계약서를 산 기관은 그렇게 빠져나간 뭉칫돈을 메우기 위해 계약서를 다시 다른 기관에 판다. 대신 현금을 받고 파는 것이 아니라 '주택을 담보로 받은 대출'을 담보로 한 증권을 만든다. 이런 식으로 하나의 담보(집)를 대상으로 여러 개의 새로운 상품이 파생된다. 그래서 파생상품이라고 한다.

주택담보대출은 모기지, 모기지를 담보로 한 증권은 모기지담보증권(MBS)이고, 이를 발급한 기관은 패니메이(연방저당공사)와 프레디맥(연방주택담보대출공사)이다. 그리고 MBS를 산 것은 월가를 비롯한 전 세계의 투자자들이다. 2006년 상반기까지는 경기가 활황이었고 집값은 꾸준히 올랐다. 미국의 주택가격지수는 2000년 1월을 100으로 볼 때 2006년에는 230까지 치솟았다. 대출원리금상환과 모기지담보증권의 수익률, 투자자의 수익까지 모든 것이 순조로웠다.

수익에 맛을 들인 사람들은 더 많은 이익을 위해 편법을 쓰기 시작했다. 신용도가 낮은 사람일수록 높은 이자를 지불하므로 이들을 대상으로 한 모기지가 많아졌다. 이렇게 신용도가 약한 모기지(서브프라임 모기지) 대출은 2000년 1,300억 달러, 2005년에는 6,250억 달러로 늘었다. 화약은 차곡차곡 쌓이고 있었다. 주택담보대출뿐만 아니라 자동차와 신용카드, 학자금대출을 담보로 한 증권(ABS, 자산담보증권)도 만들어졌고, 이런저런 담보들을 섞은 증권(CDO, 채무담보증권)도 개발되었다. 게다가 비우량 모기지담보증권의 양이 많아지자 그중에서도 상대적으로 우량한 것과 그나마도 불량한 것을 나누기에 이르렀다. 이 와중에 금융시장의 불안을 눈치챈 이들도 있었지만, 그들이 선택한 방법은 위험을 줄이는 것이 아니라 위험을 상품화하는 보험이었다. 보험회사 AIG는 비우량 모기지담보증권이 수익을 내지못하고 파산하면 원리금 전액을 지급하는 보험상품(채권파산보험, CDS)을 만들었다. 이들의 관심은 물론 보험료였다.

이렇게 도미노는 완벽하게 준비되었다. 어디선가 한 조각만 넘어지면 끝이었다. 도미노에서 가장 넘어지기 쉬운 조각은 맨 처음의 가장 작은 조각이다. 도미노판이 조금씩 흔들리기 시작했다. 2006년 하반기부터 주택가격은 조금씩 떨어졌고, 신용도가 좋지 않은(서브프라임) 대출자들의 연체가 늘어났다. 2007년 8월, 비우량 모기지담보증권에 투기한 헤지펀드가 파산했고, 패니메이와 프레디맥은 국유화되었다. 이어서 점점 큰 도미노가 넘어지기 시작했다. 2008년 9월, 리먼브라더스가 파산보호신청을 했다. 2만 5천 명의 직원과 6천억 달러의 자산을 자랑하던 리먼의 파산보호신청은 미국 역사상 가장 큰 규모였다. 하지만 리먼은 보호받지 못한 채 파산했고, 다음은 리먼에게 보험상품을 판 AIG의 차례였다. 그렇게 시작된 도미노는 바다 건너 우리나라까지 뒤흔들었다.

월가가 정의를 놓친 것은 눈앞의 이익을 탐했기 때문이 아니라 바르지 못한 이익을 탐했기 때문이다. 담보물의 가치를 몇 배나 넘어서는 대출이 발생했지만 누구도 이를 바로잡지 않았다. 파생상품이 새로운 파생상품을 낳으며 모래 위의 누각이 높아져갔지만, 월가 사람들은 새로운 수익구조만 생각했을 뿐 언젠가 무너지리라는 사실을 알면서도 아무도 '폭탄 돌리기'를 멈추지 않았다. 폭탄을 제거하는 대신 자신이 숨을 곳만 마련하기에 급급했다. 월가는 바르지 못한 이익 앞에서 담 밖에 선 이들의 정의와 점점 멀어져갔고, 마침내 도미노가 무너졌을 때 가장 큰 피해를 입은 측은 오히려 담 밖의 사람들이었다. 합리성이 쌓여 극단적인 비합리를 초래한 셈이다.

생선가게의 고양이들

다시 리먼브라더스와 AIG의 운명의 날 2008년 9월로 돌아가보자. 부시 대통령은 "미국 경제는 전례 없는 도전에 직면했다. 우리도 전례 없이 대대적인 조치를 강구해야 한다"고 선언했다. 이어서 그나마 남아 있는 도미노라도 지키기 위한 전략과 노력, 그에 따른 비용이 논의되었다. 재무장관 헨리 폴슨과 뉴욕 연방준비제도이사회 의장 티모시 가이트너가 구제금융계획을 지휘했다. 이들은 AIG의 구제 여부에 대해 골드만삭스의 CEO 로이드 블랭크페인과 상의했다. 리먼 파산신청 다음 날, 미국 중앙은행은 AIG에 850억 달러를 지원했고, 추가지원을 포함해 결국 1,700억 달러를 지원했다.

AIG에 지급한 구제금융자금은 어떻게 쓰였을까? 지원금의 1/4은 보험금으로 지급되었고, AIG가 골드만삭스에 진 130억 달러의 부채도 이 자금으로 해결되었다. 자, 당신이 골드만삭스의 CEO이고 골드만삭스에 130억 달러를 빚진 AIG에 구제금융 지원 여부를 결정할 수 있다면 어떻게 하겠는가? 돈을 받을 사람에게 지원 여부를 묻다니, 이것을 도대체 어떻게 이해해야 할까? 이렇게 이해하면 쉽다. 헨리 폴슨 재무장관은 골드만삭스의 CEO 출신이다. 참고로 부시 행정부에 합류할 당시 그는 자신이 보유한 골드만삭스 주식을 처분해야만 했고, 그 덕분에 사상 최고가일 때 주식을 팔아 5억 달러를 건질 수 있었다.

지원결정 과정에 걸리는 부분이 있었다 해도 필요한 돈이라면 쓰는 게 맞다. 중요한 것은 어떻게 쓰느냐다. 부도사태에 책임을 지고 물러난 AIG의 CEO는 마틴 설리번이었다. 그는 열일곱 살에 연봉 120만 원을 받는 사환으로 시작해 최고경영자에까지 오른 신화적 인물이었지만, 퇴직하면서 보너스와 퇴직금, 각종 수당을 합쳐 모두 4,700만 달러를 챙겼다. 스스로 챙긴 것이 아니라 AIG 이사회에서 설리번이 부도사태와 직접적인 연관이 없다고 판단해서 지급한 것이다. 그렇다면 책임은 누구에게 있을까? 문제가 된 보험상품을 만

욕망의 심리학

들어 판 AIG 계열사 AIGFP의 조셉 카사노 사장 역시 6,900만 달러를 받았고 AIG와 월 100만 달러의 컨설팅 계약을 체결했다.[9]

최종적으로 통과된 구제금융법안(TARP)의 자금은 7천억 달러였다. 7천억 달러면 미국 국민(약 3억 1천만 명) 1인당 2천 달러씩, 납세자로 치면 1인당 5천 달러씩 부담하는 꼴이다. 이 공적자금은 애초에 부실자산을 매입한다는 조건으로 지원이 결정되었지만, 금융기업과 재무부가 비우량 MBS의 가격에 합의할 수 없었다는 이유로 금융기업의 자본으로 상당부분 흡수되었다.

대규모 구제금융과 적극적인 경기부양책으로 적어도 수치상으로는 경제가 회복되는 것처럼 보였다. 숫자에 강한 월가의 변신도 눈부셨다. 2009년과 2010년 월가는 사상 최고의 실적을 올렸다. 2009년, 골드만삭스는 창사 이래 최고의 실적을 기록해 당기 순이익 1위에 올랐고, 임직원들에게는 162억 달러의 성과급이 지급되었다. 너무 '억, 억' 해서 감이 잘 안 오겠지만, 162억 달러면 우리 돈으로 18조 원 정도다. 골드만삭스가 어떤 투자사인가? 파생금융상품으로 돈을 벌고 손해가 날 경우를 대비해 보험에 들어 이익을 긁어모았으며, 구제금융도 전혀 상환하지 않았다. 당연히 비난여론이 빗발쳤지만, 골드만삭스 CEO 로이드 블랭크페인은 청문회에서 "시장 원리에 따라 누군가가 우리에게 팔고 우리에게서 샀다면 문제될 것이 없다고 생각한다"고 말했다.

그리고 2011년 1월, 미국 금융공황조사위원회(FCIC)는 600쪽이 넘는 조사결과보고서를 내놓았다. 보고서에 따르면 "금융붕괴는 책임성과 윤리의 체계적 붕괴 때문"이었다고 결론을 내렸지만, 사기나 부정 등의 범죄적인 행위로 기소할 기관이나 개인은 없다고 밝히고 있다. 증권거래위원회 출신의 변호사 데이비드 린은 "연간보너스나 특별보너스에 대해서는 그런 혜택을 직접적으로 규제하거나 제한할 법적 근거가 없다"고 말했다. 세계를 뒤흔든 금융사고가 일어났는데, 누군가가 분명 잘못된 판단을 했고 피해자와 피해액은 엄청난데, 잘못은 했지만 책임은 지울 수 없다는 말이다. 그래서 그들은 면죄부와도 같은 법과 제도에 따라 성과급을 받았다.

자본주의의 중심에서 정의를 외치다[10]

"저는 자본주의를 지지하지만, 퇴보하는 자본주의를 지지하지는 않습니다. 무면허 자본주의도요. 전 이것이 꼭 수정되어야 한다고 생각합니다."(월가 시위에 나선 노부부)

"악의 근원은 돈이 아닙니다. 문제는 돈에 대한 집착이죠."(월가 시위에서 만난 중년 여성)

"우리는 쫓겨났고 은행은 구제받았다(Banks got bailed out, We got sold out)!"(월가 시위대의 구호)

월가의 불합리는 이윤을 향한 합리성의 결과였다.
하지만 99%의 사람들은 그 합리성을 이해할 수 없었다.

분노한 사람들은 월가를 점령하고 외쳤다. "우리는 99%다(We Are the 99%)!" 자본주의 사회에서 기업의 이익추구는 정의에 위반되지 않는다. 오히려 정의롭다. 자본주의는 이익추구를 동기로 작동하기 때문이다. 그래서 사람들은 거대기업 CEO들이 고액연봉을 받아도 나무라지 않았다. 그만큼의 부가가치를 만들어냈기 때문이다. 하지만 지난 몇 년 동안 월가가 보여준 모습은 그렇지 않았다. 적어도 99%의 사람들이 보기에는 최소한의 룰조차 지키지 않은, 말하자면 죄였다. 부가가치는커녕 막대한 손해를 입혔고, 그 손해를 국민의 세금으로 메웠으며, 결국 성실하게 세금을 낸 국민들이 줄어든 일자리와 복지 때문에 고통받고 있기 때문이다.

시위대는 월가에 사회적 책임, '노블레스 오블리주'를 요구하는 것이 아니다. 최소한의 정의라는 기본조차 지키지 않은 데 대해 죄를 묻고 있는 것이다. 그런데 법적으로는 죄가 아니라고 말한다.

《정의란 무엇인가》의 저자 마이클 샌델은 월가 시위자들의 분노가 단지 금융회사의 파산과 경제침체로 인한 일자리 상실 때문만은 아니라고 말한다. 분노의 근본적인 원인은 이런 문제를 초래한 당사자인 CEO들과 정치 리더들의 반응과 대처방식이라고 지적한다. 파산을 초래한 당사자가 책임을 회피하며 오히려 더 큰 보상을 받고, 파산을 해결하는 비용을 국민의 세금으로 부담하게 하는 과정을 도무지 용납할 수 없다는 것이다. 그야말로 완벽해 보이는 알리바이 속에 '정의'라는 요소가 빠져 있다는 것이다.

사실 월가를 점령한 시위대의 분노는 오래전에 비롯되었다. 신자유주의로 인한 양극화가 분노의 원인이었다. 경기가 좋지 않아 실직과 비정규직을 오가거나 아예 일자리를 구하지 못해 전전긍긍하는 이들이 늘어나는 반면, 기업 CEO들이 챙겨가는 몫은 갈수록 늘어났다. 대공황 직전인 1928년과 금융위기 전해인 2007년 총소득 대비 상위 1%의 소득은 전체 부의 23.5%를 차지했다. 반면 미국 자본주의의 전성기라 할 수 있는 1945년 이후 1970년대 말까지는 10% 내외였다. CEO의 임금은 1990년 노동자 임금의 40배에서 2000년대에는 367배로까지 늘어났다. 반면 2007년 노동자들의 시간당 최저임금을 실질임금으로 계산하면 46년 전인 1966년보다 3달러가 적은 수준이다.

신자유주의가 월가의 문제만이 아니듯 금융가를 점령한 시위는 세계 곳곳에서 일어났고, 규모는 작았지만 우리나라에서도 여의도를 점령한 시위가 있었다. 이 시위대들은 1%만을 위한 자본주의, 신자유주의를 반대했다. 신자유주의는 최상위층의 소득세율을 통해 단적으로 느낄 수 있다. 1981년 50%였던 세율은 1986년 레이건 시절 28%까지 내려갔다가 1993년 클린턴 행정부 때는 39.6%로 올라갔다. 그러다 부시 때 35%로 내려앉았고, 지금까지 그 수준을 유지하고 있다. 우리 사회에서도 익숙한 부자감세 논리는 간단하다. 낙수효과, 즉 기업이 돈을 더 많이 벌어들여야 노동자들에게 돌아가는 몫이 더 커진다는 이야기다. 하지만 현실은 달랐다.

월스트리트와 메인스트리트

2012년 6월 25일, 인천에서 70을 바라보는 노부부가 스스로 목숨을 끊었다. 아내가 먼저 목숨을 끊었고, 남편은 아내의 죽음을 확인한 뒤 목을 맸다. 부부의 수입은 한 달 15만 원(1인당 7만 5천 원)의 노령연금이 전부였고, 통장의 잔액은 3천 원뿐이었다. 기초생활보장법에서 정한 1인 최저생계비는 55만 3천 원이다. 부부는 유서에서 시신을 기증하고 싶다는 의사를 밝혔고, 그 와중에 5만 원짜리 신권으로 50만 원을 마련해 장례비용으로 남겼다. 유서에는 이들이 몇 년 전부터 동반자살을 준비해왔다는 내용이 적혀 있었다. 1960년대가 아니라 2012년 6월에 있었던 이야기다.

2011년 우리나라 1인당 국민소득은 2만 2,489달러였다. 우리 돈으로 환산하면 아무리 적게 잡아도 2,500만 원이다. 이 말은 모든 세금을 다 제하고 갓 태어난 아이부터 임종 직전 노인까지 한 사람도 빠짐없이 모든 국민에게 2,500만 원씩 줄 만큼의 부를 생산했다는 뜻이다. 4인 가족을 기준으로 하면 1억 원이고, 자살한 노부부에게도 5천만 원(월 400만 원 이상이다)을 줄 수 있다는 말이다. 물론 어느 사회에나 빈부의 격차가 있고 양지와 음지가 있기 마련이지만, 당신의 가족수에 2,500만 원을 곱해서 나온 수치에 당신이 느끼는 거리감만큼 우리 사회는 후졌다. 그 거리감의 정도가 우리 사회 1%의 탐욕의 정도일 것이다. 그리고 그 거리감 때문에 수치심과 모욕감을 느낀다면 당신이 분노하는 것은 시간문제다.

1%는 99%에게 왜 일류대학에 못 갔느냐고 힐난한다. 아파트대출을 너무 무리하게 받았다고 지적한다. 왜 무상복지를 그렇게 요구하느냐고 묻는다. 퇴직준비가 안 돼서 국가재정만 축낸다고 비난한다. 이 대목에서 화가 안 난다면 당신은 1%다. 월가의 시위대도 바로 이 모욕감 때문에 분노한 것이다.

2008년 월가에서 그 난리가 났을 때, 우리나라의 소득 대비 주택가격 비율(PIR, Price to Income Ratio)은 12.64였다. 소득을 기준(1)으로 삼았을 때 집값이 12.64라는 말은 12.64년 동안 수입을 모아야 집을 살 수 있다는 뜻이다. 참고로 뉴욕의 PIR은 7.22이고, 유엔거주권위원회가 권장하는 비율은 3~5이다. 그런 상황에서 금융위기의 여파로 집값이 하락세로 돌아서고 건설사의 미분양이 속출하자 정부도 재빠르게 대응에 나섰다. 시장원리에 따르면 공급이 늘고 수요가 줄면 가격이 떨어지는 시장이치에 따라 집값을 낮추는 게 맞지만 정부의 선택은 달랐다. 가격은 그대로 유지하고 종합부동산세와 양도세를 낮추고 대출자금을 늘렸다. 공급자(건설사)들이 손해 보는 것을 원치 않기 때문이다.

빚잔치는 지금도 계속되고 있다. 기업들은 이윤을 늘리기 위해 고정지출을 줄인다. 가장 쉬운 방법은 고용을 늘리지 않는 것이고, 그래서 매년 비정규직이 늘고 있다. 그 결과 우리는 연말마다 '사상 최고 이익', '영업이익 최고치 경신'이라는 뉴스를 볼 수 있었다. 그 많은 영업이익은 다시 새로운 이익을 만들기 위해 쓰인다. 자꾸 새로운 금융상품이 만들어지는 이유다. 그리고 최고 공신인 CEO들은 천문학적인 연봉과 인센티브로 보상받는다.

피터 드러커는 CEO 같은 고위경영자의 금전적 보상이 월급이 가장 적은 직원의 20배를 넘어서는 안 된다고 주장했다. 아니, 20세기 미국의 최고 경영컨설턴트가 이런 말을 하다니! 드러커는 경영자의 지나치게 높은 월급이 경영자와 직원 간의 정상적 협력관계를 방해한다고 보았다. 상대적 박탈감 때문에 직원들이 모욕감을 느낀다는 것이다. 하물며 국민들이 느끼는 박탈감과 모욕감은 두말할 나위 없다.

월가는 미국에 국한되지 않고 세계의 금융가를 상징한다. 이는 스프레드시트와 프로그래밍을 통해 만들어진 매트릭스에서 실체 없는 자본을 근거로 이윤을 창출하는 세계다. 반면 메인스트리트(Main Street)는 실제 거리의 이름은 아니지만 물건과 값, 생산과 소비가 존재하는 '실물경제의 세계'를 뜻하는 시사용어다. 우리는 메인스트리트에 살면서 월스트리트의 영향을 받는다. 솔직히 말하자면, 메인스트리트에 99%로 살고 있는 우리가 월스트리트의 질서를 바로잡을, 사라진 정의를 강제할 방법은 현실적으로 거의 없다. 30년 넘게 수익을 찾아 끊임없이 진화한 신자유주의 시스템을 바꾸는 작업이기 때문이다.

1%의 탐욕은 법으로 처벌할 수 있는 죄가 아니다. 그것은 그동안 정치·경제 리더들이 합작해서 만들어낸 시스템과 제도 안에서 합법적으로 용인되고 있다. 아무리 정의감에 불타도 이 현실을 바꾸기는 쉽지 않다. 합법이기 때문이다. 월가를 향해 정의를 외쳤던 99%는 무단점거죄로 경찰에 잡혀갔지만, 정작 월가 내부의 정의를 버린 1%는 오히려 정부가 보호해주고 있다.

정의는 99%가 1%가 되자는 것이 아니다. 1%가 탐욕을 버리고 99%의 모욕감을 치유해줘야 한다는 것이다. 정의를 되살릴 방법은 정말 없을까?

바보야, 문제는 정치야

20년 전, 미국 클린턴 대통령 후보의 슬로건은 "바보야, 문제는 경제야(It's economy, stupid)!"였다. 그 덕분에 클린턴은 조지 허버트 워커 부시를 꺾고 대통령에 당선되었다. 이후 "바보야, 문제는 OO야"는 매우 다양하게 패러디되었고, 아마 2012년 대선에 이르는 과정에서도 여러 차례 만나게 될 것이다. 미국 국민들은 정의와 책임이라는 나침반이 고장 난 경제가 얼마나 망가질 수 있는지, 많은 사람들에게 얼마나 깊은 상처를 남기는지 경험으로 알게 되었다. 또한 자정과 반성 능력을 상실한 월가의 리더십은 나침반을 고칠 능력도 의지도 없었다는 것도 알았다.

이에 대한 분노로 월가를 점령해 목소리를 높였던 이들이 바라는 리더십은 어떤 것이었을까? 그들은 정의를 외쳤고 공정함을 이야기했다. 물론 이런 가치가 현실정치의 영역에서는 실현되기 어렵다. 미국 국민들이 이번 대선에서 눈여겨보는 대목은 역시 먹고사는 문제인 경제, 그중에서도 특히 일자리다. 신자유주의로 인한 양극화의 세계에 사는 그들에게 안정적인 일자리는 생계수단인 동시에 그들이 외쳤던 정의와 공정함의 가치가 얼마나 실현되었는지를 나타내는 척도이기도 하다. 미국의 이야기지만 여러 부분에서 우리나라와 겹친다.

금융위기가 터진 2008년, 사람들은 경제회복을 다짐하는 오바마에게 표를 던졌다. 하지만 여전히 어려운 경기와 높은 실업률은 2012년 재선에 나선 오바마의 발목을 잡고 있다. 2011년 미국 실업률은 9%에 육박했고(〈월스트리트저널〉은 취업을 포기한 이들과 고령화를 감안하면 실업률이 11%도 넘는다고 보도했다), 2012년 7월의 실업률은 8.3%로 아직 8% 벽을 깨지 못하고 있다.

오바마의 대선 상대인 공화당 후보 롬니는 금융위기를 초래한 부시의 핵심참모와 정책을 받아들인 것이 한계로 꼽힌다. 공화당의 전통적인 정책인 트리클다운(trickledown)은 투자를 확대해 대기업과 부유층의 부를 늘림으로써 전 국민이 혜택을 누릴 수 있게 하는 방식으로 낙수효과와 같은 의미다. 어쨌든 미국 대선에서도 가장 뜨거운 이슈는 4년 전과 마찬가지로 경제다. 이 부분도 우리나라와 겹친다. 경제민주화를 둘러싼 대선 예비후보들 간의 논쟁이 여야 구분 없이 뜨거운 것이다.

세계경제는 지금 회복의 기미가 보이지 않는다. 양적 완화, 금리 인하, 국채매입 등 온갖 방법을 동원해도 일시적 효과만 있을 뿐 오히려 전보다 더 악화되고 있다. 돌파구를 어디서 찾을 것인가? 방법은 의외로 정의에서 시작된다. 지금 변방에 밀려 있는 99%를 경제의 중심으로 다시 데려오는 경제정의가 구현된다면 99%가 창출할 생산력과 소비력은 경기부양의 원동력이 될 수도 있다.

경제의 세계는 '1원(₩) 1표'의 세계이기 때문에 일반 국민이 영향력을 미칠 수 있는 방법은 많지 않다. 하지만 경제를 움직이는 것은 법과 제도이고, 필요한 법과 제도를 만드는 것이 곧 정치다. 그래서 적어도 대통령 선거가 있는 해에 유권자인 국민에게 중요한 문제는 정치다. 일반 국민이 1%의 그들보다 유리한 것은 99라는 숫자다. 99%가 힘을 발휘하는 세계는 '1원 1표'의 세계가 아니라 '1인 1표'의 세계, 정치다. 경제의 고삐를 바투 잡고 방향과 속도를 조절하는 것은 정치다. 얼마나 빨리 어느 방향으로 갈지는 정치적 리더가, 그 리더를 뽑는 국민이 결정한다. 그러니 월가를 점령하려면 워싱턴을 점령해야 하고, 경제정의를 원한다면 정치 리더십에 정의를 요구해야 한다.

착한 기업이 돈 잘 버는 이유

가치의 공유와

공유할 가치

"좋은 리더십은 자신의 양심을 따르는 것이라고 생각한다."
●● 영국의 톰스키 마이크

"주변만 챙기지 않고 전체를 아우를 수 있는 리더였으면 좋겠다."
●● 익명을 요구한 서울 시민

세계적 경영 컨설턴트인 마크 크레이머. 그는 마이클 포터 하버드 경영대학원 교수와 함께
기업의 사회공헌 개념을 확장시킨 CSV(Creating Shared Values), 즉 '공유가치 창출'이라는
새로운 개념을 알린 인물이다. ➡

기업에 책임을 묻는 이유

바른 리더를 원하는 시대가 되었다. 이윤을 추구하는 기업의 리더 역시 마찬가지다. 이제는, 미래에는 더욱 그렇겠지만, '이익추구의 리더십'만으로는 기업을 이끌 수 없다. 기업의 리더인 CEO에게는 경영권을 맡긴 주주뿐 아니라 기업의 노동자와 소비자까지 팔로어에 포함되기 때문이다. 팔로어의 절대다수를 차지하는 대상이 주주가 아닌 소비자이기 때문에 기업이 이익추구에 그치지 않고 가치를 추구해야 하는 시대가 된 것이다.

가치란 소비자가 원하는 가치를 뜻하므로 소비자의 의중을 헤아리는 것이 중요하다. 자본의 힘이 위력을 발휘하기에 가장 좋은 자본주의 시대에 뜬금없는 소리라고 할 수도 있지만, 그렇지 않다. 자본주의 역시 하나의 주의(ism)다. 절대다수의 지지를 얻지 못하면 그 힘은 약해진다. 자본주의는 현재 다수를 행복하게 하고 있는가? 팔로어가 없는 리더는 존재할 수 없다. 그러니 기업의 리더 역시 팔로어인 소비자가 요구하는 리더십에 귀를 기울여야만 한다.

경제학적으로 기업의 주인은 주주다. 주식을 많이 가진 이가 기업의 주인이다. 드라마에서 주식 51%를 확보하기 위해 암투를 벌이는 것도 안정적인 경영권을 확보하기 위해서다. 경영권은 CEO에게 있지만 그 CEO를 갈아치울 수 있는 권리는 주주들에게 있으므로 CEO는 일반적으로 주주의 이익을 추구하는 경향이 있다. 이를 주주자본주의라 한다. 회사를 위해 자본을 투자했으니 투자에 대한 배당금을 주는 것은 당연한 이치다.

주주자본주의가 사회적으로 문제가 되는 것은 기업이 주주들의 이익'만'을 위하기 때문이다. 노동자들에게 높은 임금과 든든한 복지를 제공해 작업의욕과 효율을 높이고, 사회에 보탬이 되는 일에 거액을 쾌척해 좋은 이미지를 형성하면 장기적으로 기업에 보탬이 된다는 것은 누구나 안다. 하지만 주주들은 장기적인 효과를 거둘 때까지 기다려주지 않는다. 주식을 사는 것은 이익을 위해서지 사회에 공헌하기 위해서가 아니다. 사회에 공헌할 생각이었다면 주식 살 돈을 그냥 기부하는 것이 훨씬 빠르고 효과도 직접적이지 않겠는가.

기업에 사회적 책임을 묻는 것은 오래된 방식이 아니다. 그동안은 기업이 생산과 판매를 통해 수익을 내고 노동자들에게 약속된 임금을 지불하면 그 자체로 책임을 다하는 것으로 받아들였다. 일자리와 월급봉투는 그 자체로 감사한 것이었다. 그런데 시간이 지나면서 몇 가지 부작용이 일어났다.

무엇보다 기업이 벌어들인 수익에 비해 노동자들의 월급이 턱없이 적었다. 물론 임직원의 월급은 인건비, 즉 비용이기 때문에 수익과 반비례한다. 수익이 많아져야 주주 배당이 올라가기 때문에 인건비가 오르지 않도록 하는 것은 (회사의 주인인) 주주의 이익과도 일치한다. 하지만 거꾸로 생각해보자. 기업이 수익을 남길 수 있는 것은 재화를 제값에 팔기 때문이다. 죄다 떨이로만 판다면 수익을 남길 수 없다. 노동력도 마찬가지다. 제값을 쳐줘야 제대로 된 노동력이 나온다. 여기에 대한 대응이 가치의 공유다. 몇 십 년째 "지금은 위기상황"이라는 말만 반복할 게 아니라 있는 걸 나눠서 더 큰 파이를 만들자는 이야기다.

두 번째 부작용은 기업이 제품을 만드는 과정에서 나온다. 대표적인 예는 1991년 두산전자의 낙동강 페놀방류사건이다. 경북 구미의 두산전자에서 페놀원액이 대구 상수원인 다사취수장으로 흘러들어 수돗물을 오염시켰는데, 고의성 없는 단순과실로 처리돼 20일 만에 조업정지가 풀렸다. 그러다 다시 페놀원액 2톤이 낙동강에 유입되면서 국민의 항의가 거세졌고, 이로 인해 두산그룹 회장이 물러나고 환경처 장차관이 경질되었다. 이 사건을 계기로 환경에 대한 기업의 책임이 화두로 떠올랐다.

이런 과정을 거치면서 기업의 사회적 책임은 기업 외부에서도 제기되었고, 내부에서도 그 필요성을 인식하게 되었다. 기업환경도 달라졌다. 다국적기업이 늘어나면서 기업의 결정이 사회에 미치는 영향력이 전보다 훨씬 커졌고, 이에 따라 국제사회와 NGO들은 기업 활동과 관련된 규범을 만들고 기업의 책임성을 측정하는 지표를 만들었다. 기업의 규모가 커지면서 기업을 바라보는 눈높이도 높아진 것이다. 이전에는 경제활동의 한 요소에 그쳤던 기업이 이제는 사회를 구성하는 '기업시민'으로서 그 행위에 대해 책임을 지게 되었다.

책임지는 기업이 아름답다

기업의 사회적 책임은 크게 소극적 책임과 적극적 책임으로 나뉜다. 소극적 책임은 '해서는 안 될 짓을 하지 않는 것'이고, 적극적 책임은 '해서 좋은 일을 하는 것'이다. 지극히 당연해서 더 이상의 설명이 필요 없는 이치다. 하지만 숫자와 씨름하면서 매출과 수익률을 따지다보면, 여기에 경쟁사와 시장점유율 등을 고려하다보면 저 간단한 이치를 잊기가 쉽다. 소극적인 책임과 적극적인 책임의 대표적인 두 사례를 소개한다. 먼저 소극적인 책임의 예다.[11]

Just do it.

1988년부터 사용된 나이키의 이 헤드 카피는 도전과 스포츠정신을 압축적으로 담았다. 이에 맞게 나이키는 불가능과 한계에 도전하는 스포츠 스타들에게 막대한 지원을 해왔다. 마이클 조던, 타이거 우즈, 호나우두는 물론 우리나라 축구 국가대표팀의 유니폼에도 나이키의 로고(승리의 V를 부드럽게 눕힌 스우시 로고)가 박혀 있다.

미국 〈라이프〉지 1996년 6월 호에 파키스탄의 열두 살 소년 타리크가 나이키 축구공을 꿰매는 사진이 실렸다. 기사에는 학교공부 대신 나이키 축구공을 꿰매고 타리크가 받는 하루 임금이 60센트라는 내용이 실려 있었다. 그러자 나이키에 대한 항의가 몰아쳤다. 매출은 물론 주가도 떨어졌고, 대외 이미지는 말할 것도 없이 추락했다. 사람들은 'Just don't do it'이라고 비아냥거렸고, 나이키 운동화에는 어린이 노동을 착취한 신발이라는 딱지가 붙었다. 산업혁명 시대를 다룬 소설이나 영화 속에서나 보던 어린이 노동이라니…. 결국 나이키가 손을 들었다. 18세 이상의 노동자만 고용할 것과 하청업체에 대한 관리·감독을 강화하겠다는 약속을 담은 경영혁신계획을 발표하기에 이른 것이다.

적극적인 책임의 예로는 브라질의 최고 갑부 에이케 바티스타를 들 수 있다. 외신은 브라질 최대 민간기업 EBX그룹의 총수인 그가 자국의 인프라에 거액을 투자하기로 했다는 소식을 전했다. 2015년까지 100억 달러(약 11조 8,200억 원)를 투자해 브라질의 도로와 항만, 철도, 정제소를 건설하기로 했다는 내용이다. 미국 경제전문지 〈포브스〉에 따르면 바티스타 회장의 재산은 약 300억 달러(약 35조 4,600억 원)로 브라질 1위, 세계 7위를 차지하고 있다. 기업의 가치는 별도다. EBX그룹의 시가총액은 무려 50조 원에 달한다.

바티스타는 국가 인프라에 투자하는 것은 물론 빈민구제사업에도 아낌없이 재원을 출연하고 있다. 자회사인 OGX는 브라질 국민에게 20%가량 낮은 가격으로 석유와 가스를 공급하고 있다. 2011년에는 브라질의 열악한 화물수송환경을 개선하기 위해 26억 달러(약 3조 원) 규모의 대형항구 건설을 시작했다. 또한 그는 2016년 리우데자네이루 올림픽의 준비를 위해 1,200만 달러(약 142억 원)를 기부했고, 빈민가 정비사업을 위해 5,800만 달러(약 687억 원)를 희사했다. 그는 〈가디언〉지와의 인터뷰에서 "세계 1위의 부자가 되는 것과 리우를 세계 최고의 부자도시로 만드는 것, 이 두 가지 목표를 함께 이루고 싶다"고 말했다. 기업의 이러한 변화에는 소비 트렌드의 변화도 영향을 미쳤다. 2006년 발간된 ≪메가트렌드 2010≫에는 21세기 전반을 관통할 7개의 거대한 트렌드가 소개돼 있다. 소비자는 가치를 추구하게 되었고(5장), 투자의 귀재인 자본가들은 사회책임투자(SRI, Socially Responsible Investing)를 시작했다(7장). 이제 소비자들은 '이 물건을 사는 게 나의 가치와 부합하는가?'를 고민하기 시작했고, 1984년 400억 달러였던 SRI는 2003년 2조 1,600억 달러로 무려 5,000%나 성장했다. 그나마 이것도 2008년 금융위기 전에 나온 수치다. 위기를 겪으면서 자본주의가 더 깨어 있는 자본주의 또는 양심적 자본주의로 전향한 것을 감안하면 대단한 금액이다.

공유할 만한 가치를 만들어라

　　　　　기업의 사회적 책임은 달리 말하면 가치를 공유하는 것이다. 가치를 공유한다는 것은 좁게는 기업이 거둔 수익을 기업 구성원들과 나누는 것을 뜻한다. 예를 들면 임금 외에 성과급이나 다양한 복지제도를 강화하는 것이다. 넓게는 기업의 범주를 벗어나 사회와 가치를 공유하는 것이다. 이는 기업이 거둔 수익을 사회와 나눈다는 뜻이기도 하고, 사회가 추구하는 공익적 가치를 기업이 받아들인다는 의미이기도 하다. 기업들이 펼치는 다양한 사회공헌 활동이 여기에 속한다. 공유가치는 여기서 몇 걸음 더 나아간다. 공유가치와 가치의 공유는 두 단어의 자리가 바뀌었을 뿐이지만 뜻은 사뭇 다르다. 이를테면 '사랑의 힘(power of love)'과 '권력욕(love of power)'처럼. 가치의 공유가 생산된 가치를 나누는 것이라면, 공유가치는 함께 나눌 만한 가치를 생산하는 것이다. 기업이 거둔 이익으로 사회에 대한 책임을 진다면, 곧 기업이익과 책임비용이 반비례한다면 기업의 사회적 책임이고, 기업이익과 사회이익이 일치한다면 공유의 가치라고 보면 된다.

　　공유가치를 탄생시킨 것은 새로운 답이 아니라 새로운 질문이었다. 이익을 많이 남기려면 책임이 소홀해지고, 책임을 다하자면 이익이 줄어든다. 그렇다면 이익과 (사회적) 책임을 동시에 달성할 수 있는 방법은 없을까? 이 난제를 어떻게 풀 것인가? 마치 시소 양쪽을 동시에 올리겠다는 발상 같았지만, 이 질문에서 공유가치가 만들어졌다.

공유가치는 영어로 'Shared Value'라고 하며, 공유가치를 만든다는 의미에서 'Creating'을 앞에 붙여 CSV라고 쓴다. 이것은 하버드 경영대학원의 마이클 포터 교수와 경영컨설팅의 구루 마크 크레이머가 만든 개념으로 처음 발표한 것이 2000년 무렵이니 10년도 더 된 이야기다. CSV는 사회에 공헌하는 활동을 통해 이익을 증대시킨다는 개념이다.

"그동안 기업은 사회적 이슈나 환경문제를 외부효과[12]로 간주했습니다. 기업활동의 부수적인 종속변수라고 여긴 거죠. 하지만 우리는 비즈니스의 사회적 차원이 기업의 성공에 정말 중요한 역할을 하는 경우를 많이 보고 있습니다. 기업이 사회에 엄청난 가치를 창출하는 동시에 비즈니스에 경제적 이익을 가져다줄 수 있는 방법이 존재한다는 것이죠. 이것이 공유가치를 창조한다는 발상의 핵심입니다."

마크 크레이머의 말이다. 왜 지금처럼 세계경제가 어려운 시기에 사회적 가치까지 생각해야 할까? 기업의 입장에서 생각한다면 사회적 가치와 이익을 함께 추구할 수 있다면 더할 나위 없이 좋겠지만, 그럴 여유가 없다면 이익을 추구하는 것이 당연하지 않을까? 지금처럼 어려운 시기에도 공유가치를 만드는 게 가능할까?

하지만 크레이머는 오히려 지금처럼 어려운 시기일수록 공유가치가 중요하다고 말한다. 지금 기업이 어려운 이유는 불황 탓도 있지만, 기업의 정당성이 의심을 받고 자본주의 모델 자체가 공격을 받고 있기 때문이다. 이처럼 신뢰를 상실했을 때는 사람들에게 믿어 달라고 할 수 없다. 아무리 홍보와 광고를 동원해도 신뢰를 회복시 킬 수 없기 때문이다. 신뢰를 회복할 수 있는 유일한 방법은 행동이 다. 그러므로 사회를 희생시키면서 단기적 이익을 추구할 것이 아니 라 장기적인 기업발전과 사회의 안정을 동시에 추구하는 선택이 중 요하다는 논리다.

기업의 이익과 사회의 이익은 함께 갈 수 있다

일본 스미토모화학은 2000년대 초반 '오리세트 넷 (Olyset Net)'이라는 새로운 모기장을 개발했다. 이 모기장은 표면에 인 체에 해를 끼치지 않는 살충제를 발라 모기를 쫓는 효과가 탁월했 다. 덕분에 매년 100만 명이 말라리아로 죽어가는 아프리카에서 선 풍적인 인기를 끌었고, 아프리카의 빈민과 면역력이 약한 아이들도 말라리아의 공포에서 한 발짝 벗어날 수 있었다. 오리세트 넷은 2004년 〈타임〉지가 선정한 최우수 발명품으로 선정되기도 했다.

이로써 스미토모화학은 사회적 가치와 이윤이라는 목표를 동시 에 달성했다. 모기장을 팔아 번 돈으로 말라리아 백신을 사서 무료 로 배포한 것이 아니라 말라리아를 예방하는 제품으로 이익을 창출 한 것이다. 여기에서 나아가 주문량이 늘어나자 공장을 탄자니아 등 아프리카 현지에 세움으로써 4천 명 정도의 고용을 창출했다. 이것이 CSV다. (물론 독점적 지위를 이용해 가격을 높게 책정한다거나 유사제품을 만드는 다른 기업과 담합했다면 이야기는 달라진다.)

크레이머는 공유가치를 창조할 수 있는 세 가지의 방법을 소개했다. 전문용어로 표현하자면 상품 재구상, 가치사슬 생산성 재구성, 지역 클러스터 발전도모다. 우선 상품을 재구상하라는 것은 기존의 상품으로 새로운 비즈니스 모델을 만들라는 뜻이다. 제약회사인 노바티스는 인도의 농촌시장에 들어가려 했으나 실패했다. 의료혜택이 없는 데다가 건강해야겠다는 인식도 없고 유통망도 없었기 때문이다. 노바티스는 인도 시장에서 철수하지 않고 사람을 고용해 건강의 의미와 가치를 가르쳤고, 의료인 훈련을 위해 지역 클리닉과 협력했다. 그 결과 새로운 시장이 활짝 열렸음은 물론이다.

가치사슬의 생산성 재구성은 쉽게 말하자면 재화를 생산하는 과정을 재구성하는 것이다. 종이펄프를 생산하는 글로벌 기업 피브리아는 산림 벌목을 줄이기 위해 원시림보다 펄프 수확량이 30배나 많은 유칼립투스를 심었다. 그것도 흑백이 교차하는 체스판처럼 유칼립투스와 농작물을 엇갈리게 심었다. 이렇게 유칼립투스와 농작물을 순환재배함으로써 흙을 비옥하게 유지할 수 있었고, 농민들은 농작물을 가꾸는 경제활동을 계속할 수 있었다.

마지막으로 지역 클러스터 발전도모는 말 그대로 지역발전과 기업발전을 일치시키는 것이다. 네트워크 장비업체인 시스코는 네트워

앙뜨프러너십

크를 관리할 사람이 부족하다는 것을 알고 네트워킹 아카데미를 세웠다. 사람들은 여기에서 2년 동안 교육을 받고 네트워크 관리자 자격증을 따서 현업에 복귀했다. 현재 시스코는 165개 나라에 훈련 아카데미를 두고 있으며, 100만 명 이상의 관리자를 배출했다고 한다.

'같이' 나눌수록 커지는 가치

CSV와 관련된 자료를 찾고 크레이머를 인터뷰하면서 우리는 CSV가 곧 널리 퍼질 것이라는 크레이머의 말을 이해할 수 있었다. 하지만 CSV의 실현에는 아직 많은 어려움이 놓여 있다. 일단 회사운영의 결정권을 쥔 주주들을 설득해야 한다. 그들에게 단기적이지만 자신의 이익을 포기하라고 말해야 한다. 이에 대해 크레이머는 경영진의 대담한 리더십이 필요하다고 말했다. 아직까지 대부분의 사람들은 CSV에 대해 소프트하고 관대하고 바람직하지만, 사업적으로는 핵심이 아니라고 생각하고 있기 때문이다. 또한 손에 쥔 파이를 나누는 것(사회적 책임)이 아니라 새로운 파이를 만들어야 하기 때문이다. 기존의 익숙한 방식으로 이익을 창출하고 이를 나누는 대신 나눌수록 가치가 커지는 새로운 구조를 만들어야 한다.

사실 이것은 놀라운 발상의 전환이다. 지금 우리 사회의 모든 경제논리는 시장원리와 어긋나는 순간 무기력해진다. 우리가 그토록

신봉하는 '보이지 않는 손'을 만든 사람은 애덤 스미스이고, 그는 인간의 이기심을 경제행위의 동기로 보았다. 하지만 지금 우리는 윤리적 생산을 이야기하고 있다. 분명한 것은 머잖아 CSV가 대세가 될 것이라는 사실이다. 일차적으로는 CSV가 이익추구라는 인간의 이기심을 배척하지 않기 때문이다. 그리고 앞서 말한 것처럼 이제는 소비자들도 윤리적 소비를 원하고 있기 때문이다.

남을 위해, 가치를 위해 소비하라는 이야기가 아니다. 기업의 입장에서 이익과 가치를 함께 추구할 수 있다면 소비자의 입장에서는 나와 남을 동시에 만족시킬 수 있다. 소비가 만족과 더불어 가치를 추구하는 행위가 될 때 가치와 이익을 함께 추구하는 CSV는 빠르게 확산될 것이다.

CSV는 경제분야에서만 쓸 수 있는 개념이 아니다. 정확한 용어는 다르지만 이미 비슷한 개념을 사용하는 분야도 있다. 공정무역이라는 말이 지니는 맥락은 공정여행에서도 보인다. 즉, 되도록 현지의 문화를 체험하고 현지 경제에 보탬이 되는 소비를 하자는 것이다. 몰디브는 섬 전체에 하나의 리조트만을 들여 꿈의 휴양지로 불린다. 하지만 거대 관광회사들에 섬을 내준 원주민들은 인구의 83%가 관광업에 종사하면서도 인구의 42%는 1달러도 안 되는 돈으로 하루를 살아낸다. 관광지로 개발되기 전에는 1달러가 제법 큰돈이었지만, 관광객에 물가가 맞춰진 요즘 1달러는 푼돈이 돼버렸다.[13] 이렇게 남에게 막대한 피해를 입히면서까지 여행을 하지는 말자는 것이 공정여행이다.

관광과 여행에도 적용할 수 있고 이미 많은 사람들이 실천하고 있는 CSV를 정치나 사회에도 적용할 수 있음은 물론이다. 돈 벌겠다고 회사를 차린 기업들도 사회에 대한 책임을 이야기하는 마당에 정작 사회를 더 낫게 발전시키겠다고 나선 이들이 사회에 대한 책임을 이야기하지 않는다면 모순이다. 앞서 보았듯이 기업이 사회적 책임을 생각하게 된 것은 소비자의 눈높이가 높아졌기 때문이다. 노동자이자 소비자인 '내'가 기업의 리더에게 윤리적 기업활동을 요구하는 시대인 것이다.

그런데 기업은 이제 소비자를 무서워하는데, 정치에서는 리더(혹은 워너비 리더)들이 아직 팔로어인 국민을 무서워하지 않는 것 같다. 어쩌면 정치를 바라보는 국민들의 눈높이가 아직 그만큼이기 때문일 것이다. 이제 좋은 게 좋은 게 아니라 바른 게 좋은 거다. 곧 착하지 않으면 지는 때가 올 것이다.

책임을 책임지다

일본항공 CEO 이나모리 가즈오의

무한책임

"좋은 리더는 희망을 주고
나쁜 리더는 권력을 이용한다고 생각한다."
●● 런던에서 만난 한국 관광객

"자신만의 의견이 있지만, 경청하는 리더."
●● 싱가포르의 레이첼

적자의 늪에서 허덕이던 일본항공(JAL)에 흑자를 안기고 기업문화까지 바꾼
교세라의 이나모리 가즈오 회장 ➡

일본항공의 변신

　　일본항공(JAL)은 2010년, 2조 3천억 엔(우리 돈 32조 2
천억 원, 우리나라 1년 예산의 1/10)의 빚더미에 올라앉았다. 파산 직전 법정
관리에 들어간 일본항공을 두고 일본 정부는 고민에 빠졌다. 정부에
서 구원등판을 요청한 사람은 교세라의 이나모리 가즈오 회장이었
다. 교세라는 '교토 세라믹'의 줄임말이다. 이나모리 회장은 항공업
과 작은 인연도 없었다는 뜻이다. 또한 2010년 당시 이나모리 회장
의 나이는 이미 78세였다. 이나모리 회장이 비록 혼다의 혼다 소이
치로, 소니의 이부카 마사루를 잇는 일본 기업인의 살아 있는 신화
라고는 하지만, 9회 말 투아웃에 점수차는 이미 한참 벌어져 패색이
너무 짙은 상황이 아닌가. 팀의 승리를 지키는 마무리 투수도 아니

고 절체절명의 위기에 등판하는 구원투수인데…. 이런 상황을 잘 아는 까닭에 이나모리 회장도 여러 차례 고사했지만, 거듭되는 정부의 간절한 부탁에 결국 등판을 결정했다. 왜? 책임감 때문이다.

일본에서는 회사가 도산하여 회사갱생법(법정관리)에 들어간 뒤 다시 도산하는 것을 2차 파산이라고 한다. 일본항공의 경우 2차 파산을 하면 3만 명이 넘는 직원이 직장을 잃게 되는 상황이었다. 당시 일본 경제는 금융위기의 여파와 오랜 불황으로 침체되어 있었다. 그런 상황에서 이나모리 회장은 일본 경제에 대한 책임감으로 정부의 부탁을 받아들였다. 대규모 도산은 그 자체로도 일본 경제에 나쁜 영향을 끼치고, 많은 사람들이 직장을 잃는 것은 당사자들에게는 물론 일본으로서도 큰 손해라고 생각했던 것이다. 이나모리 회장은 어떻게든 고용을 지키면서 회사를 재건해야겠다고 생각하고 중책을 맡았다.

1년이 지난 2011년 4월, 일본항공은 2010 회계연도(2010년 4월 ~2011년 3월)의 영업이익이 1,884억 엔이라고 발표했다. 그해에 전 세계 항공사 중 가장 많은 이익을 낸 것이다. 다시 1년이 지나 2012년 4월 발표된 2011 회계연도의 영업이익은 2,049억 엔이었다. 이나모리 회장 취임 당시 영업적자 1,337억 엔의 마이너스를 1년 만에 그보다 큰 흑자로 뒤집고, 다시 1년 만에 3조 원 가까운 이익을 낸 것이다. 이 결과에 일본뿐 아니라 세계가 놀랐다.

이나모리 회장은 어떻게 일본항공을 변신시켰을까? 연금술이라도 부린 걸까? 그 놀라운 성과의 비결을 묻는 질문에 그는 이렇게 대답했다.

"그것이 세상과 사람을 위한 일이라고 생각했다."

조직을 아메바로 만들다

이나모리 회장은 사람들의 생각을 바꾸는 일이 가장 중요했고, 따라서 가장 시급했다고 말했다. 당시 일본항공 사람들의 생각은 어땠고, 이나모리 회장이 불어넣고 싶었던 의식은 어떤 것이었을까? 이나모리 회장의 경영을 1년 넘게 경험한 일본항공 관계자는 이렇게 말했다.

"단적으로 말하자면 우리는 민간기업을 운영하고 있으면서도 민간기업이라는 의식이 희박했다. 안전운항이 가장 중요한 가치이긴 하지만, 이익을 추구해야 한다는 생각이 많이 부족했다. 그런 생각이 경영진뿐 아니라 사원 한 사람 한 사람에게도 희박했던 것이 경영악화의 가장 큰 이유라고 생각한다. 다른 이유도 있겠지만, 그 결과로 경영파산에 이르게 된 것 같다."

이 관계자의 말에 따르면, 이나모리 회장이 일본항공 직원들에게 가장 열심히 호소한 것은 경영이 거기까지 이른 데 대한 겸허한 반성과 마지막 기회를 제공한 이들에 대한 진심 어린 감사였다. 여기

노무라 나오시 / JAL 직원
이나모리 회장이 취임한 후 사람들에게 호소한 것은
경영 파산에 대해 반성해야 한다는 것이었습니다

이나모리 가즈오 회장이 일본항공 경영을 맡고 나서 임직원들에게 강조한 것은 책임감과 국민에 대한 감사였다.

서 중요한 것은 반성과 감사함보다 겸허함과 진심이다. 경영부실은 경영진의 잘못이 아니라 나의 잘못이며, 따라서 경영정상화 역시 경영진이 아닌 나에게서 시작된다는 메시지이기 때문이다.

정리해고도 있었다. 전체 임직원의 30%가 넘게 감축했다. 인원감축은 이나모리 회장이 취임하기 전 채권단이 이미 결정한 사항이었다. 인원감축 과정에서 그는 해당부서를 몸소 찾아가 "다시는 정리해고를 하지 않겠다"고 사죄하고 용서와 양해를 구했다. 4만 8천 명이 넘던 종업원은 3만 2천 명 정도로 대폭 줄었다. 이익이 나지 않는 노선도 대폭 정리해 국내외 45개 노선이 사라졌다.

겸허함과 진심은 그 자체로 수익을 발생시키지 못한다. 일본항공에는 실질적으로 어떤 변화가 있었을까? 이나모리 회장은 교세라의

왜 다시 리더십인가

오랜 경영원리인 '아메바 경영'을 일본항공에 도입했다. 아메바? 우리가 익히 아는 단세포동물의 대표선수다. 일상생활에서는 하나만 알고 둘은 모르는 경우를 일컬어 아메바라는 표현을 쓴다. 하지만 '이나모리의 아메바'는 소규모 조직, 즉 거대한 조직을 작게 나눈 것이다. 아메바 경영은 전문용어로 독립채산제라고 한다.

작게 나눈 조직 하나하나가 환경변화에 적응해 자기증식을 해나가기 때문에 이나모리 회장은 여기에 아메바라는 이름을 붙였다. 교세라는 직원수가 1만 5천 명(2012년 3월 말 기준, 교세라 그룹 전체는 7만 명이 넘는다)인데, 교세라의 아메바는 이미 10년 전 3천 개를 넘어섰다. 필요에 따라 자기증식을 하기 때문에 현재는 정확한 측정이 어려울 정도다.

이는 그리 낯선 이야기가 아니다. 우리나라의 많은 중소기업에서도 팀이나 부서 같은 작은 단위로 수익성을 평가한다. 부서 간의 경쟁심이 작동원리다. 이나모리 회장의 아메바 경영이 다른 독립채산제와 구별되는 점은 단순한 경쟁원리가 아니라는 점이다. 즉, 독립채산제이기 이전에 독립책임제여야 한다는 것이다. 이나모리 회장은 자신의 저서와 강연을 통해 각 아메바가 상대조직을 배려하면서 정정당당하게 경쟁해야만 아메바 경영이 진정한 의미에서 성공하는 것이라 말하고 있다.

아메바 경영은 어떤 배경에서 탄생했을까? 이나모리를 비롯한 여덟 명의 기술자가 의기투합해 1959년 28명의 직원으로 시작한 교세라는 5년 만에 직원을 150명으로 늘렸다. 초창기에는 인원이 적었기 때문에 가족적 분위기에서 열정적으로 일할 수 있었지만, 인원이 점점 많아지면서 처음의 의기투합을 경험하지 못한 직원들은 그런 열정도 공유하지 않았다. 이나모리는 '어떻게 하면 직원들이 열정을 가지고 개인의 능력을 최대한 발휘할 수 있을까?' 고민했다. 이나모리 회장은 그 당시를 회상하며 이렇게 말했다.

"최고경영자인 나와 같은 마음을 가진 사원이 한 사람이라도 더 필요하다고 생각했다. 비유하자면, 여러 량의 열차를 기관차 한 대가 앞에서 끌고 가는 것이 아니라 여러 대의 기관차가 더 달려 있는 셈이다. 그래서 경영자와 사원은 노사관계가 아니라 파트너 관계가 되어야 한다고 생각했다. 직원 모두가 경영자가 되도록 회사조직을 작은 사업체로 분할해 직원들이 각자에게 주어진 분야의 경영자가 되게 했다."

말 한 마리가 끄는 마차보다는 쌍두마차, 쌍두마차보다는 육두, 팔두마차가 훨씬 든든하지 않겠는가?

직원의 행복과 인류의 발전

옛날이야기가 나왔으니 하나만 더 하고 넘어가자. 이 이야기는 교세라의 경영철학, 그러니까 현 일본항공의 경영철학과 맞닿아 있다. 아메바 경영이 탄생하기 전인 1961년, 입사 1년차 사원 11명이 이나모리 회장을 찾아왔다. 그들의 요구는 간단했다. 급여를 정기적으로 인상하고 보너스를 달라는 내용이었다. 이나모리 회장 역시 열악한 근무조건을 알고 있었다. 뜻을 모아 함께 창업한 동료들은 야근과 잔업을 마다하지 않았지만, 새로 들어온 친구들이야 어디 그러기가 쉽겠는가. 그래서 이나모리 회장은 대단한 결의로 찾아온 이들을 집으로 데려갔다.

"임금을 인상해주겠다고 말하는 것은 간단하다. 하지만 (아직 불안정한) 회사사정이 안 좋아져서 그대로 실현되지 않으면 거짓말이 돼버린다. 나는 무책임한 약속은 하고 싶지 않다. 서로 조금씩 양보하자. 나를 믿지 못한다면 어쩔 수 없다. 하지만 그만둘 용기가 있다면 한번 속아준다고 생각하고 내 말을 믿어보는 게 어떤가?"

쉽게 말하면 아무 보장도 없이 그냥 믿어달라는 이야기이니 이를 믿기는 쉽지 않았을 것이다. 하지만 사흘간 진행된 대화와 설득을 통해 모두 이나모리 회장을 믿기로 했다. 마지막으로 남은 직원은 "만약 내가 자네를 배신하면 목숨을 내놓겠다"는 이나모리 회장의 말에 울음을 터뜨렸다고 한다. 직원들이 돌아가고 난 뒤 이나모리 회장은 고민에 빠졌다.

'내가 가진 기술을 알리고 사업화하려고 창업을 했는데, 자신의 인생을 걸고 일하려는 직원들의 평생을 책임질 수 있을까?'

근본적인 고민은 해결이 쉽지 않지만, 일단 풀리면 큰 물줄기도 쉬이 바꾼다. 고민 끝에 이나모리가 세운 경영철학은 '전 종업원의 물심양면에 걸친 행복을 추구한다'였다. 생애를 걸고 추구할 이념이 종업원을 보살피는 데 그쳐도 될까 싶었던지 이나모리는 여기에 한 줄을 덧붙였다. '인류와 사회의 발전에 공헌한다.'

이후 1974년 오일쇼크로 수주가 격감해 일본 사회에 정리해고와 강제휴업의 바람이 불어닥쳤을 때도 교세라의 고용은 유지되었다. 그 당시 현장 분위기가 느슨해지는 것을 막기 위해 교세라는 일이 줄어든 만큼 현장에 투입되는 인원을 줄였다. 남은 인원은 화단의 풀을 뽑았고, 도랑의 진흙을 파냈고, 기술연수회를 열어 공부했으며, 회의실에 모여 교세라의 철학을 공유했다. 이나모리 회장은 노동조합에 1년만 임금을 동결할 것을 제안했고, 진통 끝에 이를 받아들인 노동조합에 회사는 이듬해에 동결분을 웃도는 인상분과 보너스로 화답했다.

이제 일본항공의 기사회생을 수긍할 수 있을 것 같다. 임직원과 노선도 대폭 정리했지만 무엇보다 일본항공의 체질이 이전과는 달라졌다. 경영과 관련된 수치들은 하루 단위로 집계돼 공유되었고, 이를 통해 간부직원뿐 아니라 사원들 역시 경영감각을 싹틔웠다. 조직의 크기가 줄어든 덕분에 판단과 결정은 빨라지고 유연해졌다. 또한 '일본항공의 철학(JAL 필로소피)'도 만들어졌다. 이는 이나모리 회장의 임기가 2013년 3월로 끝남에 따라 그 이후를 대비해 오니시 일본항공 사장을 비롯한 경영진이 이나모리 회장의 철학을 바탕으로 만든 경영이념이다.

취재팀이 일본 현지에서 이나모리 회장을 만난 것은 2011년 12월로, 대지진과 후쿠시마 원자력발전소의 사고 때문에 일본은 악몽의 해를 보내고 있었다. 일본을 찾는 관광객의 수는 급감했고 일본 내의 이동도 줄었다. 다른 분야와 마찬가지로 항공사도 직격탄을 맞았다. 이나모리 회장은 이와 관련해 "대지진 때문에 항공산업은 매우 힘든 상황이지만, 모두 필사적으로 노력하고 있으니 2012년도 전년도와 비슷한 수준의 실적은 올릴 수 있을 것"이라고 말했다. 그리고 그 결과는 앞에서도 말했듯이 2천억 엔이 넘는 경상이익으로 나타났다.

기업의 사회적 책임, 그 시작은 세금

"사회적 책임의 첫발은 열심히 노력해 이익을 내고, 그에 맞는 세금을 납부하는 것이라고 생각한다."

기업을 운영하는 이유는 돈을 벌기 위해서다. 이나모리 회장 역시 철저하게 이익을 남기는 경영을 했다. 하지만 이익을 어떻게 쓸 것인가에 대해서는 남달랐다. 그는 정해진 세금을 성실히 납부하는 것은 기업에 주어진 사회적 책임의 시작일 뿐이라면서 세금을 아끼기 위한 꼼수 따위는 부리지 않았다.

1971년 교세라가 주식을 상장할 때 이나모리 회장은 미야무라 큐

지라는 공인회계사에게 감사를 받았다. 처음 섭외를 받았을 때 미야무라는 "올바른 일을 올바르게 수행하는 경영자가 아니라면 나는 감사 의뢰를 받지 않겠다"고 거절했다. 이 말이 오히려 이나모리 회장의 신뢰를 얻었고, 그는 재차 감사를 청했다. 결국 미야무라는 "벤처로 창업해 이렇게 빨리 상장했다는 것은 사내 경리 시스템이 제대로 정비돼 있지 않다는 것을 의미한다"며 감사를 시작했고, 본사는 물론 미국 자회사까지 샅샅이 훑었다. 경영은 투명했다. 이후 이나모리 회장과 미야무라는 업무상의 파트너를 넘어 친구가 되었다.

교세라가 급속도로 성장하면서 대주주인 이나모리 회장의 재산도 많이 늘어났다. 이나모리 회장은 자신의 재산을 제 것으로 삼으면 안 된다고 생각했다. 사회로부터 받은 부이니 사회를 위해 쓰는 것이 옳다고 생각한 것이다. 그래서 만든 이나모리 재단은 교토상을 제정해 기초과학과 첨단기술, 사상·예술분야의 우수연구자들에게 상을 수여하게 된다. 이것이 거의 30년 전인 1984년의 일이다.

첫 교토상 수상자는 이듬해인 1985년에 나왔다. 기초과학 부문에서는 시스템 이론을 세운 루돌프 칼만 플로리다대 교수, 첨단기술 부문에서는 정보이론을 창시한 클로드 섀넌 MIT 교수, 사상·예술 부문에서는 현대작곡가인 프랑스의 올리비아 메시앙이 수상했다. 상의 권위는 상금이 결정한다는 우스갯소리가 있는데, 교토상의 상금은 5천만 엔으로 약 6억 원이다. 참고로 노벨상은 1천만 크로나, 약 17억 원 정도다. 하나 더 참고로 말하자면, 교토상은 기업의 사회적 책임이라기보다는 기업인의 사회적 책임이라고 표현하는 것이 맞다. 이나모리 재단의 자산은 교세라의 자산이 아니라 이나모리 회장의 주식과 현금 약 200억 엔을 바탕으로 했기 때문이다.

한편, 이 대단한 '경영의 신'의 가르침이 절실한 기업이 얼마나 많겠는가? 젊은 경영자들의 요청에 따라 이나모리는 '세이유와주쿠'라는 스터디 모임을 만들어 이들과 의견을 나누고 자신의 경영철학을 전했다. 소문이 퍼지면서 모임이 커졌고, 모임의 이름은 '세이와주쿠盛和塾'로 바뀌었다. 기업의 융성과 사람의 조화를 목표로 하는 공부방이라는 뜻이다. 우리가 이나모리 회장과 인터뷰했던 2011년 말을 기준으로 64곳에 세이와주쿠 지사가 만들어졌다. 대만과 중국, 미국, 브라질에도 지사가 있다.

이나모리 회장은 언변이 화려한 편은 아니다. 말보다 그를 더 잘 말해주는 것은 그의 삶이다. 그는 자신의 경영철학을 말할 때도 강변하지 않았다. 그의 말은 거의 대부분 '생각합니다', '생각했습니다'로 끝났다. 하지만 그는 자신의 생각을 누구보다 철저하게 오랜 세월 지켜왔다. 기업의 사회적 책임, 회사와 직원에 대한 경영자의 책임 등의 가치는 모두 스스로의 말에 대한 책임에서 시작되는 것임을 이나모리 회장은 말 대신 눈빛으로 웅변하고 있었다. 바른 리더가 팔로어의 지지를 받는다.

섬기는 자, 이끌 것이다

전 서독 총리 빌리 브란트와

이태석 신부의 서번트 리더십

"국민이 원하는 것을 알고 어려움을 알아주는 리더가 좋다."

●● 싱가포르의 레닉 리

"지도자는 명령하는 사람이 되어서는 안 된다. 그게 전부다."

●● 런던의 한 시민

섬김의 리더십

섬김의 리더십은 리더를 자처하지 않는다. 최근 방영된 다큐멘터리에서
리더십을 여실히 보여준 故 이태석 신부. ➡

'인지상정'의 리더십

　　초등학교 시절 운동회를 하면 기계체조를 하곤 했다. 단체로 하는 기계체조란 '인간 탑'을 쌓는 것을 말한다. 나는 덩치가 좀 있었던 까닭에 주로 바닥에 엎드렸다. 탑이 2층이든 3층이든 6학년 때 한 번 세워본 4층탑이든 내 자리는 늘 1층이었다. 심지어 기마전을 할 때도 기수는커녕 옆에서 어깨를 잡는 역할도 해본 적이 없다. 늘, 말이었다. 그나마 탑의 2층이 되었던 것은 5학년 2학기 때 딱 한 번뿐이었다. 운동회 날이 아니라 연습 도중 쉬는 시간에 2층을 맡았던 녀석이 내게 말했다.

　"맨날 운동장에 엎드리고 있으면 힘들지? 이번 연습할 땐 네가 2층 해라."

이 프로그램을 준비하면서 '섬김의 리더십'이라는 말을 듣는 순간, 나는 그 녀석을 생각했다.

서번트 리더십은 우리말로 옮기자면 '머슴의 리더십'인 셈인데, 언뜻 보면 말에 어폐가 있다. 리더는 앞서서 이끌어가는 자이고 머슴은 뒤에서 미는 자인데, 미는 자가 어찌 이끄는 법을 알겠는가. 하지만 거꾸로 생각하면 서번트 리더십을 이해할 수 있다. 앞에만 서는 사람은 여러 사람의 뒤통수를 바라보는 느낌을 알기 어렵다. 늘 나와 내 친구들의 등을 밟고 올라 4층 석탑의 마지막을 장식하던 녀석은 운동장에 엎드려 흔들리지 않으려고 숨도 참고 떨어지는 땀방울만 뚫어져라 쳐다보는 '기단'의 마음을 헤아리기 힘들다. 물론 그 친구에게는 홀로 높은 곳에 서서 무섭지 않은 척해야 하는 외로움과 두려움이 있었을 것이다. 우리는 그런 서로의 입장을 무의식으로나마 알았던 것 같다. 그래서 연습이 끝날 때마다 서로 잘했다며 낄낄대고 웃었다.

무대를 초등학교 운동장에서 사회로 옮기면 '4층 친구'의 역할이 커진다. 그런데 규모야 어떻든 단 한 번도 '1층 친구'의 입장에 서보거나 이해하기 위해 노력해보지 않은 사람이 전체를 고려한 결정을 내릴 수 있을까?

지금 우리나라 정치 리더십에서 섬김의 리더십은 찾아보기 힘든 것이 엄연한 현실이다. 장관 임명 전의 하마평을 보면 이들이 과연 서민의 입장을 헤아릴 수 있을까 궁금하다. 인사권자는 "일 잘하는 사람이 필요하다"고 말한다. 국가의 한 분야를 책임지는 자리에 능력 없는 사람을 앉혀서야 되겠는가.

하지만 모든 국민에게 영향을 미치는 중요한 정책을 결정하는 순간 그들은 '시야가 넓은' 결정을 내리기가 힘들다. 그들이 나쁘기 때문이 아니라 모르기 때문이다. 자문을 받아 아는 것과 당사자의 마음을 헤아려 이해하는 것은 분명 다르다. 기름값이 올라도 전혀 영향을 받지 않는 사람들이 지하철 요금 50원 인상을 반대하는 서민들의 입장에 이해할 수 있을까? 옳고 그름의 문제가 아니라 입장의 차이지만, 능력이 중요한 만큼 국민 대다수의 입장을 이해할 수 있는 사람도 필요하다는 이야기다. 섬김의 리더십은, 그래서 인지상정의 리더십이다. 진심이 깃든 인지상정이 없다면 섬김의 리더십 곧 서번트 리더십은 어림도 없다.

서번트 리더십은 1970년대에 로버트 그린리프가 제안한 개념이다. 그가 만든 그린리프 재단은 현재 각종 자료와 강연을 통해 세계 각국의 대학에서 서번트 리더십을 전파하고 있다. 그에 따르면 서번트 리더가 다른 리더와 구별되는 가장 큰 차이는 양심에 따라 산다는 점이다. 양심은 외부에서 주어진 기준이 아니라 내부에서 작동하는 도덕률이다. 그린리프의 책《서번트 리더십》서문에서 스티븐 코비는 서번트 리더십의 요체인 양심에 대해 '왜'를 깨닫게 하는 힘이라고 설명했다. 아울러 비전은 우리가 성취하려는 '무엇'을 뜻하며, 질서는 비전을 '어떻게' 성취할 것인가를 뜻한다. 열정은 왜, 무엇,

어떻게 뒤에 감춰진 '뜨거운 감정'이다.[14] 서번트 리더십을 이야기할 때 가장 먼저 떠오르는 인물은 빌리 브란트였다.

서독 총리와 칠레 광부들의 서번트 리더십

제2차 세계대전은 독일이 폴란드를 침공하면서 본격적으로 막이 올랐다. 그 막이 내린 지 불과 25년이 지난 1970년, 전쟁으로 무너진 건물은 복구되었지만 마음에 생긴 상흔은 아직 선명했다. 그때 빌리 브란트 독일(당시 서독) 총리가 폴란드를 방문했다. 1969년에 총리가 된 빌리 브란트는 동유럽 외교를 본격화했고, 첫 방문지가 바로 폴란드였다. 1970년 12월 7일의 일이다.

그 애매하고 생뚱맞고 살벌했을 분위기를 상상하기는 어렵지 않다. 독일의 직접 공격으로 600만 명 이상의 폴란드 사람들이 죽었고, 홀로코스트의 피해도 끔찍했다. 뿐만 아니라 전쟁 전에도 역사적으로 독일과는 국경분쟁이 잦았다. 그러니 독일에 대한 폴란드 사람들의 감정은 일본에 대한 우리의 감정보다 심하면 심했지 모자라지는 않았을 것이다. 게다가 당시 폴란드는 공산국가였다. 냉전의 정점이었던 서독의 빌리 브란트 총리의 행보를 바라보는 서유럽과 미국의 시선 역시 싸늘하기는 마찬가지였다. 소련과 동유럽 보란 듯이 잘 살면서 약을 올려도 모자랄 판에 친하게 지내보겠다고 스스로 찾아가다니…. 하지만 빌리 브란트는 갔다.

그가 가장 먼저 찾은 곳은 바르샤바 국립묘지였다. 그 묘지는 나치에 희생된 유대인들의 게토였던 곳에 자리하고 있었다. 독일 국기가 달린 화환이 놓이자 빌리 브란트는 꽃을 바라보다가 뒤로 물러나 잠시 묵념을 하고는 바닥에 무릎을 꿇었다. 그리고 이 서독 총리는 나치 희생자 기념관 앞에서 무릎 꿇고 고개를 숙인 채 눈물을 흘렸다.

빌리 브란트는 한 인터뷰에서 자신의 행동에 대해 이렇게 말했다.

"인간이 말로 표현할 수 없을 때 할 수 있는 행동을 했을 뿐이다."

그에 대해 언론은 이렇게 평가했다.

'무릎을 꿇은 것은 한 사람이었지만, 일어선 것은 독일 전체였다.'

사실 빌리 브란트는 개인적으로 보자면 굳이 이렇게 참회하지 않아도 되는 입장이었다. 제2차 세계대전 당시 그는 노르웨이로 망명해 나치저항운동을 했기 때문이다. 한일 관계를 지켜봐온 우리 입장에서 생각하자면, "나 역시 나치즘에 저항했지만, 총리로서는 유감스럽다" 정도의 담화문만 발표하고 넘어가도 큰 무리가 없었을 것이다. 하지만 그는 폴란드에서 무릎을 꿇었다.

그 모습을 지켜본 폴란드 국민의 마음은 어땠을까? 이후 동유럽과 서유럽의 화해 무드가 형성되었고, 1972년 베를린협정으로 화해 분위기는 본격화되었다. 생김새는 잭 니콜슨을 살짝 닮아 인상은 그리 좋은 편이 아니지만, 바르샤바에서 빌리 브란트가 보여준 모습은 정말 멋있다. 유튜브에서 동영상을 찾아보았는데, 그 모습에는 용서하지 않을 수 없는 무언가가 있다(http://www.youtube.com/watch?v=rp4jq7Ojb7E).

그로부터 40년이 지난 2010년 8월 5일, 칠레 산호세에서 광부들이 매몰되는 사고가 일어났다.[15] 칠레 북부 사막지대는 세계에서 가장 큰 구리 생산지다. 광산은 대부분 다국적기업이 운영하기 때문에 벌이가 괜찮았다. 대개 벌이는 안전과 반비례한다. 특히 산호세 광산은 더 위험해서 여기서 일하는 광부들은 스스로 '가미카제'라 부르기도 한다.

33명의 광부가 작업 중이던 오후 4시, 굉음과 함께 광산이 무너져 내렸다. 광부들은 모두 지하 700m에 마련된 15평쯤 되는 대피소에 모였고, 남은 식량은 열 명이 이틀 먹으면 없어질 분량이었다. 언젠가 구조대가 오겠지만 그때까지 목숨이 붙어 있을지 의문이었다. 죽지 않을 만큼만 먹고 움직이며 무작정 기다리는 수밖에 없었다.

무섭고 끔찍한 시간이 지루하게 흐르는 가운데 지상에서는 이들을 구하기 위한 필사의 노력이 진행되었다. 3가지 대책이 동시에 진행되고 있었고, 피녜라 대통령을 비롯한 관계자들은 현장을 지키며 구조를 지휘했다. 자그마치 땅속 700m였다. 그 밀폐된 공간에서 사람들이 내뿜는 열과 습기로 몸에는 곰팡이가 피었고, 음식은 사흘에 참치 한 입까지 줄었다. 16일째 되던 날, 광부 세풀베다는 죽음을 예감하고 아들에게 마지막 편지를 썼다. 다음 날 새벽, 대피소 벽을 뚫고 드릴이 들어왔다. 안에서는 난리가 났다.

난리가 나기는 바깥도 마찬가지였다. 지하에서 올라온 드릴의 비트 끝에는 종이가 묶여 있었고, 거기에는 "에스타모스 비엔 엔 엘 레푸히오 로스 33(우리 33인은 대피소에 살아 있습니다)"라고 적혀 있었다. 이렇게 매몰된 지 69일 만에 33명의 광부는 모두 무사히 지상으로 올라왔다.

그곳에서 죽음을 생각지 않은 광부는 한 사람도 없었을 것이다. 기운이 남아 있던 매몰 초기에는 어떻게든 살아보려는 시도가 개별적으로 있었다. 하지만 희망이 절망으로 바뀌면서 이들이 마지막으로 기댄 것은 서로에 대한 믿음이었다. 극도의 굶주림 속에서도 불평하지 않았고, 나이가 많은 사람은 연륜으로, 유머가 있는 사람은 웃음으로 서로를 격려하고 스스로를 추슬렀다. 자신들을 지상으로 올려다줄 캡슐이 왔을 때도 서로 순서를 양보했다. 19세의 지미 산체스부터 63세의 마리오 고메스까지 연령대는 다양했지만 서번트도 마스터도 없었다. 모두가 서번트였고 모두가 마스터였다.

빌리 브란트가 유대인 학살 추모비에서 무릎을 꿇은 이유는 법이 아닌 양심 때문이었고, 칠레 광부들은 절체절명의 위기상황에서도 스스로 정한 원칙을 준수하며 서로 용기를 북돋웠다.

중재의 달인, 서번트

그린리프는 서번트 리더의 조건을 몇 가지로 정의

했다. 그에 따르면 서번트 리더의 시작은 섬기려는 마음이다. 리더가 되기 위한 섬김이 아니라, 섬김이 먼저고 리더십은 섬김의 결과물일 뿐이다. 따라서 권위와 물질 역시 탐하지 않는다. 서번트 리더는 타인의 말이나 요구, 감정을 잘 받아들인다. 그리고 여러 집단을 통합한다. 리더 입장에서 팔로어의 요구를 듣는 것이 아니라 동료나 친구, 상징적으로는 머슴의 입장에서 상대의 요구를 포용한다. 때문에 다른 사람의 의견은 분석과 설득의 대상이라기보다는 다독이고 추스르며 통합해야 할 대상이다. 서번트 리더를 중심으로 형성되는 심리적 공동체는 이러한 과정의 자연스러운 산물이다. 빌리 브란트의 눈물에서 시작된 화해 무드는 결국 독일 통일로 이어졌고, 칠레 광부들은 칠레 국민뿐 아니라 전 세계 사람들을 얼싸안고 환호하게 만들었다.

섬김의 리더십은 또한 중재의 리더십이기도 하다. 이때 주의할 것은 미인이 잠꾸러기라고 모든 잠꾸러기가 미인은 아니듯, 모든 중재자가 서번트는 아니라는 점이다. 서번트가 중재에 능할 뿐이다. 서로 다른 두 입장을 섬기려면 중재를 해야 하지 않겠는가. 하기는 권위와 물질을 탐하지 않으면서 상대방의 말과 요구를 이해하려 노력하는 이에게 누군들 마음을 터놓지 않겠으며, 누군들 끝까지 자기주장을 굽히지 않겠는가. 서번트형 리더는 이처럼 구성원들 사이에 소통의 허브가 되어 구성원들이 각자의 입장과 능력에 맞는 최고의 결과물을 뽑아내게 하기 때문에 요즘 인기가 좋다.

1주일에 적어도 5~6일은 텔레비전에서 얼굴을 보게 되는 개그맨이 있다. 바로 유재석이다. 웃기려고 무지하게 노력하지만 그리 웃기지는 않았던 신인시절부터 선배들은 그의 성공가능성을 알아봤다. 성실하고 최선을 다하며, 다른 사람을 비하하면서 웃기려 하지 않고 오히려 장점을 살려주려고 노력했기 때문이다. 그의 무대에 초청된 이는 누구든 자신만의 캐릭터를 반짝반짝 빛내곤 한다.

김제동은 유재석의 리더십을 이렇게 표현한 적이 있다.

"제 안경을 벗기는 방법은 사람에 따라 달라요. 이경규 선배님은 연륜이 있어서 '벗어라' 하고 조용히 웃으면서 이야기하고, 강호동 씨는 벗지 않으면 안 될 분위기를 만들죠. 유재석 씨는 먼저 안경을 벗어요."

방송이 아닌 카메라 뒤에서 유재석을 접한 동료 연예인이나 스태프, 시민들의 말은 그의 이러한 모습이 방송용이 아니라는 것을 증명한다. 그런데 유재석은 분명 좋은 사람이지만 그렇다고 마냥 좋은 사람에 머무르지는 않는다. 그가 진행하는 한 프로그램에서 보여준 격려, 따끔한 질책과 따뜻한 포용, 솔선수범은 그의 리더십이 웃기는 이야기나 나누는 예능 프로그램에서만 빛을 발하는 것이 아님을 증명하고 있다. 그래서 그의 주변에는 늘 사람이 넘친다.

섬김의 리더십을 온몸으로, 자신의 생을 바쳐 보여준 이도 있다. 같은 프로그램(KBS 스페셜 〈울지마 톤즈〉)에서도 다룬 적이 있는 이태석 신부다. 의사의 길을 걷다가 종신서원 후 사제서품을 받아 2001년 아프리카 수단으로 간 그는 톤즈라는 작은 마을에서 어려운 이들을 도우며 살았다. 2008년 휴가차 귀국했을 때 대장암 판정을 받았고, 2010년 선종했을 때 그의 나이는 마흔여덟이었다.

사제로서 그는 성령을 말하지 않고 행동으로 보여주었다. 스스로 리더라 한 적이 단 한 번도 없지만 톤즈의 모든 사람이 그를 따랐다. 리더가 지위가 높거나 거느린 사람이 많은 이를 뜻한다면 이태석 신부는 리더가 아니다. 하지만 사람들을 변화시켜 지금보다 더 나은 곳으로 이끄는 이를 리더라 한다면, 이태석 신부는 분명 위대한 리더다. 그린리프 재단 관계자들도 이태석 신부의 영상을 보고 그가 섬김의 리더십의 정수를 보여준다고 말했다.

톤즈에서 이태석 신부를 만나 그의 소개로 우리나라에서 공부하고 있는 존 마엔은 "신부님을 보면서 '우리에게도 희망이 있구나' 하는 생각이 들어서 좋았다"면서 "신부님의 마지막 말씀을 잘 간직하고 살겠다"고 말했다. 이태석 신부가 그에게 남긴 말은 이것이다.

"신중하게 행동하고, 다른 사람을 존중하며, 스스로 행복한 삶을 살라."

이태석 신부가 가르쳐준 공복의 자세

섬김의 리더십을 이야기하면 빼놓을 수 없는 인물,

아니 집단이 또 있다. 선거 때만 되면 국민의 심부름꾼, 때로는 머슴이나 시종이라는 표현까지 써가며 표를 부탁하는 우리나라 정치인들이다. 이른 새벽부터 길에 나가 시민들을 향해 깊숙이 허리 숙여 인사하는 것이 쉬운 일은 아니다. 하루 종일 사람 많은 데를 찾아다니며 악수하고 인사 나누고 이야기를 듣는 것은 더 어려운 일이다. 이야말로 공공의 머슴으로 해야 할 섬김의 리더십이다.

하지만 그들의 의도가 평범한 유권자인 나에게까지는 전달되지 않는다. 그 이유는 그들이 보여준 모습에 진심이 없기 때문이라고 나는 생각한다. 이유를 따져 묻는다면 어린 장금이의 대사를 들려줄 수밖에 없다. 그냥 느껴지지 않는데 그 이유를 말하라 하면 딱히 할 말이 없다고. 하지만 선거가 끝난 다음 그들의 행보를 보면 내 짐작이 틀리지 않았음을 확인할 수 있었다. 단언하건대 선거기간에 보여준 모습을 다음 선거 때까지만 꾸준히 보여준다면 그는 당과 지역에 상관없이 당선될 것이다. 사람 관계란 인지상정이어서 섬기는 만큼, 딱 그만큼 섬김을 받는다.

이태석 신부의 〈울지마 톤즈〉를 기획하고 연출한 선배 구수환 PD가 서번트 리더십의 비밀을 살짝 들려줬다. 바로 '듣는 것'과 '실행하는 것'이다. 서번트가 되고자 했던 우리의 수많은 정치·기업 심지어 종교 리더들 가운데 얼마나 많은 이들이 듣지 못하고 실행하지 못해 실패했는지 보라.

리더에게 군자의 모범을 권한다

핑핑푸 교수의

대아 (大我) 리더십

"좋은 리더란 원칙을 갖고 모범을 보여주는 사람이다."

● ● 상파울루의 시민

"자기가 말한 대로 행동하는 사람이 좋은 리더다."

● ● 서울의 이성균

핑핑푸 교수는 공자의 가르침에 기원을 둔 대아 리더십을 강조한다.
대아 리더십은 리더의 모범을 중요시한다. ➡

펑펑푸 / 홍콩 차이니즈대 교수
이익을 손에만 움켜쥐고 있으면
사람들은 당신을 떠날 것입니다

보고 배운 것

집에서 시끄럽게 떠드는 아이들에게 "조용히 해!" 하고 소리치면 조용해질까? 조용해진다. 아이가 말을 잘 들어서가 아니다. 공공장소와 달리 집에서 큰 소리가 먹히는 이유는 그다음 수순이 매라는 것을 아이가 알기 때문이다. 아이 입장에서 좀 더 (말로) 혼나더라도 신나게 노는 즐거움의 크기와 다음 단계의 훈육이 가져다줄 괴로움의 크기를 저울질해서 즐거움이 크면 부모 말은 잘 먹히지 않는다. 그런데 집에서는 괴로움이 한순간에 아주 커질 것을 경험상으로 잘 알기 때문에 아이들은 즐거움을 포기한다. 적어도 내 경험상으로는 그렇다.

시끄러운 아이들을 가르치는 가장 좋은 방법은 조용히 이야기하는 것이다. 부모가 평소 조용하게 이야기를 나누면 아이들이 시끄럽게 구는 일이 좀 줄어든다. 없어지지는 않는다. 아이들이란 본디 좀 시끄러운 존재들이니까. 분명한 것은 시끄럽다고 "시끄러! 조용히 해!" 하고 소리를 친다고 해서 아이들이 '참, 말은 조용조용 하는 거랬지? 나도 모르게 시끄럽게 했네. 이제 조용히 해야지' 하고 생각하는 경우는 절대 없다는 사실이다. 그 대신 자기가 마음에 들지 않는 상황에서 소리를 지른다.

아이들은 어른의 의견을 듣는 것이 아니라 감정을 표현하는 방법을 배운다. 아이에게 중요한 것은 말의 내용이 아니라 말의 형식, 모양새다. 의심스럽거든 한번 실험해보라. 졸려도 안 자고 떼를 쓰는 아기를 안고 "졸리면 자라. 재워 주겠다는데, 너는 왜 안 자고 울기만 하니? 좀 자라" 하면 아이는 더 크게 운다. 대신 원곡이 아주 시끄러운 록이나 메탈 노래를 작은 목소리로, 그리고 타령조로 늘여서 불러주면 아이들은 곧 잠이 든다. 어린아이들에게는 말의 내용보다 형식이 중요한 것이다.

그런데 어린아이만 그럴까? 좀 큰 다음에도 상황은 마찬가지다. 언젠가 즉문즉설로 유명한 법륜스님의 강연에서 한 학부모가 질문했다. 아이가 책을 너무 안 읽어 큰일이라고, 어떻게 하면 아이가 책을 가까이하겠느냐고. 다음은 스님과 그 학부모의 대화다.

"어머님은 책을 읽으시지요?"

"아니요."

말투의 심리학

"아이 아빠는 책을 읽으시지요?"

"아니요."

"그럼 아이가 책을 읽을까요?"

"…."

아이에게 책 읽는 습관을 길러주는 가장 좋은 방법은 부모가 책을 읽는 것이다. 부모와 대화를 나누는 아이로 키우고 싶으면 유치원에서 있었던 일을 시시콜콜한 것까지 재잘대는 아이에게 귀를 기울이고 공감해주면 된다. 아이들은 들어서 배우는 게 아니라 보고 배운다. 그래서 버릇없는 아이를 꾸짖을 때 예로부터 "보고 배운 것 없는 놈"이라 했다. 전쟁터에서도 안전한 곳에서 명령하는 상관보다 직접 선두에 서서 진두지휘하는 상관이 부하의 신뢰를 얻는다. 천 마디 말보다 진실한 한 번의 행동이 신뢰를 만든다.

사실 사람 사이의 관계라는 것이 그렇다. 오래된 관계는 말할 것도 없고 처음 만난 사이라도 상대방의 말보다는 눈빛과 표정, 말투와 사소한 행동에 드러난 마음을 보고 판단한다. 사람을 판단하는 네 가지 기준, 즉 신언서판(身言書判) 가운데 몸[身]이 말[言]보다 앞서는 건 그래서다. 앞의 이야기에서 부모를 리더로 바꿔도 뜻은 별로 어긋나지 않는다. 자고로 리더란 본을 보여야 하는 법이다. 말이 아니라 행동으로 말이다.

공자 가라사대

공자는 '고리타분'과 '구시대'의 대명사다. 오랜 세월 너무나 많이 듣고 들어 귀에 딱지가 앉았다. 하지만 구관이 명관인 데는 다 이유가 있다. 공자가 살았던 춘추전국시대에는 나라가 세워지고 망하기를 요즘 식당이나 빵집 생기고 사라지듯 했다. 그러니 왕들은 어떻게 하면 나라를 강성하게 하고 백성을 부유하게 할까 고민했다. 근본적으로는 백성을 어떻게 다스려야 백성의 마음을 얻을 수 있을지 생각했다. 수요가 있는 곳에 공급이 있는 법. 그렇게 고대중국의 리더십 컨설팅 시장에 등장한 것이 바로 제자백가다. 우리가 잘 아는 공자와 맹자의 유가, 노자와 장자의 도가, 묵자의 묵가, 한비자의 법가 등이 다 그 시절 이야기다.

동양의 춘추전국시대와 비교할 만한 시대가 서양에도 있으니 바로 르네상스 이탈리아다. 그 시기 유럽의 제국들은 강력한 통일국가를 이뤄 밖으로 세력을 확장하고 있었던 반면, 이탈리아는 도시국가로 쪼개져 세력을 다투고 있었다. 이런 시대적 상황에서 마키아벨리는 이탈리아의 통일을 간절히 바라며《군주론》을 써내려갔다.

동서양의 혼란기에 나온 두 사람의 리더십 컨설턴트, 공자와 마키아벨리. 하지만 두 사람의 생각은 완전히 달랐다. 공자는 이상을 좇은 반면 마키아벨리는 현실을 택했다.

"不知命, 無以爲君子也(천명을 알지 못하면 군자라 할 수 없다)"

"나라를 지키려면 때로는 배신도 해야 하고, 때로는 잔인해져야 한다. 인간성을 포기해야 할 때도, 신앙심조차 잠시 잊어버려야 할 때도 있다. 군주에게 가장 중요한 일이 무엇인가? 나라를 지키고 번영시키는 일이다."

공자와 마키아벨리를 잘 표현한 말이다. 아쉽게도 두 사람은 현실정치에서는 제대로 뜻을 펴보지 못했지만, 공자는 이후 천 년 넘게 동양의 사상을 지배했고, 마키아벨리는 근대정치학의 문을 열었다고 평가받는다.

오늘날의 리더십 컨설팅 시장에서는 공자가 마키아벨리보다 우대를 받는다. 현실정치에서 마키아벨리의 주장을 완전히 무시할 수는 없겠지만, 소통의 가치를 아는 국민들은 공자의 리더십을 원한다. 공자의 리더십은 한마디로 '군자의 리더십'이라 할 수 있다. 거칠게 단순화하자면 군자의 핵심가치는 인(仁)이고, 인이란 '극기복례(克己復禮)'다. 극기복례는 '나를 이기고 예로 돌아간다'로 풀이된다. 공자의 예(禮)는 남을 배려하고 관계를 맺고 화합하는 길이다. 그러므로 극기복례는 이기적인 나를 버리고 다른 사람과 소통하며 관계를 맺는 것이고, 그 관계에 깃드는 가치가 바로 인이다.[16] 공자는 사람을 군자와 소인으로 나누고, 군자는 의를 생각하고 소인은 눈앞의 이익을 탐한다고 설명했다. 그러니 군자의 리더십이란 눈앞의 사소하거나 사사로운 이익에 현혹되지 않고 옳은 일을 도모하는 것이다.

군자 리더십을 현대의 기업 컨설팅에 적용시킨 학자가 있다. 홍콩 차이니즈대학교의 펑펑푸 교수다. 그는 "이익을 손에만 쥐고 있으면 사람들은 당신(리더)을 떠날 것이다. 하지만 이익을 다른 사람과 나눈다면 사람들의 마음을 한곳에 모을 수 있다"고 말했다. 또한 리더는 반드시 정의를 가장 중요하게 여기고, 왜 리더가 되었는지 그 목적을 정확히 알아야 한다고 강조했다.

펑펑푸 교수 팀은 중국 내 42개 기업을 대상으로 한 연구를 토대로 다음의 결론을 내렸다. 그가 말하는 '대아(大我) 리더십'의 핵심논지는 크게 세 가지다.

첫째, 리더는 이익보다 정의를 중요하게 여겨야 한다.

둘째, 리더의 가치관과 행동이 일치해야 한다.

셋째, 리더의 가치관은 구성원들에게 영향을 미친다.

펑펑푸 교수는 이 세 주장을 통합해 "리더가 군자의 본을 보이면 팔로어인 직원들 역시 그 가치를 공유하게 된다"고 정리했다.

낭중지추 같은 가치

원탁에 놓인 54장의 카드에는 하트나 스페이드 같은 무늬 대신 재산, 평등, 인정, 평안, 낙관 등과 같은 단어가 적혀 있다. 펑펑푸 교수의 연구에 참가한 최고경영자들은 각자가 생각하는 중요도에 따라 이 카드를 배열해야 한다. 배열이 끝나면 이들은 연구진과의 인터뷰를 통해 직업과 배경, 리더십의 목적, 중요한 삶의 목적 등에 대해 길고 복잡한 이야기를 나눴다.

핑핑푸 교수의 리더십 실험에 참가한 한 최고경영자가 고른 카드.
'조직에 대한 충성'이라고 적혀 있다.

실험에는 기업의 최고경영자뿐 아니라 기업의 중간급 매니저들도 참가했다. 18개월 간격으로 두 번의 설문조사를 통해 이들이 회사에 얼마나 소속감과 열정을 가지고 있는지 물었다. 나이와 성별, 교육과 재임기간 등의 변수를 고려했고, 이들의 충성심에 영향을 미치는 요소는 최고경영자의 리더십 태도와 그들의 개인적 가치로 제한했다.

이 연구의 목적은 최고경영자들의 외적 리더십과 내적 가치가 일치하는지(최고경영자가 말로 추구하는 가치와 실제로 추구하는 가치가 같은지), 이 결과가 회사에 대한 중간 매니저들의 충성심에 어떤 영향을 미치는지 알아보는 데 있다. 더 구체적으로는 외부적으로 변혁적 리더십을 지닌 최고경영자들이 내적으로는 어떤 가치를 중요시하는지, 이들의 내적 가치가 중간 매니저들에게 어떤 영향을 미치는지가 관심사였다. 연구결과를 설명하면 이렇다.

"이익보다 정의 또는 다양한 사회적 가치를 추구하는 최고경영자들이 운영하는 회사는 내면적으로든 외면적으로든 회사와 다른 사람들의 이익을 최우선 가치로 둔다. 이런 회사의 중간 매니저들은 조직에 강한 충성심을 보인다. 다른 일자리를 알아보거나 관심을 두는 경우가 드물었습니다. 하지만 최고경영자가 말로는 이윤보다 가치를 강조하지만 실제로는 이윤이나 구성원의 성취를 최고로 여기는 회사의 중간 매니저들은 회사에 대한 충성심이 전자에 비해 약했고, 다른 일자리를 알아보는 경우도 더 많았다. 바꿔 말하자면, 최고경영자의 외적인 리더십 태도와 내적인 가치가 일치하지 않을 경우 충성도가 약해지는 경향을 보였다."

회사의 최고경영자들은 늘 고민한다. 어떻게 하면 구성원들이 열정과 활기를 유지하고, 기대보다 큰 몫의 일을 해낼 수 있게 영감을 줄 수 있을까? 직원들이 진심으로 회사에 충실하게 하는 방법은 무엇일까? 이런 내 마음을 구성원들에게 어떻게 전할 수 있을까? 첫 번째 질문에 대한 답은 이미 오래전에 나왔다. 공동의 목표를 정하는 '변혁적 리더십'이 하나의 답이 될 수 있다. 두 번째 질문과 세 번째 질문에 대한 답은 같다. 최고경영자의 가치관과 행동이 일치하면 된다. 이것이 세 번째 질문에 대한 답이 되는 이유는 펑펑푸 교수의 말처럼 리더의 가치관이 팔로어의 가치관에 영향을 미치기 때문이다.

변혁적 리더십(transformational leadership)은 거래적 리더십(transactional leadership)의 한계를 극복하고 등장했으며, 1970년대에 발표된 이후 수많은 경영 컨설턴트들과 조직심리학 학자들에 의해 발전해왔다. 리더와 팔로어들이 각자의 관심사와 타산적 이해관계, 조직의 조건과 규정에 따라 참여하는 거래적 리더십과는 달리 변혁적 리더십의 리더와 팔로어들은 공동의 목표를 추구한다. 변혁적 리더는 팔로어들에게 목표와 가치를 제시하고 팔로어들의 열정과 창의력을 이끌어낸다. 그래서 그동안 우리나라를 비롯한 세계의 수많은 경영인들이 수없이 반복해서 직원들에게 이렇게 말해왔던 것이다.

"최선을 다하라. 마음속에 진심을 갖고 최선을 다하면 이루지 못할 것은 없다."

그들의 말투는 열정적이었고, 진정으로 우리가 열정과 진심을 갖고 업무에 임하기를 원하고 있었다. 하지만 그 말을 듣는 임직원들의 표정은 대개의 경우 깨달음과 각오보다는 무관심과 심드렁함에 가까웠다.

이유는 두 가지다. 공동의 목표가 가치를 담고 있지 못하면, 즉 이해관계에만 충실하면 팔로어들을 감동시킬 수 없다. 공동의 목표는 수익창출 외에 일을 하는 충분한 이유를 제공해야만 한다. 대아 리더십의 첫 번째 논지인 '이익보다 정의를 중요하게 여겨야 한다'가

이에 대응한다. 또 다른 이유는 리더의 가치관과 말이 어긋나기 때문이다. '리더의 가치관과 행동이 일치해야 한다'는 두 번째 논지가 여기서 나온다. 이 점에 대해 핑핑푸 교수는 "사람들은 당신의 행동과 태도, 언어, 어떤 결정을 어떻게 내리는가 등을 바탕으로 당신의 가치를 본다. 당신의 가치를 다른 사람들에게 숨길 수 있는 방법은 없다"고 단언한다. 대아 리더십은 변혁적 리더십의 '수정보완판'인 셈이다.

리더의 가치관은 조직구성원들에게 많은 영향을 미친다. 그 영향은 단순한 말보다는 리더의 마음속 깊은 곳에 내재된 가치관을 통해 전달된다. 리더의 가치관과 행동이 일치하지 않으면 구성원들은, 팔로어들은 리더의 가치관을 내재화하지 않을 뿐 아니라 책임감을 잃고 조직을 떠날 궁리를 한다.

결론적으로 말해 리더가 구성원들에게 바라는 바를 애써 강조할 필요 없이 스스로 진심으로 원하고 실천하면 된다. 굳이 주간회의, 월례회의마다 손발 오그라들게 말로 강조하지 않아도 직원들과 소통하고 교감할 수 있다는 뜻이다. 준법경영, 정도경영을 애써 훈시하지 않아도 비자금을 조성하거나 회사의 자산을 변칙적으로 증여하지 않으면 직원들도 그 뒤를 따르기 마련이다. 공정사회와 서민경제를 굳이 강조하지 않아도 백성들은 일상의 작은 경험과 이야기들을 통해 나라님의 생각을 읽는다.

리더여, 본을 보여라

   핑핑푸 교수의 연구에 참가했던 후판호텔의 리 사장을 만났다. 그는 실험에서 책임감과 공정, 진심이 적힌 카드를 골랐다. 그 이유를 물어보니 책임감은 모든 차원의 업무에서 가장 기본이 되는 요소이기 때문에 꼽았다고 했다. 또 공정은 불공정하거나

후판호텔의 리 사장은 핑핑푸 교수의 실험에서 책임감과 공정, 진심이 적힌 카드를 선택했다.

불공평한 부분이 있으면 기업이 건강하게 발전하는 데 방해가 되기 때문에, 진심은 장기적으로 회사와 구성원이 발전하는 데 꼭 필요하다고 생각해서 뽑았다고 했다. 그는 최고경영자가 추구하는 가치가 기업의 실적에 근본적이고 중요한 영향을 미친다고 생각하고 있었

다. 만약 책임감, 공정 같은 가치가 후판호텔의 이윤과 충돌한다면 리 사장은 어떤 선택을 할까?

리 사장은 기업은 반드시 이윤을 추구해야 한다는 것이 전제라고 했다. 이윤을 추구하지 않으면 회사가 존재할 수 없기 때문이다. 단, 이익이 가장 중요한 것도, 회사가 추구할 유일한 가치도 아니라는 것은 분명히 했다. 이익은 분명 매우 중요한 가치지만, 이익을 추구하는 방법은 여러 가지라는 것을 놓치지 말아야 한다고 했다. 그는 진심과 책임감을 가지고 이익을 추구하는 길을 선택했다. 다른 사람을 행복하게 하는 것이 후판호텔의 이익에 보탬이 된다고 믿기 때문에 당장 눈앞의 이익을 놓치는 한이 있어도 장기적으로 고객과의 관계를 오래 지속하고 싶다면 자신의 방법이 옳다고 확신했다.

이제 리더(최고경영자)의 가치관과 직원들의 가치관이 얼마나 일치하는지 살펴볼 차례다.

"다른 호텔에서 월급을 더 많이 준다고 하면 어떻게 하시겠습니까?"

"저는 이 호텔에서 계속 일할 것 같은데요. 다른 호텔로 옮기고 싶은 생각은 없어요."

"지금보다 더 많은 임금을 받을 수 있는데도요?"

"저는 현재 임금을 조금 받는다고 생각지 않아요."

"왜죠?"

"우리가 이렇게 오랜 기간 동안 발전할 수 있었던 것은 사장님과 우리가 서로 공경하기 때문입니다. 저는 사장님이 저희를 진심으로

대하고 있다고 생각해요. 직원이 아닌 개인으로서 저희의 성장과 발전에도 신경을 쓰시죠. 그래서 우리가 서로 이해하고 좋아하면서 일할 수 있는 거고요. 이런 걸 모두 감안한다면 돈을 조금 받는다고 생각지 않아요."

이것은 후판호텔에서 만난 한 직원과 나눈 대화다. 인터뷰는 리 사장이 없는 상황에서 이루어졌다. '리더의 가치관이 구성원들에게 영향을 미친다'는 대아 리더십의 세 번째 논지는 이런 과정을 통해서 나왔다.

군자의 리더십, 대아 리더십, 변혁의 리더십 등 많은 개념이 나왔고, 공자며 《논어》며 많은 말들이 오갔지만 결론은 간단하다. 일상생활에서도 수없이 들었던 그 말이다. 이익만을 탐하지 말고 다른 사람에게 자신이 원하는 바대로 행동하라! 조직의 규모와 성격이 다를 뿐 모든 조직은 결국 사람과 사람의 관계고, 사람 사이는 언제 어디서나 크게 다르지 않다. 그러니 리더여, 가치를 탐하고 본을 보여라.

다음 세대에 대한 책임

글로벌 리더십이

필요한 시대

"미래에 나 자신도 그와 같이 되고 싶다는 생각을 하게 하는 리더."
●● 싱가포르의 에드먼드

"내가 나일 수 있게 하는 리더. 그리고 미래 세대를 위한 리더."
●● 런던에서 만난 멕시코 관광객

지구촌의 문제를 해결하기 위해선 자국 이기주의보다
글로벌 리더십이 중요하다고 강조하는 반기문 UN 사무총장. ➡

G20의 무능력함 혹은 무기력함

\# 2010년 대한민국 서울, G20 정상회의 : 금융위기에 직면한 지구촌의 경
제적 안정과 동반성장에 대해 논의함.

\# 2011년 프랑스 칸, G20 정상회의 : 코뮈니케(공동선언)를 통해 유럽 채무위
기 해소와 글로벌 경제성장을 다짐. 금융위기가 해결되지 않았고, 오히려
세계화되면서 유럽의 재정문제를 만들었기 때문임.

\# 2012년 멕시코 로스카보스, G20 정상회의 : 지난 회의의 다짐들만 재확
인하는 차원에서 마무리함. 금융위기를 지구 공동의 문제로 받아들이고
이를 해결하기 위해 힘을 모으기로 했으나 실제로는 세계적으로 경기가
침체되자 각국이 자국산업을 보호하기 위해 벽을 높이 쌓았기 때문임.

금융, 재정, 채무, 경기, 산업…. 결국 전 세계 지도자들이 모여서 하는 이야기는 '돈'이다. 즉, 경제가 오늘날 국제질서를 규정짓는 최대변수가 된 것은 이젠 별로 놀랄 일도 아니다. 과거 UN안전보장이사회, NATO 등의 안보협력기구가 뉴스에서 사라진 지 오래다. 마치 전 세계 지도자들이 정치지도자가 아니라 한 국가의 매출과 이익을 극대화하는 CEO가 되어버린 듯하다.

G20은 G7으로 불리는 선진 7개국과 유럽연합 의장국 그리고 신흥시장 12개국이 모인 국제기구다. G20 국가의 총인구는 전 세계 인구의 3분의 2, 국내총생산(GDP)은 전 세계의 90%를 차지한다. 즉, UN에 가입된 190개 이상의 나라 중 꽤 잘사는 나라들만 모인 셈이고, 거꾸로 보자면 글로벌 경제위기에 책임이 큰 나라들의 모임이라 해도 지나치지 않다. 하지만 이들은 자신들이 초래한 문제에 대해 어떤 실질적 해결책도 내놓지 못했다. 요컨대 지구촌이 당면하거나 곧 겪게 될 문제에 대처하고 이를 해결하기 위해 리더를 자처하고 나선 G20은 어떤 글로벌 리더십도 보여주지 못하고 있다.

놀랄 일은 더 있다. G20에 끼지 못하는 어려운 나라들의 문제가 더욱 심각해지고 있다는 것도 놀랍지만, 그 어려움이 대부분 외부에서 비롯되었다는 사실은 더욱 놀랍다. 탈레반을 축출하고 아프가니스탄의 민주화를 이룬다는 명분으로 시작된 아프가니스탄 전쟁은 이미 미국과 러시아, 중국, 아랍국가들의 지정학적 패권다툼으로 전락해서 전쟁의 가장 큰 피해는 아프가니스탄 국민이 받는 꼴이 되었

다. 아프리카 여러 나라에서 벌어지는 자원전쟁도 마찬가지다. 중국
과 미국을 필두로 한 서구 선진국들의 경쟁은 아프리카에 독재의 재
생산과 정치적 혼란, 빈곤의 확대를 가져왔다. 점점 도미노화하는
세계경제에서 수혜자인 G20 국가 뒤에는 수많은 피해자들이 있다.
글로벌 리더십의 사각지대다. 상황이 이렇기 때문에 특정 나라의 문
제가 아니라 모두의 문제에 대한 실질적 관심은 찾아보기 힘들다.
불평등, 질병, 기아, 기후재앙 등 인류의 과제는 '강 건너 불구경'이
되었다.

　다시 G20이 열렸던 프랑스의 칸. 프랑스 이비인후과 의사들은 회
담장에서 독특한 퍼포먼스를 벌였다. 그들이 든 피켓에는 "우리의
목소리를 외면하는 지도자들의 귀를 뚫어드립니다"라고 적혀 있었
다. 반기문 UN 사무총장 역시 "문제점은 공급과잉이지만 해결책과
리더십은 적자상태"라고 말했다.

　하버드대학교 케네디행정대학원의 교수이자 최근 《권력의 미래》
라는 책을 쓴 조지프 나이 교수는 지금의 현상을 '리더십의 과도기'
라는 개념으로 설명했다. 2012년 우리나라를 비롯한 세계 주요국가
에서 지도자들이 많이 바뀌기 때문에 '공익의 논리'보다는 '득표의
논리'를 따르기 쉽다는 뜻이다.

　"리더십의 과도기에는 항상 어려움이 있기 마련이다. 사람들이
힘을 얻기 위해 서로 경쟁하면서 자국의 지위를 내주기 싫어하기 때
문이다. 그래서 타협이 더욱 어렵다. 이러한 시기에는 국가들이 더

큰 공익, 세계의 공익에 대해 생각하는 것을 주저하는 경우가 많다. 자국을 강력히 보호하려 하지 않는다는 비판을 피하기 위해서다. 리더십의 과도기에는 국가주의(nationalism)가 증가한다. 대부분의 정권 이양이 끝나는 2013년이 되면 더 광범위한 관점을 취할 수 있을 것으로 기대한다."

독도를 둘러싼 우리나라와 일본 사이의 갈등에서도 선거를 앞둔 국가주의의 영향력을 읽을 수 있다. 즉, 연말 대선을 앞둔 우리나라와 9월 총선을 코앞에 둔 일본의 유권자를 의식한 정치적 행위의 성격이 짙다. 일련의 선거가 일단락되는 2013년에는 차분하게 공익을 위한 정책이 등장하게 될까? 선거 국면인 지금보다는 나을 수 있겠지만, 현재의 위기를 해소하고 정의와 책임의 가치가 존중받는 새로운 질서를 만들기에는 역부족으로 보인다. 이는 선거와 무관했던 지난 두 번의 G20 회의에서 이미 확인되었다.

또 하나의 G20, YES

앞서 말한 G20 정상회담과는 다른 또 하나의 G20 회의가 있다. 정상회담이 열리는 동안 니스에서는 G20 국가에서 온 유능한 청년기업가들의 회의가 열렸다. 회의명은 G20 YES(Young Entrepreneur Summit, 청년기업가회의)다. G20 YES에는 세계 각지에서 온

18~45세의 청년기업가 400여 명이 모여 청년기업가들의 잠재력을 어떻게 발휘시킬 수 있을지에 대해 논의한다.

칸에서 열린 G20 YES의 주제는 '기업가정신'이었다. 현재의 전 세계적 경기침체를 극복할 수 있는 방법을 기업가정신에서 찾을 수 있다고 생각했기 때문이다. 나아가 기업가정신이 어떻게 혁신적이고 지속적으로 성장가능하며, 서로 대립하지 않고 화합하는 새로운 글로벌 경제 시스템을 만드는 데 일조할 것인지 그 방법을 모색했다.

G20 YES는 회의결과를 정리해 공식성명서를 발표했다. 첫 번째 선언은 '기업가는 혁신과 성장, 일자리 창출의 원동력이다'였다. 이를 위해서는 경제적·문화적·사회적 변화가 필요한데, 이 변화를 일으키기 위해 G20의 리더들에게 3가지 항목을 요구했다. 즉, 젊은 기업가들과 소통할 것, 젊은 기업가들과 함께 성장과 고용을 창출할 방법을 고민하고 지원할 것,

'기업가선언(Entrepreneurs' Declaration)'에 동참할 것이다. 기업가선언은 모두 5개 항목으로 이뤄졌다. 주된 내용은 기업가정신의 사회경제적 역할이 지금의 위기를 해결하는 데 매우 중요하기 때문에 G20 각국 정부가 이를 지원해야 할 뿐 아니라 현재의 사회와 경제를 개선하는 데도 최선의 노력을 기울여야 한다는 것이다. 사회적으로는 많은 나라에서 직면한 민주주의의 위기를 극복해야 하며, 경제적으로는 시장을 왜곡하거나 불공정한 경쟁을 낳는 제도를 개선해야 하는데, 이는 부모로부터 물려받은 것이 아니라 우리의 후손으로부터

빌려온 것이기 때문이라는 내용이다.

미래의 리더들은 현재의 사회경제적 조건에 발목을 잡히지 않았고, 무엇보다 기성세대 리더보다 정치논리로부터 자유롭다. 그렇기 때문에 이들의 고민에는 경제적 발전과 더불어 '의미와 책임'이 담겨 있다. 생각의 전환은 시스템을 전환하기 위한 첫 단추다. 이로써 남의 손해와 실패가 나의 이익과 성공을 의미하는 기존의 파괴적 비즈니스 시스템에서 벗어나 상대의 발전과 성공이 곧 나의 이익과 가치에도 부합하는 지속가능한 비즈니스로 전환할 수 있는 단초는 마련된 셈이다. 이들의 기업가정신은 신자유주의, 글로벌 경제화로 무너진 상생과 지속가능한 경제를 되살리는 것이다. 말하자면 한 기업, 한 국가, 한 세대만을 살리는 리더십이 아니라 인류 전체와 다음 세대까지 생각하는 책임지는 리더십을 이야기하고 있다.

지구와 다음 세대에 대한 책임을 논하는 기업가정신은 정치적 리더십과도 바로 연결된다. 지속가능한 시스템은 경제적 부분뿐 아니라 정치적·사회적으로 옳아야 하기 때문이다. 물론 이것은 어려운 과정이며, 젊은 기업가들도 그것을 잘 알고 있지만 혁신을 통해 새로운 시스템을 구축할 수 있다고 말한다. 그 혁신을 가장 잘 이해하고 실천할 수 있는 것이 기업가정신이고 청년기업가들이라는 것이다. 기업가정신은 영어로 Entrepreneurship이다. 원래 프랑스어 Entreprendre에서 비롯되었는데, 이 말은 '위험을 짊어지다, 감수하다'라는 의미를 담고 있다. 인류가 미래 또는 당장 당면하고 있는

206
앏쥬의 리더십

문제들에 'NO' 하지 않고 'YES'라 할 수 있는 책임감 있는 리더십이 바로 기업가정신의 가르침이다.

덴마크의 이야기

정치적 리더십이 새로운 대안을 제시하지 못하고 각 나라가 제 밥그릇에만 몰두해 지구의 문제는 '나 몰라라' 하는 모양새지만, 모든 나라가 그런 것은 아니다. 지구를 공동체로 받아들여 지속가능한 행복을 위해 실천하는 나라도 있다. 바로 덴마크다.

덴마크는 1970년대에 석유파동을 겪으면서 지속가능한 에너지 정책을 추진했고, 정권이 바뀌어도 에너지 정책은 일관되게 추진했다. 석유파동이라는 위기를 기회로 삼아 고효율·친환경 에너지 국가라는 비전을 세운 덴마크는 에너지 분야에 과감하게 투자해 지금의 국가를 일굴 수 있었다. 그렇다면 지금 덴마크는 어떤 모습일까?

덴마크의 친환경 에너지 관련기업 중에 그런포스와 베스타스가 있다. 그런포스는 1945년에 설립된 에너지 기업이다. 정확히 말하면 펌프를 만드는 회사이고, 현재 도시의 상하수도 시스템, 건축물의 배수·냉난방시설, 소방시설 등을 설계하고 시설하는 사업을 하고 있다. 그런포스 펌프의 가장 큰 특징은 고효율로, LCD 생산공장에 설치돼 평균 36.3%의 에너지를 절감했다. 그 덕분에 이산화탄소를 3,603톤이나 줄여 나무 130만 그루를 심은 효과를 거뒀다. 그런가 하면 베스타스는 세계 풍력발전 시장에서 부동의 1위를 차지하고 있다. GE나 지멘스도 베스타스보다 시장점유율이 낮다. 세계에서 가장 큰 풍력터빈 제조업체인 베스타스는 세계 곳곳에 4만 대가 넘는 풍력발전기를 세웠다.

덴마크는 새로운 에너지의 개발과 마찬가지로 효율화에도 공을 들였다. 덴마크 환경부는 음식물쓰레기를 이용해 생산한 바이오가스를 각 가정에 공급하고 있다. 덴마크가 있는 이월란반도 중부의 환경선진지역을 그린벨트라고 부르는데, 이곳에는 덴마크에서 가장 큰 바이오가스 플랜트가 자리하고 있다. 주변 농장과 식품가공업체, 일반가정에서 수집한 폐기물로 열과 전기를 생산하며, 이를 통해 약 4,700여 가구의 전력과 1,200여 가구의 열원을 공급한다. 또한 주택의 에너지 소비를 줄이기 위해 생태건축 프로젝트를 실시하고, 에너지를 절약하고 물을 아끼기 위한 시설에 아낌없이 투자했다. 이와 같은 정책을 바탕으로 덴마크에서는 1999~2002년 동안 석유소비가 약 50% 줄었고, 천연가스와 지역난방의 활용은 각각 44%, 25%로 늘었다.

덴마크 출신의 코니 헤데가드는 현재 유럽연합의 기후변화 담당 집행위원이다. 몇 해 전까지 덴마크의 환경장관을 맡아 덴마크의 환경정책과 에너지 정책을 총괄했다. 앞에서 설명한 정책들이 그의 손을 거쳤다. 2009년 덴마크에서 열린 코펜하겐 기후변화회의는 기후변화와 환경, 에너지를 둘러싼 글로벌 리더십에서 덴마크와 코니 헤데가드의 위상을 확인하는 자리이기도 했다.

코니는 유럽과 미국뿐만 아니라 중국, 남미, 아프리카에 이르는 국가들의 이익을 조율하고 설득을 주도했다. 그는 글로벌 리더들을 향해 환경을 포함한 지속가능한 가치를 추구하는 리더십을 강조했다. 특히 현재의 불황도 지속가능한 사업을 통해 타개할 수 있다고 역설했다. 또한 글로벌 경제의 그늘 아래서 자유무역의 혜택을 받지 못하는 국가와도 발전의 열매를 나눌 수 있다고 설득했다. 그의 메시지는 간단하고 명확했다. 현재의 부 때문에 미래의 생존이 희생되어서는 안 된다는 것이다.

취재진과 만난 자리에서 그는 지속가능한 발전은 포기할 수 없는 가치라고 강조했다.

"1990년대부터 우리는 탄소배출량을 17%까지 줄였다. 더 중요한 것은 그동안 우리가 중대한 경제성장을 이뤄냈다는 점이다. 경제를 성장시키는 것과 경제의 시스템을 바꿔가는 것은 둘 다 중요하다. 물론 이는 어려운 일이다. 하지만 정말 중요하다고 생각한다면 그 과정에 장애물이 많다는 이유로 포기해서는 안 된다."

코니는 웃으면서 기후에 관한 논의가 자신에게는 굉장한 악몽이라고 말했다. 왜냐하면 기후나 환경과 관련된 것들은 대부분 무척 더디게 진행되지만, 중간에 포기하면 아무런 성과도 남기지 못하기 때문이다. 그래서 속도를 높이기 위해 코니가 택한 방법은 사람들에게 진실을 알리는 것이었다. 기후와 관련된 일의 중요성을 공유함으로써 선택과 결정, 실행의 속도에 힘을 보태는 것이다.

그는 이 모든 과정이 리더십의 한 부분이라고 말했다. 무엇을 원하는지 알고, 이에 필요한 계획을 세우며, 국민들과 소통하면서 그 가치를 공유하고, 과정상의 어려움에 흔들리거나 포기하지 않는 것이 지도자의 책임이라는 것이다. 책임에는 방향과 소통, 실천이 뒷받침되어야 한다. 덕분에 덴마크는 현재 저탄소 경제의 리더이자 롤모델이 되었다.

이쯤에서 행복이라는 키워드를 한번 떠올려보자. 행복을 누릴 수 있는 가장 기본적인 조건은 안전한 생존과 지속적으로 사용할 수 있는 에너지일 것이다. 생존을 위해서는 기후변화를 막아야 하고, 기후를 유지하면서 지속적으로 에너지를 쓰려면 아껴 쓰는 것이 기본이다. 덴마크는 지구를 살리는 비즈니스, 행복을 지키고 가꾸는 비즈니스를 하고 있는 것이다.

왕가리 마타이의 '나무를 심자'

좀처럼 성과를 드러내지 않는 환경운동의 특성을 가장 잘 나타내는 것이 있다면 바로 나무일 것이다. 콩나물시루처럼 아무리 공을 들여도 자라는 것이 눈에 띄지 않지만, 우리는 나무가 분명 자라고 있고 언젠가는 무성한 잎과 너른 그늘을 드리우리라는 사실을 잘 알고 있고 이를 의심하지 않는다. 경우에 따라 나무는 오히려 이러한 특성 때문에 행동의 상징이 되기도 한다. 눈에 띄지는 않지만 존재가 분명한 변화를 일구는 것이 행동이기 때문이다. 이것이 바로 아프리카 환경운동의 상징인 왕가리 마타이의 이야기다. 2011년에 세상을 떠난 그는 아프리카 여성들의 지위를 향상시킨 공로를 인정받아 2004년 노벨평화상을 받았다. 또한 아프리카에 3천만 그루의 나무를 심어 '나무 심는 여인'으로 알려지기도 했다. 나무 심기는 그가 시작한 그린벨트 운동이었다.

그린벨트 운동은 단순히 숲을 가꾸기 위한 것이 아니었다. 케냐를 식민통치한 영국과 독립 이후 케냐의 지도자들이 파괴했던 광활한 숲을 되살리는 일은 조국 케냐는 물론 삶의 터전이 되는 마을과 가정 및 삶의 주체들, 특히 여성을 되살리는 것이었다. 그는 시민의 환경권을 지키기 위해 고층빌딩은 물론 대통령조각상 건립도 반대했다. 부족 간에 갈등이 있을 때는 이웃에게 묘목을 나눠주며 화합을 유도했다. 예전의 케냐는 지금처럼 물부족으로 고통받지 않았다. 깨끗한 물을 마실 수 있었고, 땅에서는 딸기와 견과류를 수확할 수 있었으며, 너른 평야에서는 옥수수와 콩과 밀이 자라났다. 이 모든 것을 앗아간 개발독재에 맞서는 일은 나무 심는 법을 가르치는 데서 멈추지 않고 가난에서 벗어나는 방법, 여성을 소유물로 취급하는 케냐에서 여성이 한 인간으로 살아가는 방법으로 나아갔다. 마타이는 회고록에서 코니 헤데가드와 비슷한 이야기를 했다.

"누구도 우리가 처한 모든 상황을 마음대로 조종할 수는 없다. 나는 언제나 실패를 생각할 때 나를 성장시키고 계속 전진하게 만드는 도전으로 받아들였다. 좌절은 우리가 걸어가는 긴 인생길에서 마주치는 하나의 고비일 뿐이며, 거기에만 머무르다가는 우리의 여정이 지연될 뿐이다."

마타이의 그린벨트 운동은 1980년대 중반 이후 아프리카의 다른 지역으로 확산되었다. 탄자니아, 우간다, 에티오피아, 짐바브웨에서도 그린벨트 운동이 성공적으로 진행되었고 현재까지 이어지고 있다. 그에게 노벨상을 준 노벨상위원회는 아프리카의 삼림황폐화가 아프리카의 사막화를 초래하고, 나아가 유럽은 물론 세계의 다른 지역까지 위협하고 있기 때문이라고 밝혔다.

그런데 나무를 심는 것과 평화가 무슨 상관이 있을까? 아프리카의 분쟁이 대부분 물부족에서 비롯된다는 사실에서 답을 찾을 수 있다. 물부족은 기후변화와 대부분 서구국가들에 의해 이루어지는 무분별한 개발로 가속화되며, 대규모 환경이민과 인접국가들 간의 물분쟁을 초래했다. 농사지을 땅과 가축을 먹일 물이 없으면 생존이 불가능한 이들의 절박함은 전쟁으로 끝나기 마련이다. 왕가리 마타이의 '나무 한 그루'는 그래서 평화와 연결된다. 그린벨트 운동의 나무심기는 환경을 지킨다는 상징적 의미뿐만 아니라 아프리카의 정치적 안정과 평화정착이라는 실질적 효과까지 갖추었던 것이다.

기후변화는 '지금' 책임져야 한다

CNN과 〈타임〉지의 칼럼니스트 파리드 자카리아는 인간수명이 5년씩 늘고 있고, 지난 5년간 전 세계 극빈층의 감소량은 500년간의 감소량보다 많아지는 등 현 인류가 전무후무한 발전을 이루었음에도 불구하고 국가 간의 반목은 심해졌고, 국민들의 만족도는 오히려 낮아졌다고 말한다. 경제발전이 행복의 증가로 이어지지 않았다는 것이다. 이에 파리드가 제시하는 해결책은 포용(inclusion)이다. 포용의 핵심가치는 다양성의 존중이다. 그동안 경제성장이라는 신화에 빠져 지나쳐온 작지만 소중한 가치들을 살펴보고 되살리는 작업이 전제되지 않으면 행복은 증가할 수 없다는 뜻이다. G20 바깥에 있는 나라들, 주요 경제블록 바깥에 있는 나라들, 평화의 안전장치 바깥에 있는 나라들이 바로 포용의 대상이다. 그나마 다행스러운 것은 이런 흐름이 미약하긴 하지만 조금씩 형성되고 있다는 점이다.

2011년 재선에 성공한 반기문 사무총장의 비결은 바로 각국 리더들이 외면하는 문제에 주목했다는 데 있다. 물론 개별 나라의 정치인들이 다루지 못하는 문제를 다루기 위해 UN이 꾸려졌지만, 반 총장은 그동안 상대적으로 G20에 가려져온 소수 국가들의 목소리에 귀를 기울였다. 대표적인 것이 바로 기후변화 리더십이라고 할 수 있다. 그는 기후변화가 모든 인류의 문제, 즉 질병과 기아, 분쟁, 물부족 등의 시작이라는 점을 강조해 호응을 받았다. 강대국들의 목소리에 가려 힘 있는 목소리를 낼 수 없었던 이전 사무총장들과는 달리 '가장 필요하지만, 가장 외면받는' 문제를 선택해 리더십을 발휘한 것이다.

반기문 UN 사무총장이 할로넨 핀란드 대통령과 함께
시민들을 만나고 있다.

2010년 G20 정상회의를 개최하면서 우리는 스스로 글로벌 리더라고 자부했고, 세계 10위의 경제대국임을 선전했다. 물론 리더십이 없다면 G20 정상회의를 개최할 수 없었을 것이고, 세계 경제에서 우리가 차지하는 등수는 몇몇 통계자료를 바탕으로 작성되니 거짓은 아닐 것이다. 하지만 거기에 만족하지 말고 우리 스스로에게 물어보자. 정말 그럴까? 글로벌 리더라는 우리는 과연 지구촌에서 어떤 리더십을 발휘하고 있는가? 어떤 방향을 제시하고 어떤 실천을 보여주고 있는가? 경제규모에 걸맞은 비전과 방법을 제시하고 있는가? 무엇보다 우리 스스로 우리의 미래 세대에게 미안하거나 부끄럽지는 않은가? 당장 대선이 석 달 앞으로 다가온 지금, 지구나 환경 이야기를 한가한 이야기라고 치부할 수도 있다. 선거에 나선 후보들은 물론 대통령감을 고르는 우리 역시 환경문제를 먼 나라 또는 먼 미래의 일이라고 외면하고 있지는 않은가?

먼 나라 일도 먼 미래의 일도 아니다. 현실의 신자유주의는 시간과 공간을 촘촘히 엮어두었다. 일본의 방사능 잔해가 미국 서부까지 흘러가고, 포르투갈의 재정위기가 바로 다음 날 우리나라 주식시장에 반영된다. 하지만 이를 되돌려 바로잡기 위한 실천과 노력은 더디기만 하다. 바다 건너 다른 나라는 생각보다 가깝고, '언젠가'라고 생각했던 미래는 예상보다 빨리 닥친다.

스피노자는 "내일 지구가 멸망하더라도 나는 한 그루의 사과나무를 심겠다"고 했다. 얼마나 무책임한 말인가? 왕가리 마타이처럼 내일 지구가 멸망하지 않도록 나무를 심는 책임 있는 글로벌 리더들이 필요하다.

양화가 악화를 구축하게 하라
– 작은 정의가 모여 큰 정의를 이룬다

안도현 시인은 좋은 시를 쓰기 위한 방법의 하나로 추상명사를 되도록 쓰지 말라고 했다. 나쁜 단어라서가 아니라 손에 꽉 잡히는 명확한 뜻이나 이미지가 없기 때문이다. 이를테면 사랑, 신뢰, 존경, 미움 같은 것들이다. 희한한 것은 이 경우 대부분 두 글자다. 그런 점에서 보면 이 책의 주요 키워드인 소통, 공감, 정의, 책임, 비전, 혁신도 시에 쓰기에는 그리 좋은 단어가 아닌 셈이다. 시인은 또 굳이 이런 추상명사를 쓰겠다면 그 뜻을 끝까지 파고들라고 했다. 그래야 단어는 명확해지고 시는 단단해진다는 것이다.

선거에 즈음해 정치인들이 이런 추상명사를 남발하는 것은 어쩌면 그 뜻이 명확하지 않아 법적인 책임을 지지 않아도 되기 때문일지도 모른다. 모든 연설은 친애하거나 존경하는 국민을 향한다. 하지만 이런 단어에는 치명적인 약점이 있다. 어느 문맥에 쓰여도 기품을 유지하지만 실천하기는 어렵다는 것이다. 인류를 사랑하기는 쉽지만 이웃을 사랑하기는 생각보다 어렵다. 진짜 중요한 것은 이런 단어들은 실천이 따르지 않으면 때깔 좋은 허울에 지나지 않는다는 사실이다. 정의도 마찬가지다. '땡전뉴스' 시절에도 군인 대통령의 연설은 늘 친애와 존경으로 시작되었고, 그 시절 전국 경찰서와 관공서에는 '정의사회구현'이라는 여섯 글자가 붙어 있었다. 진짜 정의사회가 구현되려면 먼저 삶의 여러 층위에서 정의로운 작은 실천이 이뤄져야 한다.

악화가 양화를 구축한다

'그레셤의 법칙'이다. 옛날에 만들어진 법칙이라 한자어로 옮기면서 말이 어려워졌는데, 악화(惡貨)와 양화(良貨)는 나쁜 돈과 좋은 돈을 뜻한다. 구축? 성을 구축하듯 뭔가를 쌓아올린다는 뜻도 있지만[構築], 몰아서 쫓아낸다[驅逐]는 뜻도 있다. 여기서는 후자다. 나쁜 돈이 좋은 돈을 몰아낸다는 뜻이다.

요즘이야 돈의 액면가가 중요하지만, 돈의 액면가와 실제가치가 같았던 시절이 있었다. 금화에는 실제 금이, 은화에는 진짜 은이 액면가만큼 들어 있었다. 쉽게 말해서 5만 원짜리 금화를 녹이면 5만 원어치의 금이 나왔다. 그런데 정복전쟁이 한창이던 시절 왕들은 항상 돈이 부족했다. 그래서 꼼수를 부리기 시작했다. 금화에 든 금의 함량을 조금씩 낮춘 것이다. 티 나지 않게 조금씩.

하지만 남의 집 담을 처음 넘기가 힘들지 두세 번은 쉽다. 금 함량은 점점 낮아졌고, 이를 모를 리 없는 백성들도 그것을 따라 하기 시작했다. 화폐를 만들던 금은세공업자들은 왕실의 명령보다 조금 더 많은 양의 금을 빼서 남은 것을 빼돌렸다. 그렇다면 세공술이 없는 일반인들은 어떻게 했을까? 반을 뚝 잘라 먹으면 좋으련만, 그러면 화폐로 사용할 수 없으니 테두리를 조금씩 깎았다. 그렇게 금화는 금의 함량도 줄고 크기도 조금씩조금씩 작아졌다. 왕실은 불법행위를 막기 위해 동전 테두리에 정교하게 빗금을 새겨 넣었지만(오늘날 동전의 빗금은 이때 생겼다), 깎는 재주가 있는 사람이 빗금인들 새기지 못하겠는가.

그러니 함량과 크기가 정품정량인 화폐가 손에 들어오면 깎거나 금고 속에 숨겨두거나 둘 중 하나였다. 결국 시장에서 유통되는 주화는 질도 낮고 크기도 작은 불량주화뿐이었다. 나쁜 돈이 좋은 돈을 쫓아낸 것이다. 16세기 영국왕실의 재정 고문이었던 토머스 그레셤이 엘리자베스 1세에게 보낸 편지에서 이 현상을 말하며 대책을 세워야 한다고 건의한 것을 계기로 악화가 양화를 구축하는 현상을 그레셤의 법칙이라고 한다.

동전 테두리 깎던 시절이나 지금이나 그레셤의 법칙은 여전하다. 교통신호를 무시하고 달리는 차들이 많아지면 신호를 지키는 사람만 바보가 되고, 그 바보들이 사라지면 거리는 교통지옥이 될 것이다. 남의 논문을 베껴 학위를 받는 이들이 많아지면 진리탐구는 뒷전으로 밀릴 테니 학문이 발전할 리 없다.

악화가 양화를 뻥 차버리는 일을 막으려면 어떻게 해야 할까? 진리는 대부분 간단하고 명확하다. 양화만 사용하면 된다. 악화는 더 이상 만들지 않고 발견될 때마다 없애면 된다. 중요한 것은 사회 구성원 모두가 약속을 지켜야 한다는 점이다. 오줌 한 번 누었다고 태평양이 오염되지는 않지만 한강에 폐수를 방류하면 금세 오염된다. 어쩌면 '괴물'이 만들어질지도 모른다. 괴물을 만나지 않기 위해서라도 양화를 쌓는 길과 악화를 줄이는 길을 고민해보자.

양화를 쌓는 길

그레셤의 법칙은 시장에 나타난 현상을 설명한다. 나쁜 돈 때문에 좋은 돈이 사라진다는 사실만 전달한다. 하지만 나쁜 돈이 유통되는 것은 나쁜 돈을 쓰는 사람이 있기 때문이고, 그전에 나쁜 돈을 만든 사람이 있기 때문이다. 법칙은 현상에 대한 이야기지만, 현상을 개선하기 위해서는 행위의 주체를 들여다봐야 한다. 나쁜 돈을 몰아내기 위해서는 이를 만들거나 쓰는 사람에 대한 대책이 있어야 한다는 뜻이다. 그렇다고 이들을 발본색원해서 엄벌에 처해야 한다고 주장하는 것은 아니다. 처벌에만 기댄다면 우리는 엄격한 형벌을 통해 질서를 세우겠다던 춘추전국시대 법가나 "눈에는 눈, 이에는 이"를 주장하던 고대 바빌로니아의 〈함무라비법전〉에서 한 걸음도 나가지 못한 것이다. 사회적 가치의 문제라면 양화를 쌓는 것이 악화를 몰아내는 가장 빠른 길이다.

양화를 쌓는 길은 앞서 소개한 사례에 나와 있다. 이윤뿐 아니라 사회적 책임을 생각하는 기업, 기업과 기업인의 책임이 무엇인지 모범적으로 보여준 이나모리 가즈오, 단순한 책임을 넘어 사회 전체의 가치를 생각한다는 공유가치, 나를 내세우기보다 남을 받드는 서번트 리더십, 본을 보이라던 대아 리더십. 물론 이 밖에도 다양한 리더십과 그보다 더 다양한 사례들이 있다.

이와 같은 노력은 어느 한 단위나 조직만 할 것이 아니라 사회 전반에서 이뤄져야 한다. 커다란 단위의 조직이나 기업의 모범사례는 중요하다. '깨어 있는 자본주의'로 유명한 라즈 시소디아 교수는 사회의 전반적 정의에 대해 기업의 책임을 강조했다. 기업이 클수록 영향력도 크고 그만큼 사회에 대해 지는 책임도 크기 때문에 기업은 세계에 거대한 의식을 일으키는 데 리더 역할을 하도록 노력해야 한다는 논리다. 그는 이를 '항적효과(power of the wake)'라고 불렀다. 거대한 배가 지나가면서 만든 파도가 다양한 해양생물의 삶에 영향을 미친다는 비유다.

앞서 소개한 이나모리 회장이 말하고 몸소 실천으로 보여준 '세상과 사람을 위한 일'이 기업이 양화를 쌓은 모범사례다. 시소디아 교수는 기업의 존재이유라는 수익에 대해서도, 수익은 옳은 방식으로 기업을 경영한 결과이며, 수익만을 위해 기업이 움직이면 문제가 발생한다고 보았다. 일본항공(JAL)은 그 상징적인 예에 해당한다.

그렇다면 평범한 시민으로서 정의를 실천할 수 있는 방법은 없을까? '한낱 소시민이 사회정의에 영향을 미치면 얼마나 미치겠어?' 하고 생각한다면 셈이 완전히 틀렸다. 따지고 보면 나를 비롯한 기업의 임원이나 재벌총수도 개인이며, 여야 지도자나 대통령도 결국은 개인이다. 다만 사회적 지위와 역할에 따라 사회에 미치는 영향력이 달라질 뿐이다. 무엇보다 99%로 표현되는 평범한 개인은 꽤 영향력 있는 개인보다 수가 압도적으로 많다. 1인당 영향력으로 치면 미미할지 몰라도 영향력의 총합으로 따진다면 주눅이 들어야 할 쪽은 오히려 1%다. 99%의 정의가 모이면 1%의 정의를 좌우한다. 거꾸로 개인의 정의가 쌓이지 않으면 사회의 정의도 없다.

미국발 금융위기를 계기로 99%의 사람들은 자신의 목소리를 내기 시작했다.
작은 정의가 모여 세계에 커다란 메시지를 전했다.

앎 본 의 리모션

개인이 '나름의 정의'를 실천하기 힘든 이유는 무엇일까? 첫째로 정의롭지 않아도 티가 잘 나지 않기 때문이고, 둘째로 대부분의 경우 정의의 반대편에 이익이 있기 때문이다. 관행이라는 핑계는 첫째 이유에 속한다. 그 관행이 악화고, 악화가 모여 양화를 몰아낸다는 것은 이미 살펴봤다.

선택의 순간 정의를 고르지 못하는 것은 이익 때문이다. 이 평범한 소시민의 고뇌를 일찍이 다산 정약용 선생은 이렇게 정리했다. 세상에는 네 가지 기준이 있다. 즉, 시비이해, 옳고 그름, 이익, 손해다. 사람들은 어떤 기준에 따라 선택하는가? 시비와 이해를 조합하면 된다. 다산 선생은 이렇게 말했다.

"옳은 일로 돈을 벌기는 어렵고, 손해를 보면서까지 옳은 일을 하고 싶지는 않으니, 옳지 않더라도 이익을 남기는 길을 선택했다가, 옳은 일을 행하지도 못하고, 이익을 남기지도 못한다."

선택하기 전에는 정의를 고민하다가 선택의 순간에는 이로움을 좇고, 결과적으로는 이익도 남기지 못한다는 것이다. 손해를 보더라도 옳은 바를 따르는 것이 맞지만, 이는 각자가 받아들일 부분이지 남에게 강요할 수는 없다. 그래도 이익을 남기려 불의를 행하면 결국 그 이익도 지키지 못한다는 다산 선생의 말을 새긴다면 조금의 손해는 감수할 수 있지 않을까? 혹시 그 손해가 '박씨'가 되어 커다란 박을 선물할지도 모른다. 궁극적으로는 그런 작은 정의들이 모여야 옳은 것이 이익이 되는 사회를 만든다. 기업뿐 아니라 개인도 공유가치를 한 번쯤 생각해봐야 하는 시대다. 양화로 악화를 구축하자는 뜻이다.

악화를 줄이는 길

양화를 늘리면서 악화를 줄이려는 노력을 같이 하면 더 좋은 효과를 얻을 수 있다. 하지만 현대사회에서 악화 줄이기가 만만한 일은 아니다. 우선 어떤 것이 악화인지를 정의하는 것부터 쉽지 않다. 너무 분명해서 찾기 쉬운 악화를 퇴치하기는 쉽다. 신호위반이 많은 곳에는 카메라를 설치하고, 논문을 표절한 사람은 학위를 취소하면 된다. 하지만 잘 드러나지 않는 악화도 많고, 악화인지 아닌지 애매한 경우도 많다.

사회적 악화란 무엇일까? 악화는 나쁜 돈이다. 돈 자체가 나쁜 것이 아니라 사람들이 금을 빼먹고, 테두리를 깎아냈기 때문에 나쁜 돈이 되고 말았다. 우리 사회의 많은 문제 역시 본인의 의지와 상관없이 사회적 악화가 된 경우가 많다. 최근 연이어 발생한 중고생의 자살이나 학교폭력, 대학생들의 취업난과 청년실업, 해고와 비정규직, 명예퇴진 등 전반적인 실업문제와 복지문제가 많다. 이런 경우 해결도 쉽지 않다. 청년실업을 해결하겠다고 인턴제도를 만들었지만 제대로 된 업무를 배우는 대신 복사만 하다가 인턴기간을 다 보낸 경우도 있고, 학교폭력을 막겠다고 감시카메라를 설치하고 경찰관이 순찰을 돌아도 '빵셔틀'을 막을 도리는 없다.

나그네의 두루마기를 벗기는 것은 바람이 아니라 햇볕이라고 했다. 슬럼가의 범죄발생률을 줄이는 방법으로 치안 강화와 미혼모 지원 중 어떤 게 나을까? 아프면 우선 진통제를 먹어야 하듯 치안을 강화하는 것도 필요하지만, 근본적으로는 통증의 원인을 치료해야 하는 것처럼 범죄를 일으키는 원인을 없애는 것이 맞다. 결손가정에 대한 복지를 늘려 보호자가 아이에게 더 관심을 쏟을 수 있게 한다면, 돈이 없어도 먹고 입고 공부하고 친구들과 어울리는 데 별 불편함이 없다면 굳이 자신의 분노를 남에게 풀어버리는 상황은 많이 줄어들 것이다.

너무 이상적이어서 비현실적인 대안이라고 생각할 수도 있지만, 이미 우리 사회 일부에서는 이런 방법으로 악화를 줄여가고 있다. 건강보험공단에서 실시하는 정기건강검진은 치료 대신 예방으로 질병퇴치에 들어가는 사회적 비용을 줄이기 위한 것이다. 특히 생애전환기 건강검진은 두 번 받게 되는데, 만 40세에는 암에 특화된 검진을 받고 만 66세에는 치매에 특화된 검진을 받는다. 암과 치매에 소요되는 사회적 비용이 너무 많기 때문이다. 건강보험료를 더 걷는 방법보다는 아프지 않게 미리 준비하는 것이 공단에나 우리에게나 더 좋지 않은가.

복지를 이야기하면 포퓰리즘이라고 한다. 표를 얻기 위해 효과도 없는 정책에 돈을 쓴다는 것이다. 이에 대해서는 1부에 소개한 룰라가 이렇게 일갈했다. "부자에게 쓰는 돈은 투자라 하고, 가난한 사람에게 쓰이는 돈은 왜 비용이라 하는가?"

숫자로는 잘 드러나지 않는 것들이 있다. 가치다. 복지의 가치는 숫자로 나타낼 수 있는 부분이 있고, 숫자로는 표현할 수 없는 부분이 있다. 후자가 전자보다 훨씬 크다. 반값 등록금으로 아낀 돈도 중요하지만, 대출이나 사채, 아르바이트에 저당 잡히지 않은 젊은이들의 꿈이 훨씬 소중하다. 저축을 한다면 단리상품이 아니라 이자에 이자가 붙는 복리상품을 선택해야 하지 않을까?

행복의
리더십

꿈꾸게 하는 나를 3
리더십:
혁신과 미션

무두질, 짐승가죽의 불필요한 성분을 제거하고 사용목적에 맞게 가공하는 작업이다. 썩기 쉽고 젖으면 팽창하고 마르면 뻣뻣해지는 죽은 짐승의 거죽(skin, hide, 皮)은 무두질을 통해 새로운 제품을 위한 가죽(leather, 革)으로 거듭난다. 거죽이 가죽으로 새로 태어나는 과정이 바로 혁신(革新)이다. 영어로 Innovation의 어원은 in(into)과 novus(new)다. 밖이 아닌 안에서 시작되며, 남이 아닌 나에게서 비롯돼 저 너머를 향한다.

혁신은 부정하거나 배제하지 않고 기존의 것에서 새롭게 출발한다. 편을 갈라 적을 만들고 남을 희생시키고 배제하는 혁명과는 달리 혁신은 모두 아우르면서 새로운 패러다임을 보여준다. 비전이다. 틀을 무너뜨리기보다는 새로운 틀을 제시해 기존의 틀을 절로 사라지게 하는 혁신. 물론 스스로 새로워지는 길은 그만큼 힘들고, 그래서 모두를 행복하게 한다.

"애써 거듭나지 않으면, 속절없이 죽어갈 것이다."

"He not busy being born is busy dying."

— 밥 딜런

사회도 혁신이 필요하다

핀란드 대통령 할로넨의

사우나 리더십

"높은 곳에 있는 사람보다 가까이에 있다는 느낌을 주는 사람이 리더다."

●● 헬싱키의 뚜아모 레이노

"갈등을 조화롭게, 현명하게 해결하는 사람.
위로 공경하고 아래로 포용하면서 함께 발전을 도모하는 리더."

●● 서울의 고희정

성장 위주의 경제정책 대신 복지를 통한 행복에 투자하는
혁신이 필요하다고 강조하는 핀란드 대통령 할로넨. ➡

커피 한 잔의 '신선한' 충격

　　핀란드의 첫 여성 대통령 타르야 할로넨을 만나기
로 한 것은 2011년 11월 29일 오후 1시 30분이었다. 사전에 메일을
주고받으면서 1시까지 와서 미리 카메라를 세팅하라는 친절한 가이
드도 좋았지만, 현장에서 더 놀란 것은 대통령궁의 위치였다. 누구
나 쉽게 접근할 수 있도록 시민들이 늘 오가는 거리 바로 옆에 대통
령궁이 있었다. 이런 대통령궁의 위치와 국가경쟁력 세계 1위라는
타이틀 사이에는 어떤 상관관계가 있을까?

　약속대로 1시에 도착해 카메라를 세팅하는데, 제작진을 위해 따
뜻한 커피가 한 잔씩 나왔다. 손수 커피를 타서 제작진에게 건넨 사
람은 대통령 비서실장 에일라 네바레이넨이었다. 중요한 것은 '비

서'실장이 아니라 비서실'장'이라는 점이다. 대통령의 수족 역할을 하는 비서실의 우두머리가 직접 커피를 내오다니! 대통령궁의 위치보다 더 충격이었다. 청와대 비서실장이 직접 커피 타는 모습을 상상할 수 있는가? 한 번도 경험해보거나 상상해보지 못한 신선한 충격이었고, 충격의 마무리는 비서실장의 표정이었다. 일상이라는 듯 자연스러운 표정.

프로그램을 기획하고 자료를 검토하면서 핀란드를 취재하기로 한 이유는 투명하고 공정한 정부와 할로넨 대통령의 아줌마 같은 소탈한 리더십이 궁금해서였다. 본격적인 취재를 시작하기도 전에 우리는 준비해 간 모든 질문에 대한 총체적이고 상징적인 답을 커피 한 잔에서 얻은 듯했다. 이후 일정에서 취재한 할로넨 대통령의 인터뷰나 요르끼 가스비 의원 인터뷰, 사우나에서 만난 이들이 건넨 미소와 대화는 커피 한 잔의 충격에 대한 친절하고 섬세한 설명 같았다. 아무튼 대통령 비서실장의 커피는 맛이 괜찮았고, 우리는 커피 한 잔을 마시고 할로넨 대통령을 만났다.

인터뷰에 응해줘서 감사하다는 인사를 건넨 뒤 우리가 가장 궁금했던 질문을 곧바로 던졌다.

"어떻게 하면 성장과 복지를 동시에 성공적으로 추진할 수 있을까요?"

"20~30년 전에는 핀란드도 수출에 굉장히 의지하고 있었습니다. 그러다가 어느 시점이 되니 선택의 순간이 왔어요. 계속 강력한 수출국이 될지, 사회복지국가가 될지 결정해야 했습니다. 여러 조사를 통해 우리가 내린 결론은, 얼마나 열심히 일하느냐보다 얼마나 일에서 재미를 찾고 책임감과 보람을 느끼느냐가 더 중요하다는 것이었습니다."

당장 먹고사는 것이 급할 때는 선택의 여지가 없다. 그때의 목표는 성장도 복지도 아닌 생존이다. 하지만 오늘과 내일의 끼니를 걱정할 필요가 없게 되면 선택의 순간이 찾아온다. 모레와 글피의 끼니를 벌어 쌓아둘 것인가, 다른 쪽으로 관심을 돌릴 것인가. 선택의 기로에서 우리나라는 계속 곳간을 채우는 쪽을 선택했고, 핀란드는 곳간을 더 채우지 않고 밥 외의 다른 것에 관심을 쏟기 시작했다. 시간이 흐르고, 우리는 곳간을 채우는 방법은 잘 알게 되었지만 쓰는 방법을 익히지 못했다. 곳간의 곡식 외에 우리가 얼마나 열심히 일했는지, 그래서 얼마나 행복한지 헤아리지는 못했다. 그래서 다시 물었다.

"GDP(국내총생산)를 대체할 수 있는 게 뭘까요?"

"수출에 의지해 경제를 키워갈 때, GDP는 갈수록 높아졌지만 사람들은 예전이 더 행복했다고 말했습니다. 우리는 우리가 무엇을 놓치고 있는지 몰랐습니다. 돈은 분명 유용하지만 그게 다는 아니죠. GDP가 행복을 가늠하는 중요한 기준이기는 하지만 GDP에 따라 행복이 달라지지는 않는 것도 마찬가지입니다. 그렇기 때문에 미래를 위해 우리가 투자해야 할 가장 큰 변화 중 하나는 복지입니다. 비유하자면, 한곳만 집중적으로 비출 것이 아니라 넓게 골고루 비춰야 더 많은 사람들이 환해지겠죠."

"그럼 구체적으로 무엇을 어떻게 해야 할까요?"

"문제를 해결하는 특별한 방법은 없습니다. 사람들에게 우리도 같은 방식으로 고민하고 있고, 문제를 서둘러 해결하는 것이 아니라 차근차근 제대로 해결하고 있다는 것을 이해시켜야 합니다. 이것이 문제를 해결하는 첫걸음입니다."

길지 않은 인터뷰를 마치고 대통령궁을 나왔다. 거리에서 만난 사람들에게 대통령은 '저 높은 곳'의 대통령이 아니라 그냥 옆에 있는 대통령이었다. 할로넨 대통령에 대해 묻자 대학생 뚜아모 레이노 씨는 "높고 먼 곳에 있다기보다 사람들과 상당히 가까이 있는 사람"이라 했고, 그림을 그린다는 산나 올로바스 씨는 "아주 온화한 스타일이어서 절대 매몰차게 말하는 법이 없다. 나는 그것이 우리가 지도자에게서 기대할 수 있는 적절한 모습이라고 생각한다"고 답했다.

평범한 시민과 대통령 사이에 거리감이 느껴지지 않는 이 풍경은 어떻게 가능했을까? 대통령 비서실장이 커피를 타는 풍경이 다시 떠올랐다.

핀란드 리더십의 뿌리, 교육

인터뷰에서 할로넨 대통령은 핀란드의 힘이 복지에서 나온다고 강조했다. 그리고 가장 성공한 복지정책이 교육이라고 했다. 실제로 핀란드의 교육은 우리나라뿐 아니라 서유럽에서도 벤치마킹을 할 정도다. 핀란드 교육의 기본철학은 사람이 가장 큰 자원이며, 사람은 저마다 재능이 다르다는 것이다.

2007년 영국 〈가디언〉지와의 인터뷰에서 할로넨 대통령은 핀란드의 문화에서 혁신이 얼마나 중요한가에 대해 질문을 받았다. 혁신을 위해 가장 좋은 방법이 교육이다. 기존의 교육이 강조하는 수학적 능력이나 읽기·쓰기 기술을 배우는 것은 무척 필요하고 또 중요하지만, 그것만으로는 충분하지 않다. 창의적인 재능이 있어야만 한다. 이것이 할로넨 대통령의 대답이었다. 요컨대 교육은 인재를 낳고 그 인재가 혁신을 가능하게 한다는 얘기다.

핀란드의 교육철학에 반대할 사람은 거의 없을 것이다. 문제는 '어떻게'다. 혁신적인 인재를 키울 수 있는 방법이 무엇인가 하는 것이다. 암기 위주에서 이해 위주로 교육이 이뤄지도록 시험형식을 바꾸면 될까? 실력에 따라 반을 나눠서 가르치면 좀 더 효과가 있을까? 핀란드 교육을 담당하는 관리나 교사들을 인터뷰한 결과 가장 큰 특징은 두 가지였다.

첫 번째 원칙은 수업시간이 교사 중심으로 진행되지 않는다는 것이다. 예를 들어 수업의 주제가 '행복의 리더십'이라면, 아이들이 스스로 질문을 던지고 고민해서 나름대로 답안을 만들어 서로 교류하고 소통한다. 행복이 뭘까? 리더십은 또 뭘까? 질문에 대한 답을 찾고, 그 답에 어울리는 리더를 찾아 리더십의 특성을 찾는 과정에서 아이들은 개념과 사실을 철저히 제 것으로 만든다. 각자 준비한 사례를 수업시간에 발표하고 가르치며 지식은 확장되고 친구들의 가치관과 세계관을 이해하게 된다. 이렇게 아이들은 스스로 호기심을 충족시키고 친구들과 소통한다.

핀란드의 한 학교를 방문한 할로넨 대통령.
그는 핀란드의 힘이 학생 개개인의 가치를 중시하는 교육에서 나온다고 했다.

두 번째 원칙은 시험에 연연하지 않는다는 것이다. 핀란드에서는 학생의 점수를 다른 사람에게 공개하거나 등수를 매기는 것이 불법이다. 법으로도 그렇고 선생님과 아이들, 학부모 모두의 문화 자체가 그렇다. 핀란드에서 시험은 말 그대로 시험(test)이다. 스스로 얼마나 이해했는지 테스트하는 것이다. 석차는 중요하지 않다. 그래서 자기

점수가 마음에 들지 않으면 더 공부해서 다시 시험을 볼 수 있다.

공부하는 방법에는 여러 가지가 있다. 보고 이해하는 것이 빠른 학생도 있고, 원리나 배경을 알아야 이해하는 학생도 있다. 이해도는 과목에 따라, 학습방법에 따라 얼마든지 달라질 수 있다. 그중 한 가지를 평가하는 시험으로 한 학생의 모든 것을 평가하는 데는 무리가 있다는 것이 전반적인 학교현장의 분위기다. 창의적인 인재를 기르겠다는 교육이 남보다 뒤처져서는 안 된다는 생각으로 발버둥친다고 될 리 없다.

핀란드의 교육제도는 당연히 의무교육이다. 9년에 걸친 종합학교 과정이 완전히 무상으로 진행된다. 최근의 일이 아니다. 1968년 모든 아동과 청소년이 주거지나 부모의 재산정도에 상관없이 높은 수준의 기본교육을 받을 수 있도록 하는 법이 제정되었다. 이는 '높은 수준의 기본교육'을 기본인권으로 받아들였기 때문에 가능한 입법이었다. 이에 따라 신체적·정신적 장애가 있는 아이들도 기본교육을 받을 수 있게 되었다.

핀란드의 교육철학을 잘 살펴보면 이런 제도와 시스템은 당연하게 여겨진다. 사람이 가장 중요한 자원이고 사람은 저마다 특수성을 지닌다는 점을 인정한다면, 되도록 한 사람의 낙오자도 없게 교육 시스템을 마련하는 것이 국가의 의무이기 때문이다. 분명히 하자. 공부 못하는 아이들을 위해 교육 눈높이를 낮추는 게 아니라, 저마다 다른 아이들이 자신의 특수성을 잃지 않게 눈높이를 맞추는 것이다. 평균 수업시간이 상대적으로 적은 편인데도 국제학업성취도 평가에서 좋은 성적을 거두고, 상위권과 하위권의 격차가 상대적으로 크지 않은 것은 그 당연한 결과다.

사우나 리더십

이런 교육을 받은 학생들은 어떤 생각을 하게 될까? 획일적 기준에 맞춰 줄을 세우는 교육 대신 저마다의 개성과 다양성을 인정하는 교육을 최소한 9년 이상 받았다면, 자신의 틀과 기준으로 상대방을 평가하기보다는 상대방의 가치와 기준을 인정하게 되지 않을까?

누군가가 나보다 공부를 잘한다고 주눅들 필요는 없다. 나는 빵을 기가 막히게 구울 줄 안다. 나보다 공부를 못한다고 깔볼 일도 없다. 그 친구는 내가 못하는 축구를 좋아하고 잘한다. 나의 능력과 남의 능력이 서로 다름을 인정할 수 있다면 다른 사람을 사람 자체로 존중할 수 있다. 이를테면 나는 대통령 비서실장이지만 대통령을 찾아온 손님에게 커피를 대접하는 것은 당연한 일이라고 생각할 수 있겠다는 말이다. 이런 철학과 문화의 '성인 버전'이 사우나 리더십이라는 생각이 들었다.

사우나는 다 같이 옷을 벗고 평등해지는 시공간이자 문화다. 덕분에 격의 없는 소통의 장소가 되기도 한다. 옷을 홀랑 벗은 채 사우나를 즐기고 차가운 호수에 풍덩 빠지다보면 너나없이 모두 같기 때문이다. 사실 사우나는 핀란드가 매우 아끼고 자랑스러워하는 문화다. 오죽하면 제2차 세계대전도중 소련군과 맞서 싸우면서도 참호를 만들 때 사우나를 먼저 만들었을까.

할로넨 대통령이 친구가 썼다면서 핀란드의 경쟁력을 잘 이해할 수 있는 책으로《핀란드가 말하는 핀란드 경쟁력 100》을 추천했다. 이 책에 따르면 핀란드에는 사우나가 200만 개나 있다고 한다. 핀란드 국민 모두가 동시에 들어갈 수도 있을 정도다. 예전에 남자 사회자 둘이 유명인사를 초청해 사우나를 함께 즐기면서 이야기 나누는 텔레비전 프로그램도 있었다고 한다. 수십 명의 장관, 의원들이 수건 한 장 걸치고 허심탄회하게 이야기를 나눴는데, 할로넨 대통령도 외교부장관 시절에 출연했다고 한다.

우리나라도 회식을 하면 끝까지 함께 가고, 이튿날 함께 사우나를 하면서 선후배 간의 '우애'를 끈끈이 하던 시절이 있었다. 우리나라와 핀란드 사우나의 가장 큰 차이는 끼리끼리 모이는 닫힌 모임이냐, 다 함께 어울리는 열린 모임이냐다. 그깟 사우나 좀 같이 한다고 평등을 이야기할 수 있느냐고? 사우나를 함께 하기 때문에 평등하다는 것이 아니라 사우나 문화가 평등과 복지를 강조하는 정책과 문화를 상징적으로 잘 보여준다는 뜻이다.

평등 또는 사람을 대하는 핀란드 사람들의 가치관을 잘 보여주는 곳이 또 있다. 바로 국회다. 우리가 국회의원 요르끼 가스비를 만난 곳은 그의 의원 사무실이었다. 그런데 그의 방인지 비서관의 방인지 얼른 구분이 되지 않았다. 어리둥절해하는 취재팀에게 요르끼가 웃으며 "제 비서는 저와 같은 크기의 방과 같은 모델의 컴퓨터, 텔레비전을 사용하고 있습니다" 하고 말했다. 그의 말을 듣고 보니 국회의사당 건물 자체도 어떤 메시지를 담고 있었다. 사무실에 크게 난 창은 그 자체로 투명성을 상징한다. 방문과 창문이 앞뒤, 옆에 다 있기 때문에 사실상 빌딩 한쪽에서 반대편까지 다 보이도록 설계한 것도 국회의 투명성을 나타낸 것이다. 이처럼 평등과 투명성은 핀란드 정치인들을 지배하는 강력한 정신이다.

시수 · 시벨리우스 · 사우나

우리는 핀란드를 비롯한 북유럽 나라들을 많이 부러워하는 편이다. 맑은 공기도 부럽고 깊은 숲도 좋지만, 무엇보다 든든한 복지와 교육이 가장 부럽다. 하지만 달라진 결과만 두고 성급히 따라 하겠다는 것은 섣부른 판단이다. 핀란드의 교육개혁을 주도한 에르끼 아호 전 핀란드 국가교육청장은 핀란드 교육이 오랜 시간 천천히, 그러면서도 꾸준히 마련되었다고 말한다. 그리고 "중요한 것은 자국의 교육상황과 문화, 철학에 맞는 목표를 장기적으로 지속가능하게 추진하는 것"이라고 덧붙였다. 그의 말은 교육을 비롯한 핀란드의 혁신이 스스로 오랜 고민 끝에 마련되었기 때문에, 한 순간에 이루려 하지 않고 꾸준히 진행했기 때문에 가능했다는 뜻일 것이다. 내게는 핀란드를 부러워할 것이 아니라 우리 사회를 들여다보라는 조언으로 들렸다.

핀란드의 교육은 학생들이 어떤 소질과 흥미, 가능성을 지니고 있는지 살피는 데서 출발한다.(좌) 또한 사우나와 수영을 통해 서로 간의 벽을 허물고 평등과 존중의 가치를 공유한다.(우)

우리의 교육현실은 어떨까? 핀란드에서 돌아온 뒤 중고생들의 자살 소식을 여러 번 접해야만 했다. 교육인적자원부의 자료에 따르면, 2006년에서 2010년까지 5년 동안 스스로 생을 마감한 초·중·고등학생이 735명이나 되었다. 분명 뭔가 잘못되었다면 참고 견디라고 충고하기보다는 잘못된 현실을 바꾸는 것이 현명하지 않을까? 그리고 보니 할로넨 대통령도 비슷한 맥락의 말을 했다.

"기술만 혁신해야 하는 게 아니에요. 사회도 혁신을 해야 합니다."

그저 조금 다른 길이라고 생각했는데, 그렇지 않았다. 곳간을 채우기로 한 쪽에서는 좀 더 파이를 키워 내일에 대비하자는 구호가 요란했고, 다른 곳에 쓰기로 한 쪽에서는 뭐가 필요한지 묻고 고민했다. 이쪽 곳간은 점점 가득해졌지만 갈수록 빈틈이 커 보였고, 그 공간을 메우기 위한 노력을 강요했다. 반대로 곳간을 비워 다른 사람들을 위해 쓴 곳에서는 사람들의 웃음소리가 들렸고, 그 사람들 덕분에 다시 곳간이 차기 시작했다. 여기서는 곳간을 잘 채우는 사람만 인정받고 모두 그런 사람이 되고 싶어 하지만 현실은 그렇지 못했다. 거기서는 잘 채우는 사람은 물론 잘 쓰는 사람, 잘 웃기는 사람, 위로를 잘하는 사람 등이 모두 자기 몫을 하고 살았다. 그러니 조금 다른 길이 아니었다. 다시 돌아갈 수 있을까?

여담 하나. 핀란드 사람들이 소중하게 생각하는 3S가 있다. 시수, 시벨리우스, 사우나다.

시수(sisu)는 절대 굽히지 않는 불굴의 정신을 뜻한다. 전쟁 당시 핀란드군이 소련군에 맞서 영하 40도의 추위 속에서 105일을 버텨 결국 소련군을 퇴각시킨 데서 유래했다고 한다. 어쩌면 거기에도 참호 안에 사우나를 만들던 불굴의 정신이 조금은 포함되어 있을 것이다. 시벨리우스는 우리가 잘 아는 대로 작곡가다. 7개의 교향곡과 핀란드 국민찬가로 선정된 '핀란디아', '타피올라' 등의 교향시를 비롯해 핀란드인들이 아끼는 고전음악을 선사한 인물이다. 그래서일까, 핀란드 출신의 영화감독 레니 할린은 지금은 고전이 된 〈다이하드 2〉의 마지막 부분에서 악당이 탄 헬리콥터가 추락하는 순간 '핀란디아'를 배경음악으로 깔았다. 그리고 마지막이 사우나.

사실 셋 다 부럽지만, 가장 부러운 것은 사우나 리더십이다. 평등과 존중과 소통의 가치를 멋지게 보여주는 사우나 리더십! 이건 여담이 아니라 진심이다.

할로넨 대통령을 만나고 나오는데 하늘 위를 날아가는 철새 무리가 보였다. 순간 철새들은 떼를 지어 날 때 항상 리더가 있는데, 그 리더 역할을 하는 새가 절대 '높이' 나는 법이 없다는 데 생각이 미쳤다. 모두 같은 높이에서 위아래 없이 비행한다. 그러면 어떻게 리드하는가? 리더는 '앞서서' 날아간다. 아무도 모르는 길을 스스로 개척하면서 먼저 희생하고, 항상 깨어 있는 시각으로 안전하게 그룹을 목적지까지 인도한다. 다시 한 번 강조한다. 새의 리더는 다른 새보다 '높이' 날지 않고 '앞서' 난다.

세상의 모든 리더들이여.

높은 곳에서 군림하려 하지 말고, 눈높이에서 새로운 길을 인도하라!

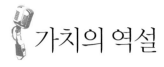

가치의 역설

유누스 그라민은행 총재의

'인간 경제학'

"모두 다 잘살 수 있다면 좋다.
그러지 못하더라도, 함께 꿈꿀 수 있는 나라였으면 한다."

●● 서울의 한 시민

그라민은행을 세운 무하마드 유누스 총재. 그는 소비로 끝나는 자선보다
생활을 바꿀 수 있는 대출(투자)이 필요하다고 말한다. ➡

은행의 두 모습

은행은 돈을 맡기거나 빌리는 곳이다. 여유자금이 있는 사람은 은행에 예치하고 그에 대한 이자를 받고, 돈이 필요한 사람은 은행에서 돈을 빌리고 금액과 기간에 따라 이자를 지불한다. 돈을 맡긴 사람과 돈을 빌린 사람을 매개하는 것이 은행이다.

2012년 초부터 신문지면을 장식하고 있는 저축은행 사태는 서민들이 피땀 흘려 모은 돈을 경영자, 공식적으로는 회장이 빼돌린 사건이니 이 저축은행을 '은행'이라고 하기는 어렵겠다. 단순히 돈을 빼돌린 것이 아니라 서민들의 삶과 꿈을 박살낸 것이다. 반면 그라민은행은 가난하고 신용이 없는 계층에게 돈을 빌려주고 그들 스스로 삶을 일구도록 했다. 그래서 우리나라 저축은행은 부패의 온상이 되어 신문지면을 장식하고, 그라민은행은 노벨상을 수상하고 세계 곳곳에 지점을 두고 있는지도 모른다.

5월 무렵 저축은행들로 도배된 신문을 보면서 느낀 실망과 좌절을 한 인터뷰 기사로 달랠 수 있었다. 폴 폴락의 인터뷰였다. 폴락은 윈드로스 인터내셔널의 대표를 맡고 있는 팔순 노인이다. 그는 정신과 의사이자 부동산 투자의 귀재로 잘나가던 시절에 모든 일을 접고 전 세계 빈곤국에 필요한 기술을 공급하는 사업에 뛰어들었다. 구호활동을 벌이기보다는 그들이 가장 필요로 하는 기술을 싼값에 제공함으로써 스스로 가난에서 벗어나도록 도운 것이다.

그가 가장 먼저 찾은 나라는 빈국의 상징 방글라데시였다. 그는 사람들에게 왜 가난하냐고 물었고, 돈이 없으니 가난하다는 답이 돌아왔다. 어떻게 돈을 버느냐고 물었더니 농사를 짓는다고 했고, 어떻게 하면 농사로 돈을 더 벌 수 있겠느냐고 물었더니 건기에도 농사를 지을 수 있으면 좋겠다고 했다. 검토해보니 타당성이 있어 건기에도 물을 끌어올 수 있도록 페달펌프를 개발했다. 그는 펌프를 무료로 제공하지 않고 8달러를 받고 팔았다. 우물을 파는 사람과 펌프를 만드는 사람 역시 경제활동에 대한 대가를 받아야 하기 때문이다.

결과는 어땠을까? 3년 동안 방글라데시에서 팔린 페달펌프는 300만 개였다. 폴락은 "빈곤계층을 자선의 대상이 아니라 고객으로 볼 때 지속가능한 도움이 가능하다"는 말을 남겼다. '물고기'가 아닌

'물고기를 잡는 법'은 바로 이런 경우를 두고 하는 말이다. 그런데 폴락보다 먼저 방글라데시의 극빈층에게 물고기 잡는 법을 가르쳐준, 아니 스스로 깨치도록 한 사람이 있다. 바로 무하마드 유누스다.

사람을 보라, 삶의 의지를 평가하라!

그라민은행을 만든 유누스는 방글라데시의 빈곤층 여성들에게 소액을 대출해줘 자립기반을 마련하도록 도왔으며, 그 성과를 인정받아 노벨평화상을 받았다. 유누스가 맨 처음 42가구에 27달러씩을 빌려준 것은 1976년의 일로, 이후 3년 동안 500여 가구가 절대빈곤에서 벗어났다. 그는 이 경험을 바탕으로 1983년 그라민은행을 세우고 150달러 내외의 소액을 무담보로 빌려주었다.

프랑스 칸에서 열린 G20 YES에서 유누스를 만나 나눈 대화를 간추려보면 이렇다.

"왜 빈민들에게 자선보다 소액대출이 필요하다고 생각했는가?"

"자선은 (자선을 받은 이가) 대가를 돌려줄 필요가 없다. 따라서 자선을 받고 자신을 돌본 뒤, 그것이 모두 소비되면 또 따른 자선을 구하면 된다. 자선은 일회성이어서 사람들을 의존적으로 만든다. 자신의 내면에 감춰진 에너지를 발휘하지 못하게 하는 것이다. 하지만 소액대출에는 책임감이 따른다."

그렇다면 방글라데시 빈민들의 책임감은 어느 정도일까? 그라민 은행 홈페이지(www.grameen-info.org)에는 2011년 10월 기준의 통계가 나와 있다. 이에 따르면 지금까지 대출을 받은 이는 835만 명이고 대출총액은 113억 달러가 넘는다. 그리고 그중 100억 달러 이상이 상환되었다. 상환율이 96.67%라니 놀랍지 않은가?

어느 나라를 막론하고 사람들이 극빈층에게 돈을 빌려주지 않는 이유는 간단하다. 돌려받을 가능성이 없기 때문에, 아니 그렇다고 생각하기 때문이다. 안전성과 수익률 모두 낮다. 좀 더 인도적으로 표현하자면 "적은 돈은 이들의 삶을 변화시킬 수 없다" 정도가 되겠 다. 며칠 식사는 보장하겠지만 삶을 바꾸는 변화를 시도하기에는 너 무 적은 금액이다. 마음과는 달리 머리로는 수긍을 할 수밖에 없다. 1달러 미만의 돈으로 하루를 살아가는 이들에게 돈을 빌려줘서 생 활기반을 마련하게 하고, 이를 바탕으로 돈을 벌게 해서 돌려받겠다 는 발상은 얼마나 이상적인가? 또 이상적인 딱 그만큼 얼마나 비현 실적인가? 그렇다면 저 돈키호테 같은 이상주의자는 도대체 어떤 생각을 한 것일까?

유누스가 처음 그라민은행의 아이디어를 떠올린 것은 자신이 교 수로 있던 대학 인근의 빈민촌 조브라 마을을 걸을 때였다. 당시 대 기근이 겹쳐 먹을 것을 구하기 어려운 상황에서 여성들은 살기 위해 발버둥 치고 있었다. 조브라 마을은 대나무 공예로 유명했지만, 주 민들은 대나무를 살 돈조차 없어 상황은 하루가 다르게 악화됐다.

그때 유누스는 생각했다. '대나무만 구할 수 있다면 빈곤의 악순환을 멈출 수 있지 않을까?'

이튿날 유누스는 대나무 공예기술을 갖춘 여성 42명을 모아 자신의 주머니를 털어 27달러씩 빌려줬다. 27달러는 이들의 한 달 생활비에 해당했다. 유누스는 1,100달러 정도의 개인 돈을 들여 자신의 아이디어를 시험한 것이다. 이를 지켜본 사람들은 유누스의 순진함을 비웃었지만, 돈을 빌려간 사람들은 유누스의 꿈에 보답했다. 42명 전원이 원금에 2센트의 이자를 붙여 돈을 갚은 것이다. 확인할 길은 없지만, 아마 유누스 자신도 기대하지 못한 결과였을 것이다.

그라민은행은 방글라데시를 넘어 세계 여러 나라로 퍼져갔다. 2012년 8월 현재 2,500개 지점을 훌쩍 넘겼다. 우리나라는 물론 금융자본주의의 심장부인 미국 뉴욕에까지 진출했다. 2011년 가을 뉴욕에서 4번째 지점인 브롱크스 지점이 문을 열었다. 개업식에 참석한 유누스는 그라민은행의 성공요인을 묻는 질문에 이렇게 답했다.

"신용점수나 담보를 보지 않고 사람을 보았다. 삶에 대한 의지가 얼마나 뜨거운지에 초점을 맞췄다. 사람은 누구나 잠재력을 지니고 태어난다. 가난 때문에 이를 펴보지도 못하는 것은 불행한 일이다. 그라민은행은 가난한 사람에게 자신의 잠재력을 펼칠 수 있는 기회를 주려 한다."

경제학자가 아닌 한 인간의 눈으로

2000년 세계포럼에서 개최한 리더십 프로그램에서 베스트셀러 작가이자 리더십 컨설턴트인 스티븐 코비가 유누스에게 "당신은 어떻게 당신의 비전을 실천하고 발전시켰습니까?" 하고 물었다. 이 질문에 유누스는 자신이 대학에서 경제학을 가르치며 느낀 점에서부터 이야기를 풀어나갔다.

경제학 박사인 유누스는 그 당시 대학생들에게 경제학을 가르치고 있었다. 하지만 자신이 가난의 문제에 대한 해법을 전혀 모르고 있다는 것을 깨달았다. 그래서 유누스는 스스로 첫 번째 과제를 정했다. 현실을 배운 대로가 아니라 있는 그대로 보자는 것. 가난한 이들에게 힘을 보태고 싶었던 그는 연구 끝에 방법을 찾아냈다. 가난한 이들에게 꼭 필요한 액수의 돈을 빌려주고 아주 낮은 금리를 적용해 상환하도록 하면 그들이 인생을 바꿀 수 있는 변화를 시도할 것이라 생각한 것이다.

기존 은행들의 반응이 매우 부정적이었기 때문에 그는 스스로 하기로 했다. 그가 배운 경제학 이론들은 거시적인 이야기들, 그림으로 말하자면 조감도 같은 것이었지만, 사람들이 생활하는 현실은 온갖 미시적인 문제들로 얽혀 있었다. 유누스는 경제학적으로 가난문제를 해결할 수는 없을까 고민했다. 인식의 전환이 필요했다. 유누스는 하늘을 나는 새의 관점이 아니라 '땅을 기어가는 벌레의 시점'

영혼의 리모델

이라고 이를 표현했다. 가난한 사람들의 삶은 매순간 생존과 곧장 이어지기 때문에 우선 일상의 작은 문제들을 해결해야만 했다.

여기에 덧붙여 유누스는 가난이라는 현실의 문제를 해결하는 데 자신이 배운 학문과 이론이 도움이 되지 않아 고민스러웠다고 말했다. 그러자 스티븐 코비가 간단히 정리해서 되물었다.

"거시적인 차원의 지식이 많으면서 아무것도 실천하지 않는 것은 아무것도 모르는 것과 같습니까?"

"네(Exactly)."

유누스가 '현실'이라고 표현한 가난의 문제는 누구나 뻔히 알고 있었다. 당사자들은 물론 정책입안자들과 빈민구호에 관심이 있는 단체들도 모두 잘 알고 있어 도저히 어찌해볼 도리가 없다고 여기는 문제다. 나는 유누스의 리더십이 지니는 혁신성을 바로 여기서 찾는다. 그는 코비와의 인터뷰에서 자신이 보고 듣고 읽었던 세계와 너무 다른 사회를 접한 뒤 경제학자가 아니라 한 인간으로서 현실을 보게 되었다고 말했다.

유누스 자신은 매순간 닥쳐온 문제를 해결해나갔을 뿐이라고 말하지만, 이는 수능 만점자가 학교공부에 충실했다고 말하는 것과 같은 맥락이다. 수능 만점의 포커스는 충실이 아니라 각 과목의 이치와 세부항목의 관계를 파악했다는 데 있다. 포인트는 다른 시점(視點)이다. 이를테면 '1859년《종의 기원》발간'이라는 연대기와 진화론의 몇 가지 법칙을 외우는 대신 과학적 합리주의의 19세기라는 배경과 사회적 진화론이라는 결과를 이해하는 것이 대학입학을 위한 점수에도 유리하고, 성숙한 인간으로서 사회를 이해하는 안목을 기르는 공부를 한다는 목적에도 충실한 것이다.

유누스도 마찬가지였다. 경제학 박사가 아닌 한 인간으로서 가난을 해석해야 할 대상이 아니라 고쳐야 할 대상으로 보았고, 이를 실천에 옮겼다. 국민의 80% 이상이 이슬람교를 믿는 방글라데시에서 여성을 금융상품 고객으로 생각할 수 있었던 것도 그 때문이었다. 그라민은행에서 만난 유누스는 대출사업을 시작할 당시 기존 은행에서 여성 대출자는 1%도 채 되지 않았다고 말한 바 있다.

유누스가 매 순간 주어진 과제를 풀기 위해 애쓴 덕분인지 그에게 대출을 받은 많은 여성들은 자기 삶에 주어진 문제를 해결하기 위해 노력했다. 처음 돈을 빌리러 왔을 때 그들은 과연 돈을 벌 수 있을지, 그래서 빌린 돈을 갚고 자기 삶을 변화시킬 수 있을지에 대해 의문을 가졌다. 하지만 영세하게 사업을 시작해 빌린 돈을 갚고 다시 더 많은 돈을 빌려 사업을 더 키우면서, 무엇보다 아이들을 먹이고 가르칠 수 있게 되면서 여성들은 스스로 이루어낸 변화에 전율했다.

돈을 빌려간 여성들은 매일, 매주, 매달 돈을 벌어 대출금을 갚아나가면서 자신감이 붙었다. 그리고 1년이 지나 1차 대출금을 완전히 갚을 즈음이 되면 완전히 다른 사람으로 변해 있었다. 유누스는 그것이 할 수 있다는 자신감과 능력을 자신 안에서 발견했기 때문이라고 설명했다.

그라민은행에서 대출을 받아 아이들을 교육시키고 미래에 대한
꿈을 꾸게 되었다고 말하는 여성 고객.

    실제로 한 빈민촌에서 만난 셰팔리 베금은 그라민은행에서 받은
대출로 생활이 달라졌고 삶도 바뀌었다고 했다. 베금에게는 집도 없
었고 가정에 필요한 필수품도 항상 부족했다. 지붕에서는 물이 샜고,
소도 없었으며, 아이들을 제대로 먹이지도 못했다. 그래서 늘 고민했
지만 시도해볼 방법이 없었다. 그러던 중 그라민은행 이야기를 듣고
은행을 찾아가 대출을 받았고, 쇼핑백을 만드는 사업을 시작했다. 베
금은 자루를 사와 자르고, 기계와 실을 이용해 쇼핑백을 만들어 팔
았다. 그리고 호수를 빌려 양어사업도 했다. 베금은 이제 집도 새로
지었고 소도 기르고 있다. 무엇보다 아이들에게 먹을 것을 챙겨주고
학교에도 보낼 수 있는 것이 가장 기쁘다면서 눈물을 보였다. 마지
막으로 "앞으로도 잘될 거라고 믿어요, 인샬라" 하고 덧붙였다.

보이지 않는 것을 보는 것

2011년 가을의 칸은 G20 회의에 반대하는 시위대로 무척 시끄러웠다. 당시의 시위는 미국에서 벌어진 월가 점령시위와 같은 맥락이었다. 월가의 시위대는 신자본주의의 첨병인 금융기관들이 모인 월가에서 시위를 벌였고, 칸의 시위대는 부도덕과 부정의로 인한 금융위기에 어떤 해법도 내놓지 못하는 정치 리더십에 항의하기 위해 정치 리더들의 회의장 앞에 모였다.

칸에서 만난 유누스에게 월가의 시위에 대한 입장 및 일반은행과 그라민은행의 차이에 대해 물었다.

"월가 점령시위는 월가에 한정된 문제가 아니다. 이곳 니스에서도 시위가 벌어지고 있다. 이는 세계인들이 느끼고 있는 좌절감의 표출이다. 기존 은행들은 허위서류를 만들어 가치를 부풀리고 이를 토대로 허구상황을 만들고 있다. 그라민은행은 이와는 본질적으로 다르다. 대출기관과 대출자가 직접 대면한다. 대출행위와 대출금은 일대일로 상응한다. 아무리 심각한 금융위기 속에서도 소액대출은 전 세계적으로 큰 피해를 입지 않는다. 소액이기 때문이 아니라 일대일 관계를 유지하기 때문이다. 그라민은행은 대형은행들이 파산하는 뉴욕에서도 성장하고 있다."

2012년 5월 방글라데시 중앙은행은 그라민은행에 유누스 총재를 해고하라는 지시를 내렸다. 방글라데시 법률상 공직자는 60세가 되면 은퇴해야 하는데, 유누스 총재는 70세가 넘었기 때문이다. 하지만 유누스 총재 측과 일각에서는 해고의 실질적 이유가 셰이크 하시나 현 방글라데시 총리의 정치적 견제 때문이라며 반발하고 있다. 2007년 유누스 총재가 정치에 입문하면서 하시나 총리에 맞서 '나고리크 샤크티(시민의 힘이라는 뜻)'를 창당했기 때문이다. 유누스의 정계 진출은 기존 정치권과 갈등을 빚으면서 결국 몇 달 만에 없던 일이 되었지만, 정치적 견제까지 모두 사라진 것은 아닌 모양이다.

2008년 미국발 금융위기의 원인은 모기지론이었다. 주택담보대출, 그중에서도 주된 원인은 비우량 주택담보대출이었다. 상처는 아직 회복되지 않았지만, 시간이 조금 지났으니 한번 생각해보자. 월가의 번듯한 빌딩에서 전문가들이 실체 없는 돈과 서류를 바탕으로 쌓은 공중누각과 가난한 나라 방글라데시의 극빈층 가운데 한번 살아보겠다는 이들의 희망과 의지를 믿고 이뤄지는 프로그램, 어느 것이 더 튼튼한가?

유누스에게 직설적으로 물었다. 당신에게 리더십이란 무엇인가?

"리더십이란 결국 비전과 영감이다. 리더는 보통 사람들보다 더 멀리 내다볼 수 있어야 한다. 눈먼 자가 눈먼 자들을 이끌 수 있겠는가? 멀리 제대로 보는 것이 지도자의 덕목이다. 자신이 바라본 곳으로 사람들을 이끌려면 사람들에게 영감을 주어야 한다. 사람들은 자신이 본 적 없는 곳으로 가야 하기 때문이다."

휴대전화가 뒤집은 피라미드

이크발 카디르와

그라민폰

"더 많은 국민에게 더 많은 기회를 주는 리더를 원한다."

●● 서울에서 만난 외국인 관광객

그라민폰을 이용하는 방글라데시 국민. 이들에게 그라민폰은 단순한 휴대전화가 아니라 정보 공유와 소통의 수단이다. ➡

세계 최빈국에서 웬 휴대전화 사업?

우리나라도 꽤 인구밀도가 높은 편이지만 방글라데시는 세계 최고의 인구밀도로 유명하다. 1km²의 면적에 우리나라는 484명이 살지만 방글라데시에서는 1,033명이 산다. 절대인구도 많아서 2011년 7월 기준으로 1억 6천만 명, 세계에서 8번째로 많다. 사람끼리 다닥다닥 붙어산다고 그 자체로 나쁠 것은 없지만, 대개의 경우 인구밀도는 부와 반비례한다. 방글라데시의 1인당 국민소득은 지난해 기준 690달러로 세계 161위이며, 이는 북한보다 낮은 순위다. 참고로 환율과 물가는 많이 달라졌지만, 우리나라의 1인당 국민소득은 1957년에 554달러였고, 1958년에 818달러, 1960년에 1천 달러를 넘어섰다.

하지만 방글라데시 국민들의 행복지수는 어느 선진국 못지않게 높다. 무엇 때문일까? 단순히 높은 수준의 삶을 경험해보지 못했기 때문에 '우물 안 개구리'처럼 만족하며 사는 걸까? 그보다는 비교적 공평하게 주어지는 기회 때문이라고 보는 것이 맞겠다. 그런 기회를 제공한 것이 그라민은행과 그라민폰이었다. 은행이 대출을 통해 소규모사업에 필요한 자금을 제공했다면 그라민폰은 정보통신망 역할을 했다. 사업운영에 필요한 정보와 마케팅에 필요한 통신망이 휴대전화 하나로 해결된 것이다.

가족 혹은 친한 친구가 방글라데시에서 사업을 한다고 하면 당신은 어떻게 하겠는가? 대다수는 사업계획을 자세히 듣기도 전에 만류할 것이다. 아마도 "사업은 무슨 사업, 먹고살기도 힘든 나라에서…" 같은 말로 시작되는 '방글라데시에서 사업을 하면 안 되는 11가지 이유'를 댈 것이다. 만약 그 사업이 방글라데시의 가난한 사람들에게 휴대전화를 팔거나 빌려주는 일이라면 어떨까? "누가 산다고…"라는 당신의 반응은 사는 사람이 아무도 없으리라는 것을 암시한다. 이 말 뒤에는 가난한 사람들은 휴대전화를 살 경제적 여유가 없다는 것, 설사 돈이 있다 해도 가난한 사람들한테는 휴대전화가 필요하지 않다는 생각이 깔려 있다.

이러한 상식을 고정관념으로 돌려세우고 방글라데시에서 휴대전화 사업을 시작한 사람이 있다. 정신 나간 사업가도 아니고 자선사업가도 아니다. 미국에서 공부하고 뉴욕은행에서 근무하던 엘리트로 이름은 이크발 카디르다. 남보다 셈에 능하면 능했지 떨어지는 인물은 절대 아니다. 다만 우리와 다른 점이 있다면, 미국인이지만 방글라데시에서 태어났다는 것이다.

이크발 카디르는 방글라데시에서 살던 어린 시절에 잊지 못할 경험을 했다. 다른 마을에 있는 의사를 만나기 위해 반나절을 걸어야 했고, 의사를 만날 수 없어 다시 반나절을 걸어 돌아와야 했다. 어린 소년이 감당하기에는 육체적으로 힘든 일이어서 잊을 수 없었고, 미국에 정착한 뒤로는 상식적으로 이해되지 않는 일이 당연하게 받아들여지는 현실이 안타까워 잊을 수 없었다. 그러던 어느 날, 은행의 전산망이 다운되었는데, 당시 필요한 자료를 플로피디스크에 담아 업무를 진행하며 답답해하다가 문득 생각했다.

'연결성이 생산성이구나(Connectivity is productivity).'

연결성이 곧 생산성이다

뉴욕의 한 사무실에서 스쳐갔던 생각은 발전을 거듭했다. 1993년 무렵, 관심은 방글라데시로 향했다. 가난한 사람들이 네트워크를 가지게 되면 이들의 삶이 달라질까? 그라민은행의 무담보 소액대출 사업이 성공적으로 자리 잡은 것을 보면 이들에게 자활과 생산에 대한 의지가 전혀 없는 것은 아닌 듯했다. 그런데 방글라데시는 왜 그렇게 오랜 세월 동안 원조를 받으면서도 발전하지 못하고 낙후돼 있을까? 60년 넘게 선진국들이 보낸 원조물자들은 다 어디로 갔을까? 이크발 카디르는 유럽의 역사에서 그 답을 찾았다.

유럽의 역사는 인권의 확대 과정이었다. 달리 말하면 인권을 인정받고 보장받기 위해 피 흘리며 싸운 세월의 연속이었다. 그 과정에서 사람들은 지배층과 대립했고, 때로는 그들을 권좌에서 끌어내리기도 했으며, 투쟁이나 협상을 통해 일할 권리와 일한 대가를 확보했다. 무엇보다 그들에게는 자존감이 생겼다. 고대와 중세의 계층 피라미드를 그려보면 넓은 아랫부분이 들썩들썩하며 윗부분에 계속 균열을 가해 무너뜨려왔던 것이다. 유럽 사람들은 권력과 권위를 두려워하지 않았고, 그에 맞서는 것을 낯설어하지 않았다.

하지만 방글라데시에서는 그런 경험이 거의 없었다. 스스로 일어서기 위해서는 그런 경험이 필요하지만, 서방의 원조는 정확히 반대로 영향을 미치고 있었다. 원조물자는 정부를 통해 국민들에게 배분되었고, 정부에 대한 국민들의 종속 정도는 나날이 심해져갔다. 부패하고 무능력한 정부지만 입에 풀칠을 하려면 거역할 수도 없어서 자연히 감시와 비판이 소홀할 수밖에 없었다. 반전의 기미는 어디서도 쉽게 보이지 않았다.

그렇다면 어떻게 할 것인가? 우선 가난한 사람들이 정부나 원조에 의존하는 습관을 버리고 경제적 독립을 이뤄야 했다. 마침 그라민은행의 프로그램이 효과를 거두고 있었다. 이크발 카디르는 그라민은행이 만드는 선순환의 고리에 정보통신 요소를 더하기로 마음먹었다. 그들에게 네트워크의 힘을 실어주기로 한 것이다. 그렇다면 질문은 간단하다. 가난한 사람들을 어떻게 연결시킬 것인가? 휴대전화를 공급하는 것이 하나의 방법이었다.

1993년 당시 방글라데시의 휴대전화 보급률은 인구 500명당 1대였다. 그나마 대도시가 아닌 지역을 기준으로 따지면 사실상 휴대전화든 유선전화든 전화라는 게 거의 없다고 봐도 되는 상황이었다. 그래서 하루 24시간이라는 시간이 방글라데시에서는 그다지 효율성이 없었다. 부자든 빈자든 공평하게 주어지는 시간이라는 자원도 사실은 불공평했던 것이다. 분명 지금도 어느 가난한 집 소년은 오래전의 이크발 카디르처럼 의사를 만나려고 꼬박 하루라는 시간을 보낼 것이기 때문이다.

카디르가 방글라데시에서 휴대전화 사업을 하기로 결심하면서 기대한 것이 있다. 현대경제학의 아버지라 불리는 애덤 스미스는 '전문성이 곧 생산성'이라고 했다. 하지만 전문성을 키우기는커녕 어떤 경험도 해볼 수 없는 환경이라면 영원히 생산성을 갖추지 못한 채 열등하게 살아가야 하는가? 이들이 전문성을 갖추려면 어떻게 해야 할까? 우리가 전문가에게 기대하는 것이 신뢰라면, 네트워크가 주는 연결성이 신뢰성을 담보할 수 있지 않을까? 농사를 짓는 사람은 날씨에 대한 정보를 얻어 미리 대비할 수 있고, 사업을 하는 사람은 시세와 수요를 파악해 생산에 반영하게 될 것이다. 생산자와 소비자 간에 의사소통이 가능해지고, 멀리 떨어진 지역의 소식도 쉽게 접할 수 있어 지역과 지역, 사람과 사람이 연결될 수 있다. 그렇다면 단순히 생계를 유지하는 수단이 아니라 전문성을 키울 수 있게 된다. 애덤 스미스의 말대로 전문성은 다시 생산성으로 이어진다.

하지만 사업을 할 수 있는 인프라가 부족했다. 단적으로 사업의 기본은 거래인데, 그 매개체인 은행이 시골에는 거의 없었다. 그라민폰은 그라민은행의 인프라를 이용하기로 했다. 당시 그라민은행은 이미 방글라데시 전역에 1,138개의 지점을 두어 4만여 개의 마을에 금융 네트워크를 형성하고 있었다. 휴대전화 사업의 이름도 그라민폰으로 정했다.

가난한 사람들에게 휴대전화를 보급하고 저렴한 요금제로 정보통신의 경쟁력을 제공하겠다는 이크발 카디르의 사업이 시작되었다. 특별히 직업이 없는 이들에게는 휴대전화 재임대업을 알선했다. 가난해서 각자가 휴대전화를 장만할 수는 없으니 한 사람이 전화기를 임대해 마을 사람들과 공동으로, 그러니까 마을전화(빌리지폰)로 쓰면서 사용료를 받는 시스템이다. 낮은 이율이지만 그라민은행은 이자수익을 거둘 수 있고, 빈민들은 일자리와 사업소득뿐 아니라 정보까지 공유할 수 있게 되었다. 10년 전인 2002년 100만 명을 돌파한 그라민폰 가입자는 2010년 말 현재 3천만 명에 달했다.

그라민폰을 통해 방글라데시 국민들에게 사업가정신을 불어넣은
이크발 카디르.

가난이라는 패러다임

사업은 대성공이었다. '무슨 돈이 있어 그들이 휴대전화를 살 것이며, 휴대전화로 어떻게 당장 생산성을 높일 것인가?' 하는 의문이 들었지만, 과정은 둘째치고 답이 나와 있었다. 그라민폰은 연간 1억 달러의 수익을 올리고 있고, 12만 명에 달하는 그라민폰 재임대사업자들은 연간 700달러의 이익을 낼 수 있었다. 셈을 해보니 재임대사업자 한 사람이 그라민폰에 벌어주는 수익은 연간 약 860달러로 사업자에게 크게 불리한 조건은 아니었다.

15분짜리 강연인 TED에서 카디르는 사람들의 몇 가지 편견에 대해 이야기했다(www.ted.com/talks/lang/en/iqbal_quadir_says_mobiles_fight_poverty.html). 첫 번째는 구매력이다. '휴대전화를 살 돈이 어디서 났을까?' 하는 질문은 가난한 사람들은 시장을 형성하지 못한다는 생각에서 비롯된 것이다. 하지만 카디르의 생각은 달랐다. 생산에 필요한 장비는 스스로 구매력을 만든다고 그는 말했다. 우리는 차나 휴대전화를 짧게는 2년, 길게는 5년 이상 할부로 구입해 사용하면서 이를 이용해 번 돈으로 할부금을 갚아나간다. 카디르는 방글라데시에서도 그렇게 했다.

두 번째 편견은 사업 초기에 소비자들의 구매력이 너무 낮다는 것이었다. 휴대전화 재임대업이 어느 정도 수익을 거두면 많은 사람들이 나서겠지만, 새로운 사업이기 때문에 첫발이 어렵다는 얘기다. 카

앨빈의 리모컨

디르는 마을전화를 여러 사람이 공동으로 구매할 수 있도록 해서 이에 대한 부담을 줄였다. 한 달에 5만 원 나가는 통신비용을 다섯 명이 나눠 낸다면 부담이 줄지 않겠는가? 물론 다섯 명이 휴대전화 한 대를 같이 써야 하지만, 방글라데시에서는 충분히 사업성이 있었다.

마지막 편견은 휴대전화를 사겠다고 빌린 돈을 다른 데 쓰지 않을까 하는 노파심이었다. 우선 주린 배를 채우는 데 쓸 수도 있을 것이기 때문이다. 하지만 카디르는 눈앞의 소액보다는 사업을 통해 예상되는 좀 더 많은 수입이 사람들의 배고픔을 훨씬 더 줄여주리라 생각했다. 결과는 물론 카디르의 생각이 옳았음을 보여준다.

"나는 전화를 가지고 아무런 혁신도 하지 않았다. 전화는 그냥 전화였다. 하지만 그것이 혁신적인 결과를 가져온 이유는 물건 자체가 아니라 물건이 유통되는 방식이 달라졌기 때문이다. 그라민은행의 대출 프로그램을 이용하는 사람들은 주로 농사를 짓는 데 대출금을 사용했다. 예를 들어 돈을 빌려 소를 사고 소에서 우유를 짜 시장에 팔면 판매금에서 대출금을 갚고 수익을 챙겼다. 나는 여기서 소의 자리에 휴대전화를 넣었을 뿐이다."

이크발 카디르가 한 것은 '소의 자리에 휴대전화를 넣었을 뿐'인 일이지만 파장은 컸다. 휴대전화는 단순히 통화를 하는 도구가 아니었다. 가난한 사람들에게 휴대전화를 주니 네트워크가 형성되고 소통이 이루어졌다. 그전에는 통신수단이 없어 왜 못사는지도 모르고 혼자 끙끙대는 사이에 자립 가능성은 점점 작아졌다. 하지만 통신수

단이 생기면서 관계와 물류가 생겨났고, 여기에서 경제적인 부가가
치도 만들어졌다. 이집트에서는 정치혁명을 낳았던 통신과 소통이
방글라데시에서는 경제혁명을 일으킨 것이다.

방글라데시에서 일어난 변화가 혁명적인 이유는 단순히 그라민
폰으로 가난한 사람들에게 1년에 700달러를 벌게 해주었기 때문이
아니다. 하루 끼니를 걱정하던 사람들에게 사업가 정신이 형성된 것
이다. 즉, 그들은 수익구조를 고민하고 계획을 세워 사업계획서를
짰고, 이를 바탕으로 그라민은행에서 다시 대출을 받아 새로운 사업
을 시작했다. 이것은 패러다임의 변화였다.

사회의 밑바닥을 구성하던 빈민층의 변화가 전반적인 사회변화
를 가져올 수 있을까? 아직 눈에 띄는 결과는 없지만 징후는 많다.
방글라데시 사회는 빈부격차와 여성차별이 심하다. 하지만 그라민
은행 대출 프로그램의 이용자는 절대다수가 여성이었고, 이것은 그
라민폰 사업도 마찬가지였다. 그 결과 여성의 지위가 올라가고 있다
는 분위기가 곳곳에서 감지되었다.

믿어라, 그들은 스스로 성장한다

방글라데시를 취재하던 12월 16일은 방글라데시
가 동파키스탄과 벌인 독립전쟁이 끝난 것을 기념하는 날이었다. 법

적인 독립기념일은 독립전쟁이 시작된 3월 26일지만, 전쟁이 끝난 12월 16일도 '승리의 날'이라고 해서 독립기념일과 같은 분위기다. 그날 다카 시내에서는 시위가 한창이었다. 시위대는 전반적인 사회개혁을 요구하고 있었다. 시위현장에서 만난 다카대학교 사회학과 학생 구슘은 인식의 변화를 강조했다.

"여성에 대한 사회의 시선에 많은 변화가 있기는 하지만 여전히 남성우월주의적 사고방식을 가진 사람들이 많다. 중요한 것은 남들의 변화가 아니라 여성들 자체가 내면적으로 달라지는 것이다. 지금은 내적인 변화가 필요한 시기라고 생각한다."

인도의 IT가 사람들을 단순히 배부르게 하는 데서 끝나지 않고 여성과 천민들의 목소리를 찾아주었다면, 방글라데시에서는 휴대전화가 그 역할을 한 셈이다. 가난한 사람들은 자활의지가 없기 때문에 이들에 대한 지원은 밑 빠진 독에 물 붓기라고 하던 사람들의 우려는 보기 좋게 무너졌다.

가장 설득하기 어려운 것이 자기 자신이듯 가장 깨기 어려운 것은 내 속에 있는 선입견이다. 대부분의 선입견은 직접 경험하지 않은 사람들의 지레짐작이 모여 만든 정체도 근거도 없는 생각들일 경우가 많다. 카디르의 혁신은 그 선입견을 깨는 데서 시작되었고, 혁신의 결과물은 짜릿했다.

나라님도 구제 못한다는 가난을 결국 가난한 사람들이 스스로 구제했으며, 거기서 멈추지 않고 사업소득에 대한 세금으로 나라님한

빈민들에게 자립의 기회를 제공한 그라민폰의 이용자수는
2002년 100만 명 정도에서 2012년 3천만 명을 넘어섰다.

테 오히려 도움을 주고 있다. 국가는 가난한 사람들을 복지정책의 수혜자이자 사회의 '돈 먹는 하마'로 여겼지만, 그라민폰은 그들이 훌륭한 자원이라는 것을 증명해냈다. 무식과 가난 때문에 가능성을 인정받지 못하던 사람들이 교육을 통해 잠재된 능력을 발휘하기 시작한 것이다.

이 모든 편견은 피라미드의 꼭대기에서 아래로 흐른다. 하지만 카디르는 피라미드 맨 아래로 들어가 사람들을 직접 만나고 관찰했다. 그가 보여준 결과물들은 모두 피라미드의 아랫부분에서 이뤄진 것들이다.

"지도자나 사회의 정책결정자들이 할 일은 가난한 사람들이 스스로 성장할 수 있게 도와주는 것이다. 서로 더 많이 연결할 수 있도록 하는 것도 그중 하나다. 그리고 그들을 믿어야 한다. 그러면 그들은 성장으로 보답한다. 중요한 것은 피라미드 구조를 바꿔 평준화할 수 있는지, 뒤집을 수 있는지 생각해야 한다는 것이다. 왜냐하면 피라미드 아랫부분에 절대다수의 사람들이 살고 있고, 그들의 삶은 그리 근사하지 않기 때문이다."

사회의 변화는 어디서 시작되는 것일까? 우리 사회의 변화는 어디서 어떻게 시작해야 할까? 뉴스마다 양극화를 걱정하는 목소리가 높고 SNS에서는 그 목소리가 더 뜨겁다. 아래에서 위를 향하는 상향식 리더십을 보여준 이크발 카디르의 사례는 우리 사회에 시사하는 바가 많다. 우리 사회의 피라미드 역시 아래가 갈수록 넓어지고 가운데는 점점 줄어들고 있으며, 꼭대기는 가파르게 뾰족해지고 있다. 변화가 필요하다는 데는 누구나 동의하지만, 어디서 어떻게 변화를 시작해야 하는지에 대해서는 의견이 분분하다. 대선을 앞두고 복지를 둘러싼 이야기가 나오고 있지만, 서민에 대한 근본적 고민을 바탕으로 한 것인지는 불확실하다.

진짜 변화를 원한다면 우리 사회의 피라미드에서 아래를 차지하고 있는 사람들에 대한 믿음을 바탕으로 시작해야 할 것이다. 우리 피라미드의 아래층이 부르르 떨리는 것도, 견고해 보이던 하향식 질서와 문화에 균열을 내는 것도, 의지와 상관없이 주어진 조건을 극복하고 삶의 주인으로 거듭나는 것도 그 믿음에서 시작될 것이다. 또한 지원을 늘리는 것보다 질서를 바꾸는 것이 혁신의 진짜 얼굴일 것이다. 카디르의 리더십이 우리에게 큰 울림을 주는 것은 이 때문이다.

사회적 연결과 혁신 그리고 행복

카디르는 방글라데시 사람들에게 휴대전화의 연결성이 단지 물질적 풍요만을 가져온 것은 아니라고 강조한다. 그는 연결성 자체가 행복과 직접적으로 연결되었다고 믿는다.

"이를테면 내가 원할 때 아무 때나 아내에게 전화해 아이들이 제대로 등교했다는 사실을 확인할 수 있고, 편안한 대화를 나눌 수 있기 때문에 기분이 좋아지고 행복해진다. 사람들을 연결시키는 것이 중요하다. 그것은 인간의 본성이다."

한 사회의 리더는 구성원의 행복을 위해 어떤 연결성을 도모할 수 있을까? 이 질문에도 카디르는 명확하게 대답했다.

"사람들이 휴대전화로만 연결된 것은 아니다. 더 좋은 환경과 편리한 교통, 효율적인 시스템이나 공평한 법을 통해서도 여러 층위로 연결이 이뤄진다."

눈에 보이는 연결 뿐 아니라 사람을 소외시키지 않는 사회적 시스템이 사람들로 하여금 경제적·사회적으로 성장하도록 돕는 선순환의 생태계를 만든다. 따라서 행복을 추구하는 리더라면 다양한 연결망을 구축해야 하고, 팔로어 역시 사회적 연결을 추구하는 리더를 뽑아야 한다.

카디르의 말처럼 '사회적 연결'이란 단순히 SNS나 인터넷만을 뜻하지 않는다. 이제는 흔해진 소통의 도구를 통해 서로의 입장을 헤아리고 정보를 공유하는 것, 그래서 다양한 가치를 존중하고 사회의 변화를 위한 공동의 가치를 찾아 추구하는 것, 무엇보다 그 변화에 맞춰 나의 가치와 삶을 바꿔가는 것이 진정한 사회적 연결이고 혁신이다. 연결과 혁신과 행복은 이렇게 이어진다. 요컨대 더 연결될수록 더 행복해질 가능성이 높다. 앞에서 연결성이 생산성이라고 했는데, 연결의 폭과 깊이가 다양해지고 변화와 혁신을 동반하면 그것이 곧 행복이다.

자본주의의 구원투수

조지프 슘페터의

'창조적 혁신'

"나를 행복하게 하는 리더는
최선의 것을 현명하게 내세울 줄 아는 사람이다."
●● 브라질의 까밀라

행복의 리더십

행복의 리더십은 시대변화를 선도하는 혁신을 통해 구체화된다. ➡

안녕, 슘페터!

제품과 욕망, 어느 것이 먼저일까? 욕망이 제품을 만들어낼까, 제품이 욕망을 이끌까? 대부분의 경우 소비자의 욕망이 제품을 만들어낸다. 그래서 기업들은 소비자의 기호와 동향, 주머니 사정을 파악하기 위해 애쓴다. 그런 다음 제품을 만들어 널리 알린다. 소비자들의 욕구를 현실화시키기 위해서다. 광고는 텔레비전 프로그램과 프로그램 사이는 물론 프로그램 중간에도 들어가고 드라마 속에도 PPL(Product PLacement)로 등장한다.

하지만 모든 제품이 그런 것은 아니다. 어떤 제품은 새로운 욕망을 만들어낸다. 대체로 스티브 잡스가 선보인 제품들이 그랬다. MP3 플레이어는 많았지만 아이팟은 처음이었고, 휴대전화는 차고 넘쳤지만 아이폰은 신기했다. 태블릿 PC 역시 얼리어답터들의 필수 아이템이었지만 아이패드는 새로웠다. 때로는 빤해 보이는 기존의 아이템이 지금까지 한 번도 접하지 못한 제품으로 다시 등장하기도 한다. 한마디로 혁신적이었다.

개인과 조직을 막론하고 혁신과 창의를 말하는 요즘이지만, 이를 실제 물건 형태로 눈앞에 던져주며 "어때? 새롭지 않아? 마음에 들지?" 하고 묻는 경우는 흔치 않다. 덕분에 애플의 입장에서는 요즘의 경기침체가 강 건너 불구경이나 마찬가지다. 애플의 주가는 2012년 1월 411달러로 시작했고, 8월 20일 주당 665.15달러를 기록하며 미국 역사상 가장 큰 기업(시가총액 기준, 약 704조 원)에 올랐다. 이미 지난해에 엑슨모빌을 제치고 미국 최대 시가총액 기업이 되었지만, 그 기록을 다시 새롭게 썼다. 애플 또는 스티브 잡스는 혁신과 창의의 아이콘이나 다름없다.

스티브 잡스가 혁신을 실제 제품으로 현실화했다면, 학문적으로 혁신의 중요성을 주장한 이는 슘페터다. 오스트리아 출신의 경제학자 조지프 슘페터는 뉴딜정책으로 유명한 존 메이너드 케인스와 동시대 인물이면서 경제학의 쌍벽을 이루었다.

케인스와 슘페터는 무슨 관계일까? 두 사람은 같은 시대, 같은 세계를 보고도 완전히 다른 이론을 만들어냈다. 경제학사에서 케인스와 슘페터는 맞수다. 비슷한 시기를 살았고, 비슷한 수준의 방향이 다른 업적으로 경쟁했으며, 결과적으로 경제학은 훨씬 풍요로워졌다. 주류는 케인스였지만 오늘의 주인공은 슘페터다. 이 글의 주인공이라는 뜻이기도 하고 요즘 다시 조명받고 있다는 뜻이기도 하다. 슘페터의 경제이론을 한마디로 표현해야 한다면 바로 혁신이다.

슘페터가 처음 혁신 이야기를 발표한 것은 1912년에 나온《경제발전의 이론》에서였다. 정확히 100년 전, 그것도 불과 29세에 경제발전 이론으로 혁신을 이야기한 것이다. 이 놀라운 이야기가 나오게 된 과정을 한번 보자.

시작은 쉽다. 시장경제는 시장에서 수요와 공급에 따라 값이 결정되고 이를 기준으로 경제가 유지되는 시스템이다. 유명한 '보이지 않는 손' 이야기다. 사려는 사람이 많을수록, 팔려는 사람이 적을수록 값은 비싸진다. 입시경쟁률이 높으면 점수 좋은 사람이 합격하듯 재화(물건이나 서비스)를 두고 사려는 사람이 많으면 판매자는 좋은 값을 쳐주는 사람에게 팔게 돼 있다. 거꾸로 팔려는 사람은 많은데 사려는 이가 적으면 값은 떨어진다. 전통시장에 가면 여러 점포에서 싸게 주겠다고 손님을 끄는 것과 같은 이치다.

그런데 경제라는 게 그리 간단치 않아서 기술의 발달로 수요가 포화될 때가 있다. 팔려는 사람도 있고 물건도 있는데 사려는 사람이 없는 경우다. 이를테면 스마트폰이 본격적으로 퍼지면서 2G폰을 사려는 사람은 거의 없다. 살 만한 사람이 없을 때 이를 경제용어로 '유효수요가 부족하다'고 표현한다. 그러면 어떻게 해야 할까? 이 지점에서 케인스와 슘페터의 길이 갈린다.

케인스는 공공의 힘을 들여야 한다고 했다. 그래서 대공황 때 물건을 살 사람이 없자 대규모 공공사업을 일으켜 사람들에게 일자리를 주었다. 하지만 슘페터는 수요가 포화된 재화를 대체할 새로운 재화를 만들어야 한다고 주장했다. 두 이론에 대해서는 오늘날까지도 의견이 분분하지만 영원한 정답은 없다. 경우에 따라 필요한 이론을 취할 일이다.

대공황 때는 기술의 발달 때문이 아니라 구매력이 떨어져서 수요가 줄었기 때문에 고용을 늘리는 게 옳았을 것이다. 하지만 2G폰을 사게 하려고 정책을 바꿀 수는 없다. 평범한 스마트폰보다 놀라운 뭔가가 새로 나와야 휴대전화 시장이 다시 활발해질 것이다. 지금 휴대전화 제조사들이 하고 있는 일이 바로 그 뭔가를 만드는 것이다. 새로운 수요를 만들어내고 있는 것이다. 휴대전화가 있는데도 새로운 스마트폰을 사고 싶다거나, PC나 넷북이 있는데도 새로운 태블릿 PC를 가지고 싶다면, 그게 새로운 수요의 창출이다.

기업가여, 혁신을 부탁해

새로운 수요는 어떻게 만들어질까? 대부분의 새로운 수요는 생산자가 만들어 소비자에게 전달한다. 물론 요즘은 프로슈머(prosumer)라 해서 소비자들이 생산자 역할을 하는 경우도 있다.

하지만 전통적으로, 그리고 여전히 거의 대부분은 새로운 수요가 생산자에서 소비자에게로 흐른다. 소비자들이 뭘 원하는지를 당사자들보다 더 잘 아는 것이 기업이다. 대중의 필요를 감지하는 '촉'이 발달해야 살아남을 수 있기 때문이다. 결국 새로운 수요를 만드는 것은 소비자의 몫이 아니라 생산자의 몫이다. 이것도 역시 슘페터가 한 말이다. 새로운 수요를 만들어내는 것은 새로운 결합이고, 이것이 곧 혁신이다.

혁신에 대한 정의는 많지만, 혁신의 원조라 할 슘페터의 비유로 정리하면 이렇다.

"마차를 아무리 연결해도 기차가 되지 않는다."

즉, 양의 문제가 아니라 질의 문제이며, 축적의 과정이 아니라 비약의 단계가 필요하다. 물론 양을 축적하는 과정이 없었다면 질적인 비약도 없었을 것이다. 철도는 결국 마차의 동력을 바꾸면서 나왔으니 말이다. 그렇다면 이 비연속적 과정인 혁신을 하는 것은 누구인가? 소비자가 아니라 생산자라는 것은 알겠는데, 구체적으로 누가 혁신의 주체인가?

재화를 만드는 데 필요한 것이 있다. 흔히 '생산의 3요소'라고 하는데, 토지·자본·노동력이다. 땅이 있어야 공장을 짓고, 사람이 있어야 일을 하는데, 땅과 사람은 돈이 있어야 구할 수 있다. 땅을 소유하고 있으면 지주, 일할 능력이 있으면 노동자, 돈을 가지고 있으면 (좁은 의미의) 자본가다. 이들이 바로 생산의 3주체다. 슘페터는 여기에

제4의 인격체인 기업가를 더했다. 즉, 슘페터가 혁신의 주체로 꼽은 것은 바로 기업가(entrepreneur)다.

혁신과 혁신의 주체인 기업가까지, 이 두 개념을 벌써 100년 전 선보였다는 것만으로도 놀라운데, 더 놀라운 것은 혁신이 자본주의를 발전시키는 동력이라고 생각했다는 점이다. 자본주의에 대한 정의는 학자마다 차이가 있지만, 슘페터는 자본주의를 '기업가의 혁신을 바탕으로 한 다이너미즘(역동성)'이라고 정의했다. 다른 경제학자들이 "외부에서 주어진 변수에 시장은 스스로 균형을 찾아간다"고 이야기할 때, 슘페터는 "그렇지 않다. 경제 시스템 안에는 경제의 균형을 자율적으로 교란하는 에너지 원천이 존재한다"고 주장했다. 짐작하겠지만, 그 에너지 원천이 혁신이고 혁신의 주체가 기업가다.

혁신이 무엇이고 주체가 누구인지 알았으니 이제 남은 것은 '어떻게'와 '왜'다. 슘페터는 혁신이 새로운 결합을 통해 등장한다고 말했다. 새로운 결합은 기존의 결합을 도태시키기도 하므로 혁신을 창조적 파괴라 하기도 했다. 혁신의 필요성과 관련해서 슘페터는 세 가지를 들었다. 그의 표현에 따르자면, 사적 제국을 건설하려는 꿈과 승리자가 되고자 하는 의지 그리고 창조의 기쁨이다. 사적 제국은 애플 마니아들에게 스티브 잡스가 지니는 의미를 생각하면 쉽게 짐작할 수 있을 것이다. 다른 둘은 성공과 창조 그 자체를 즐기기 위해 혁신을 한다는 뜻이다.

그런데 이상한 점이 있다. 혁신이 경제발전을 가져오는 것이라면 기업의 이익에도 보탬이 돼야 할 텐데 막대한 수익은 혁신의 필요성에 없다는 것이다. 슘페터는 혁신이 기업가에게 새로운 이익을 가져다주지만 이는 결과적인 것이라고 못 박았다. 또한 새로운 이익만을 위해 혁신하는 것은 '사명의 이행이 아니라 육체적 사멸의 징후'라고 표현했다.

세상 모든 비합리적 수요 앞에 '닥치고 혁신'

소비자는 의외로 합리적이지 않다. 구매력이 없는 학생 때는 잘 몰랐는데, 사회생활을 하면서 소비자가 되고보니 나 역시 그렇다. 값이 싸면 웬 떡이냐 하고 달려들어야 하는데 꼭 그런 것도 아니고, 비싸면 비쌀수록 잘 팔리는 경우도 있다. 경제학자들도 다 알고 있다. 남들이 많이 사면, 그러니까 합리적인 가격이 되면 안 사고, 남들이 안 사는 것으로만 골라 사는 사람도 있고(이런 부류는 희소성을 중요시한다. 경제학에서는 백로효과라 부른다. 일반 소비자는 까마귀라는 뜻), **가격이 비합리적으로 비싸야 잘 팔리기도 하며**(등산복 가격에 낀 거품은 달리 설명할 방법이 없다. 전문가들은 베블렌 효과라고 한다), **나처럼 남들 좋다고 하면 그때 한번 사볼까 생각하는 부류도 있다**(이런 경우를 밴드웨건 효과라고 한다. 앞에서 풍악을 울리면 멋도 모르고 따라가는 부류).

이런 비합리적인 소비형태들을 기존 경제학에서는 예외적인 현상으로 간주하지만, 치열한 영업·마케팅의 현장인 기업에서는 적극적으로 활용하기도 한다. 어떤 경우의 비합리적인 소비자, 정확히 말해 대다수의 합리성과 일치하지 않는 합리성을 고집하는 소비자들이라도 입은 다물고 지갑은 열게 만드는 재화가 있는데, 바로 혁신적인 제품이 그렇다.

2010년 1월 미국 샌프란시스코에서 애플의 신제품발표 행사가 열렸다. 잡스는 프레젠테이션 화면에 아이폰과 노트북을 띄워놓고 그 사이에 물음표를 표시해두었다. 그 물음표 자리에 어떤 제품이 들어갈 수 있을까? 그 제품은 양쪽 제품들과 무엇이 같고 다를까? 사람들은 고민했을 것이고, 아마도 넷북을 생각하는 사람들이 많았을 것이다.

잡스는 "새로운 기기는 인터넷과 사진, 동영상, 음악, 게임, 전자책 등을 소화할 수 있어야 한다. 하지만 넷북은 이중 어떤 것도 잘해내지 못한다"고 못 박은 다음, "하지만 우리는 그런 것을 가지고 있다. 우리는 그것은 아이패드라고 부른다"고 말했다.[17]

발표 직후 언론의 반응은 호들갑 아니면 냉담이었다. 〈월스트리트저널〉은 "역사상 이렇게 대단한 흥분과 환호를 불러일으킨 태블릿은 두 개인데, 하나는 그 옛날 모세가 들고 나온 십계명이 적힌 석판이고 다른 하나는 잡스가 들고 나온 아이패드다"라고 표현했다. 아이패드가 시중에 풀리고 소비자들이 실제로 사용하면서 구설은 잦아들었다. 〈타임〉지의 레브 그로스먼은 아이패드 기사에 이렇게 썼다.

"애플 제품에 대한 기사를 쓸 때 어려운 점은 그것이 엄청난 과대 선전을 등에 업고 출현한다는 것이다. 그리고 또 한 가지 어려운 점은 가끔은 그런 과대선전이 사실이라는 것이다."

혁신이란 기존의 가치를 부정하면서 출발하기 때문에 혁신이 불편하거나 불리하게 작용하는 사람도 있기 마련이다. 그럼에도 경쟁이 심화되는 시장에서 성장과 발전을 도모하려면 혁신의 리더십이 필요하다. 리더와 팔로어가 무엇을 함께 고민하고 어디로 나아가야 하는지 제시해야 하기 때문이다. 수출에 의지했던 과거를 넘어 우리의 기업과 지자체, 국가는 이제 세계인이 공감할 만한 새로운 수요를 창출할 혁신의 비전을 가지고 있는지 매우 궁금하다.

혁신이 살아 숨 쉬게 하라

전 싱가포르 총리 리콴유의

혁신

"리더란 우리가 생각지 못하는 것을 생각하고,
실천하지 못하는 것을 실천하는 사람이다."

●● 프랑스 칸의 시민

설득의 리더십

'현재의 싱가포르'를 만든 리콴유 전 총리. 그는 혁신을 통해
독립 후 빈곤과 부정부패에 시달리던 싱가포르를 부와 청렴의 상징으로 탈바꿈시켰다. ➡

"우리의 독립은 비극이었다"

　　　　　우리나라도 눈부신 경제성장을 이룬 나라로 해외
언론에 꽤 소개되지만, 싱가포르는 우리가 보기에도 놀라운 성장세
를 이어왔다. 우리나라와 싱가포르는 1990년대 세계은행 보고서에
'아시아의 네 마리 용'으로 언급되면서 압축적인 고도성장의 모범사
례로 자주 인용되었다. 우리나라는 해방과 전쟁을 겪으면서 기틀을
다질 여유가 없었고, 싱가포르 역시 말레이시아에서 독립한 직후 먹
고살 길이 막막했다. 사실 '체급'으로 따지자면 출발선에 선 싱가포
르와 우리나라는 비교대상이 아니었다. 싱가포르에 비하면 우리나
라는 오히려 여유로운 편이었다.

　　　대개 체급은 외적인 규모를 말하는데, 싱가포르는 도시국가라는

점에서도 알 수 있듯이 그냥 하나의 도시다. 면적은 328km²로 서울 (약605km²) 면적의 반이 조금 넘는다. 인구도 2011년 기준 518만 명으로 천만 서울인구의 반을 살짝 웃돈다.

게다가 식민지배의 역사는 우리나라보다 훨씬 파란만장했다. 처음 싱가포르를 점령한 나라는 포르투갈이었고, 이어서 네덜란드를 거쳐 영국의 손으로 넘어갔다. 영국이 공식적으로 싱가포르를 관할한 것은 1867년이었다. 제2차 세계대전 기간에 잠시 일본이 점령하기도 했지만, 전쟁이 끝나자 다시 영국의 직할식민지가 되었다.

힘이 센 나라들이 왜 그렇게 싱가포르를 탐냈을까? 지도를 펴면 답을 쉽게 알 수 있다. 싱가포르는 말레이반도 끝자락에 떨어져 있는 작은 섬이다. 인도양에서 태평양으로 가장 빠르게 가는 길은 호주 북쪽을 지나는 루트지만, '80일간의 세계일주'를 목표로 하는 것이 아니라면 싱가포르를 경유하는 루트가 교류와 거래에 훨씬 더 유리하다. 인도네시아의 수마트라섬과 말레이반도 사이를 지나 싱가포르를 반환점처럼 끼고 돌아 북쪽으로 향하면 캄보디아, 베트남, 홍콩, 필리핀, 일본, 한국, 중국에 접근할 수 있기 때문이다. 마침 아시아에서 맹주 자리를 놓고 다투던 일본, 중국과는 거리가 좀 있어서 더 매력적이다. 그래서 영국은 싱가포르를 무역거점으로 개발했다. 물론 싱가포르가 외세에 시달리는 데 일조했던 지정학적 위치는 독립 후 싱가포르가 경제기반을 다지고 일어서는 데 큰 힘이 되었다.

외세의 압박은 단합된 국민의 힘으로 극복할 수 있다. 이런 이유에서 민족주의는 독립운동의 근원이다. 하지만 싱가포르는 민족구성마저 복잡하다. 식민지 시절을 다양하게 오래 거쳤으므로 식민본국에서 온 이들도 있지만 인구의 76% 정도는 중국인이 차지하고 있다. 위치가 말레이반도 끝인 만큼 말레이인도 14% 정도 되고, 인도사람을 비롯한 소수민족도 살고 있다. 이중에서도 중국인들과 말레이인들의 갈등이 심한 편이었다. 중국인은 다수인 데다 한족으로서의 자부심과 본국이 주는 든든함까지 갖추었고, 말레이인은 말레이인대로 우월감이 있었다. 말레이시아가 바로 옆에 있고, 지하자원이 없는 싱가포르는 말레이시아에 기대려 했기 때문이다. 이렇게 인종이 다양하니 종교도 다양하고 언어도 다양했다.

이 복잡한 매듭을 어떻게 풀 수 있을까? 대부분의 사람들이 풀리지 않을 것이라 생각했지만 한 사람은 풀 수 있다고 생각했다. 1965년 싱가포르가 말레이연방에서 독립했을 때 사람들은 절망의 눈물을 흘렸다. 매듭을 풀 수 없다고 생각한 사람들은 나라가 망할 것이라는 생각에 울었고, 난마처럼 얽힌 매듭을 풀어보겠다고 생각한 사람은 200만 국민과 조국의 암담한 미래 때문에 울었다. 국민들이 절망의 눈물을 흘렸다는 표현은 임의대로 쓴 것이 아니라 리콴유스쿨의 마부바니 학장이 한 말이다.

"비결은 없고, 신뢰가 기본이다"

'상처뿐인 영광'이라는 표현처럼 독립하고 나니 남은 것은 빈곤과 불안정이었다. 1959년 싱가포르 자치정부 총리 리콴유는 국민들을 하나로 묶는 것이 중요하다고 생각했다. 그는 국민들을 직접 만나 새로운 싱가포르의 건설을 설득했다. 그는 중국인이면서도 말레이인들을 만날 때는 말레이어를, 중국인들을 설득할 때는 중국어를, 인도인 그룹에게는 남부 인도에서 사용하는 타밀어를 사용했다.

참고로 리콴유는 케임브리지대학교 법학과를 수석으로 졸업한 인재다. 그는 귀국 후 노동조합을 대변하는 변호사로 활동하다가 1954년 서른한 살의 나이로 인민행동당을 결성해 정치에 뛰어들었다. 그리고 5년 만에 싱가포르 자치정부 총리에까지 올랐으니 명석함과 추진력을 겸비한 인물이라 할 만하다. 중요한 점은 리콴유의 비상한 두뇌와 무서운 추진력이 바른 정책을 세우고 현실화하는 힘으로 작용했다는 사실이다. 그 대표적인 예가 싱가포르어와 부정행위조사국이다.

"싱가포르에는 오직 싱가포르인만 존재할 뿐이다."

리콴유는 국민들의 마음을 하나로 모으기 위해 다양한 언어와 종교를 모두 인정했고, 소수민족의 권익을 보호하는 제도적 장치도 마련했다. 그 대신 인종과 종교를 초월한 국민통합을 강조함으로써 처음 맞닥뜨린 벽을 넘었다. 그 뒤에 등장한 것이 싱가포르어인데, 사실 싱가포르어는 없다. 리콴유는 영어를 싱가포르의 공식어로 정하는 대신 각자의 모국어는 제2언어로 배우게 했다.

리콴유가 영어를 싱가포르어로 정한 이유는 영어가 적어도 싱가포르에서는 어느 한 인종의 언어가 아니라 중립언어였기 때문이다. 중국인이 대다수를 차지하므로 대부분의 국민들은 당연히 중국어를 공식어로 하기를 원했다. 사실 10명 중 7~8명이 한 언어를 쓰고 있다면 10명이 새로 언어를 배우는 것보다 나머지 2~3명에게 중국어를 가르치는 것이 실용적이고 현실적인 대안일 수 있다. 교육에 들어가는 비용이며, 교육 시스템을 바꾸는 비용이며, 하다못해 거리 표지판과 간판을 바꾸는 비용만 해도 얼마였겠는가.

하지만 리콴유는 제3의 언어인 영어를 선택했다.

"중국어를 공식어로 지정했다면 중국인을 제외한 나머지 25%의 말레이인이나 인도인들이 상당히 불이익을 당했을 게 분명하다. 교육을 받고 사회로 나가 직장을 구할 때도 차별을 당했을 것이다. 내부적인 갈등이 계속될 것이 뻔히 보이는데 중국어를 공식어로 지정할 수는 없었다."

다행히 그의 영어정책은 싱가포르의 경제정책과 맞아떨어지면서 큰 효과를 거두었다. 싱가포르는 세계적인 기업의 운영이나 마케팅 등 전반적인 노하우를 배우기 위해 글로벌 기업들을 싱가포르로 불러들였다. 이 과정에서 싱가포르의 공식어가 영어라는 점이 큰 이점으로 작용했다. 원활한 의사소통이 가능했기 때문이다.

사실 영어를 공식어로 정하는 것이 리콴유에게는 정치적 모험이나 다름없었다. 중국인인 그는 75%를 차지하는 중국인들의 지지를 기반으로 삼았는데, 그 기반이 순식간에 사라질 수도 있었기 때문이다. 하지만 리콴유는 사람의 마음을 모으는 것이 그 무엇보다 중요하다고 생각했다. 또한 합리적인 정책에 대해 국민들을 설득하고 신뢰를 쌓는 과정을 거칠 필요가 있었다.

"지도자의 자질 중 가장 중요한 것은 국민의 신뢰를 얻는 일 아닐까? 국민이 정책의 세부적인 부분까지 이해할 수는 없다. 지도자의 판단력을 믿는 것이다. 지도자에 대한 신뢰가 쌓이면 모든 일을 국민의 호응 속에 원만히 추진할 수 있다."

신뢰가 혁신이다

싱가포르 경제는 급속히 발전하기 시작했다. 외국 기업들이 싱가포르에 진출했고 투자도 늘어났다. 이 작은 도시국가가 선진국의 다국적기업을 유치할 수 있었던 것은 기업활동을 지원하는 싱가포르의 정책과 제도, 이를 철저히 지키는 정부에 대한 신뢰 때문이었다. 노동문제를 예로 들어보자. 1960년대 싱가포르에는 파업과 폭동, 방화와 공장폐쇄가 흔히 일어났다. 국가도산도 시간문제였다. 리콴유는 노동문제도 신뢰의 문제라고 보았다. 다국적기업이 싱가포르 정부의 노동정책을 믿을 수 있어야 하고, 정책이 힘을 발휘하려면 노동자들의 협조가 필요하다. 정책은 노동자와 기업을 동시에 보호해야 신뢰를 쌓을 수 있다.

정부와 기업대표, 노동자대표로 구성된 일종의 노사정위원회가 꾸려졌다. 이들은 정기적으로 만나 그해의 지침을 만들었다. 전년도 성과를 함께 평가하고 그에 따라 해마다 적절한 임금인상률 가이드를 정했다. 모두 동의한 가이드였기 때문에 강제성은 없었지만 효과가 있었다. 그다음으로 만든 것이 중재재판소다. 파업 이후 협상으로 해결되지 않은 안건은 노동부장관이 중재재판소에 강제로 회부했다. 스스로 문제를 해결하지 못한 노사는 재판정에서 만났다. 재판에 회부되면 기업은 경영성과를 모두 공개해야 하고, 이를 기반으로 노동조합의 요구가 타당한지 검토하게 된다. 재판소의 결정이 어느 쪽으로 나든, 즉 기업주의 손을 들어주든 노조의 요구를 인정하든 법적 강제력이 있어 관철되었다.

그렇다면 파업과 폭동을 일삼던 싱가포르 노동자들에게 정부의 노동정책을 믿게 했던 힘은 무엇일까? 짐을 싸서 떠나면 그만인 외국기업들이 정부를 믿고 싱가포르에서 사업을 확장할 수 있었던 배경은 또한 무엇일까? 중요한 요인 중 하나는 싱가포르의 준법정신, 공무원들의 청렴이다. 관계 공무원들이 법과 상식 이외의 어떤 외부 요인에도 흔들리지 않으리라는 것을 알았기 때문에 원칙이 지켜질 수 있었다.

싱가포르라고 해서 공무원들이 날 때부터 청렴 유전자를 지닌 것
은 아니다. 1960년대 초까지만 해도 공무원들은 부정부패는 물론
아편과 밀수 등으로 부패에서 벗어날 기미가 보이지 않았다. 그때
리콴유가 '부패와의 전쟁'을 천명했다. 우리나라도 한때 '범죄와의
전쟁'이라는 게 있었지만 범죄가 사라지지는 않았다. 중요한 것은
뭐라고 부르느냐가 아니라 얼마나 굳은 의지로 일관하느냐다. 부정
부패를 아예 뿌리 뽑겠다는 리콴유의 의지를 현실에서 실천한 것은
부패조사국이다. 부패조사국의 활동은 신속하고 공평하며 단호하
고, 예외를 두지 않는다.

부패의 기준은 단순하다. 정부관료들의 모든 자산은 공개된다. 그
간의 활동에서 나온 수입을 기준으로 모든 자산의 형성 과정을 해당
관료가 설명해야 한다. 도저히 설명할 수 없으면 부정축재다. 그런
재산은 몰수되고, 관료는 자리에서 물러날 뿐 아니라 민간기업에도
취직할 수 없게 된다.

또한 인허가 과정의 관련규칙은 명쾌하고 과정은 투명하다. 연고
주의가 발붙일 자리가 없었고, 담당공무원의 재량 역시 아무 의미가
없어졌다. 외국기업에는 이런 투명성이 안정된 노사정책과 더불어
큰 매력으로 작용했을 것이다.

그렇다고 공무원들에게 박봉에 시달리면서 신성한 청렴의 의무를
다하라고 희생만 강요한 것은 아니다. 싱가포르 공무원들의 임금은

다른 선진국에 비해 훌륭한 편이다. 상징적인 예지만, 총리의 연봉은 132만 달러로 우리 돈 13억 원에 이른다. 오바마 대통령이 연간 44만 달러를 받고, 이명박 대통령이 2억 4천만 원을 받는 데 비하면 상대적으로 높은 연봉이다. 또한 주택문제의 경우 우리나라에서는 가정경제를 어렵게 만드는 원인이지만, 싱가포르에서는 오래전부터 임대공동주택 정책을 채택해 인구의 90% 이상이 정부에서 임대한 공동주택에 살기 때문에 청렴하면서도 부족하지 않게 살 수 있다.

청렴원칙은 무너지지 않는다. 리콴유 총리의 오랜 지기인 테체앙 국가개발부 장관은 20만 달러 뇌물수수 의혹 끝에 결국 자살했다. 이에 대해 리콴유는 이렇게 덧붙였다.

"정말 기억하기도 싫고, 안타까운 일이었다. 하지만 법에는 누구도 예외가 없다."

혁신이 남긴 위대한 유산

싱가포르가 보여준 기적과도 같은 변화는 리콴유의 작품이다. 리콴유는 건국 초기를 회상하면서 '원래 존재할 수 없는 나라'라는 표현을 쓰기도 했다. 그런 싱가포르를 지금의 싱가포르로 바꾼 리콴유를 마거릿 대처 전 영국 수상은 '수에즈 운하 동쪽에서 가장 뛰어난 인물'이라고 평했다. 혁신이라는 화두를 떠올리면, 무(無)의 상태에서 출발한 싱가포르에서는 언어를 바꾸고, 노사정위원회를 통해 노동조합을 관리하고, 공무원을 청렴하게 바꾼 그 모든 것이 혁신이었다.

숫자가 모든 것을 말해주지는 않지만 상당히 많은 의미를 담고 있으니 결과로 말하자. 1959년 리콴유 총리가 취임할 때 싱가포르의 1인당 국민소득은 400달러에 지나지 않았지만 총리에서 퇴임하던 1990년에는 1만 2,200달러였다. 싱가포르의 권력은 리콴유 이후 고촉통 총리를 거쳐 지금은 리콴유의 아들 리센룽 총리가 잡고 있다. 금융위기의 여파가 몰아닥친 2009년 싱가포르의 경제성장률은 -0.8%로 뒷걸음질했으나 2010년에는 무려 14.5%의 성장률을 보였다. 1인당 국민소득은 5만 714달러로 세계 5위 수준이다. 이는 미국, 일본, 독일, 프랑스보다 높고 31위인 우리나라(2만 3,749달러)보다는 두 배 이상 많다.

리콴유 전 총리는 단순히 싱가포르 경제를 발전시키고 사회를 안정시킨 것이 아니라 국민 스스로 혁신을 생각하고 실천하도록 하는 혁신의 유전자를 싱가포르에 심었다. 그가 총리직에서 물러난 지 20년이 넘었지만 싱가포르의 혁신은 지금도 계속되고 있다. 교육을 통해 아이들에게 혁신을 가르치고 제도를 통해 그 가치를 사회와 공유하는 것이다. 여기에 두 개의 이야기가 있다.

하나의 이야기. 학생들이 발명한 작품을 평가하고 이를 사업과 연결시키기도 하는 YES(Youth Entrepreneur Scheme for Schools) 스타트업 싱가포르 프로그램이다. 총이쳉과 조나단은 빗물을 모아 저장하는 장치를 만들었다. 아파트 외부에 설치하면 빗물이 모여 파이프를 타고 집 안의 수집통에 모이는데, 일정 수위까지 차면 그 이상 들어오지 못한다.

총이쳉은 이틀에 한 번꼴로 비가 내리는 싱가포르의 환경을 이용하기 위해 이 시스템을 개발했다고 말했다. 빗물 재활용 시스템을 설치하면 빗물을 모아 재사용함으로써 수도요금을 절약할 수 있고, 더 중요한 것은 물이 우리가 아끼고 보호해야 할 자원이라는 점을 이해하기를 바라는 마음으로 만들었다는 것이다. 총이쳉은 앞으로 사람들의 삶을 변화시키는 제품을 만드는 것이 꿈이라고 밝혔다.

빗물 재활용 시스템을 공동으로 발명한 조나단은 이 시스템을 기반으로 새로운 부가가치를 만들 계획을 세우고 있었다. 바로 정수 시스템과 연결해 빗물의 재활용처를 다양화하는 것이다. 또한 좀 더 많은 사람들이 이 시스템을 이용할 수 있도록 주택개발위원회와 협의하는 방안을 구상하고 있었다. 싱가포르 주택의 70%가 주택개발위원회의 소유라는 점을 감안한 것이다.

이처럼 학생들은 생활의 언저리를 잘 관찰하고 이를 개선할 수 있는 아이디어를 짜내 친구들과 함께 현실화시킨다. 함께 작업하는 과정에서 사회성을 기르고, 주어진 문제를 스스로 해결하는 창의성과 적극성도 높인다. 이런 교육과 이벤트, 지원은 실제 경제활동으로도 이어져 YES 스타트업 프로그램과 그 이전 프로그램을 통해 모두

180개 회사를 지원했다.

또 하나의 이야기. YES 스타트업 프로그램 시상식에 참가한 테오릭 통상사업부 장관은 어린 학생들의 발명품에 흐뭇한 표정을 지었다. 그는 이들이 젊은 기업가로 자라나 싱가포르 사회에서 리더십을 발휘할 수 있기를 기대한다고 밝혔다.

그런데 그는 통상사업부 장관이면서 북동부구역 시장도 겸하고 있다. 그뿐만이 아니다. 체육청소년부에서 당시 런던 올림픽을 앞두고 훈련 중이던 선수단을 위한 프로그램도 운영하고 있고, 교통부에서는 자전거 분야의 일도 맡고 있다. 이렇게 서로 다른 업무의 직책을 동시에 맡으면 시너지 효과가 날까, 뒤죽박죽이 되고 말까? 사람 나름, 제도 나름이겠지만 싱가포르에서는 시너지 효과가 크다. 만약 우리나라에서 문화체육관광부 장관이 교육인적자원부의 입시정책에도 발언권을 가진다면 우리나라 중·고등학교의 음악·미술·체육 시간 풍경은 어떻게 바뀔까?

테오 럭 장관은 서로 다른 분야의 네트워크가 예전에 알지 못한 부분을 새롭게 보게 하고 알게 만드는 효과가 있다고 말한다. 비즈니스와 경제는 서로 다양한 관계를 맺고 있기 때문에 한 분야에서의 경험이 다른 분야에서 긍정적인 효과를 가져온다는 것이다.

비가 많이 내리는 싱가포르의 날씨에 착안해 고등학생이 발명한 빗물 수집 장치. (좌)
YES 스타트업 프로그램 시상식에서 수상자와 기념촬영을 하는 테오 럭 장관. (우)

싱가포르의 통상사업부 장관이자 북동부구역 시장이며, 체육청소년부 등에서
직책을 맡고 있는 테오 럭. 그는 다중직책의 시너지 효과를 강조한다.

혁명과 혁신

요컨대 지난 40~50년이 싱가포르에는 혁신의 시대였다. 모든 것이 새로웠고 시행착오도 있었다. 하지만 싱가포르는 지금까지 잘해왔다. 국민들은 정부를 '싱가포르 파워'의 원천으로 생각한다. 정부는 국민을 통합시키고 국민의 신뢰를 얻는 일이 가장 중요하다고 믿고 그 힘으로 마천루의 도시국가 싱가포르를 건설하고 이끌어왔다. 그 과정에서 리콴유는 '부드러운 독재'라는 명칭도 얻었다.

앞으로는 어떨까? 혁신의 이름으로 진행되던 수많은 정책과 제도, 더 넓게는 문화까지…. 이에 대해 야당 의원 제임스 고메즈는 다음과 같이 말했다.

"싱가포르가 독립한 이후 태어난 저는 리콴유 전 총리와는 조금 생각이 다릅니다. 우리 세대는 민주주의와 자유, 표현을 원합니다. 국민이 주도하는 리더십이 필요한 거죠."

리콴유 총리가 건국 초기에 행한 여러 정책들은 그 당시의 싱가포르에 반드시 필요한 과제였다. 이제 시대도 사람도 바뀌었고, 앞으로도 계속 변화할 것이다. 2012년 싱가포르는 리센룽 총리와 두어 개의 직함으로 종횡무진 활약하는 관료, 그리고 싱가포르 국민들에게 묻고 있다. 그간 일궈온 혁신의 결과물들을 다시 혁신할 차례다.

혁명은 Revolution이고 혁신은 Innovation이다. 경험적으로 혁명은 정치적 상황에, 혁신은 경제적 문맥에 잘 어울린다. 또한 혁명은 분열과 갈등, 엄청난 희생을 동반하지만 혁신에는 공생·설득·통합·창조의 코드가 작용한다. 혁신, 이노베이션의 어원에는 내부의 것이 쌓여서 새로운 것을 만들어낸다는 의미가 포함돼 있다. 혁신은 처음부터 구성원 모두를 안고 같이 간다는 전제가 깔려 있는 것이다.

역사적으로 많은 혁명을 통해 위대한 리더들이 탄생했다. 무력을 쓰든 아니든 리더들의 목적은 반대세력을 어떻게든 처단하고 자신의 지지세력에게 물질적·정신적 성취감을 한껏 안겨주는 것이었다. 어쨌든 혁명의 결말에는 수많은 희생자, 피, 증오, 갈등이 남게 된다. 우리가 살아가는 21세기에는 적어도 이런 형태의 혁명은 쉽게 찾아볼 수 없다. 그리고 혁명이 빈번히 일어나는 나라는 주로 정치적으로 불안정하고 경제적으로 낙후된 경우가 많다. 앞으로 역사의 변화는 혁신을 통해 이루어질 것이다. 새로운 리더의 역할은 과거의 문제를 정확히 읽고, 구성원들과 그 문제를 공유하며, 해결책을 제시하고 설득하는 것이다. 또한 새로운 혁신적 비전을 보여주는 데 그치지 않고 리더 스스로 실행에 앞장섬으로써 변화를 앞당겨야 한다.

좀 지나친 비유일지 모르지만, 혁명가는 군중의 피를 통해 탄생되지만 혁신가는 스스로의 피와 땀으로 탄생한다. 예수는 혁명을 꾀한 죄로 십자가에 못 박혔다. 그 '혁명'은 실패했지만, 예수는 세상을 바꿨다. 예수를 비롯한 많은 선지자들은 혁명가가 아니라 스스로를 희생해 세상을 바꾸려 했던 '혁신가'였다. 자신의 희생과 피로 결국 세상의 갈등과 반목을 치유하고 '구원'이라는 신상품을 내놓은 것이다.

싱가포르의 변화는 정치적 리더십이 강하게 작용한 경우로서 혁명보다는 혁신에 가깝다. 정치체제만 따지면 싱가포르는 분명 민주주의가 일부 희생된 독재국가의 모습을 하고 있다. 하지만 싱가포르의 리더들은 적어도 국민의 희생을 강요하기 전 자신의 희생을 보여줬다. 엄청난 책임과 두세 개의 보직, 청렴의 의무 등 조그마한 실수도 용납되지 않는다.

한국 사회는 지금 변화를 바라고 있다. 그렇다면 우리에게 필요한 리더는 혁명가인가, 아니면 혁신가인가?

사막의 '저주'를 선물로 가꾸다

이스라엘 대통령 시몬 페레스의

혁신의 세월

"행복하다는 건 희망이 있다는 것,
희망과 비전을 줄 수 있는 리더를 원한다."

●● 서울의 시민

이스라엘은 사막 위에 농사를 지어 해외로 수출하는 기술을 갖춘 나라다.
식물의 뿌리에 직접 물을 주는 점적농법을 개발한 것도 이스라엘이다. ➡

석유도 물도 없는 나라

유대인들이 이집트에서 탈출하면서 신으로부터 약속받은 것이 있다. 바로 가나안, 젖과 꿀이 흐르는 땅이다. 이 희망 하나로 유대인들은 40년의 광야 생활을 견딜 수 있었다. 그런데 오늘날 이스라엘이 살고 있는 땅은 어떤가? 젖과 꿀은커녕 석유 한 방울 나지 않고 물은 한없이 부족한, 어찌 보면 저주받은 땅이다. 중동에서 유일하게 석유가 나지 않는 나라다. 아이러니하게도 이스라엘에 유일하게 석유와 가스를 공급해주는 국가가 그 옛날 유대인들이 도망쳐나왔던 이집트다. 최근 이집트에서 무바라크 정권이 무너지고 강경 이슬람 세력이 득세하자 가장 불안에 떤 것은 바로 이스라엘이었다. 에너지 수입창구가 막힐지도 모르기 때문이다.

게다가 물은 어떤가? 그나마 유일한 이스라엘의 물 공급원인 요르단강은 상류에 시리아, 하류에 요르단이 떡하니 버티고 있어 물의 독점적 이용과 개발을 둘러싼 세 나라의 화해 없는 '물분쟁'이 계속되고 있다. 그야말로 이스라엘은 지정학적으로, 자연환경적으로 사면초가의 나라인 것이다.

2012년 6월 이스라엘의 한 과학자가 세계식량상을 받았다는 기사가 인터넷에 올라왔다. 마침 이스라엘의 혁신과 관련된 자료를 모으던 중이어서 클릭해보았다. 세계식량상은 식량과 관련해 획기적인 업적을 남긴 이에게 주는 상으로 농업 부문의 노벨상이라 불린다고 한다. 상금도 25만 달러로 10억 원이 훨씬 넘는 노벨상에 비하면 약하지만 민간 과학자가 제정한 상이라는 점을 감안하면 꽤 큰 액수다. 2012년 수상자는 다니엘 힐렐이다. 재단은 "힐렐이 개발한 관개법이 중동과 아프리카, 아시아의 수십 개 국가의 농업에 도움을 준 공로를 인정해 이 상을 수여한다"고 밝혔다.

힐렐의 관개법이란 점적관개법을 말한다. 인터넷 백과사전에 따르면 '관개'는 작물의 생육에 필요한 물과 알맞은 토양환경을 만들기 위해 필요한 물을 인공적으로 농지(農地)에 공급해주는 일이고, '점적'은 물방울을 뜻한다. 농업용어로는 파이프나 호스로 물을 끌어올려 농작물이 필요로 하는 양만큼 물과 양분을 작물의 뿌리에 방울방울 뿌려 농작물을 재배하는 방법을 뜻한다.

식량을 수출하는 사막 국가

이스라엘에서 점적관개법이 개발된 것은 어쩌면 당연한 일이고, 또 어쩌면 도무지 납득되지 않는 일이기도 하다. 국토의 대부분이 사막이어서 만성적으로 물부족에 시달리는 현실을 감안할 때 '궁하면 통한다'고, 살아남기 위한 방책을 마련하는 것이 당연하다. 하지만 사막이 많다고 해서 모두 이런 기술을 개발하는 것은 아니니 놀랍기도 하다. 이스라엘의 농업이 놀라운 것은 사막에서 농사를 짓는 데서 멈추지 않는다는 점이다. 즉, 사막에서 농사를 지어 농산물의 60%를 수출한다. 그 비결은 바로 과학기술이다.

시몬 페레스 이스라엘 대통령은 취재팀과의 인터뷰에서 "농사란 하늘의 신과 땅의 농부가 합작하는 사업인데, 하늘의 신은 그리 좋은 파트너가 아니어서 새로운 파트너를 찾았다"고 말했다. 그리고 이스라엘 농업의 95%가 과학정책과 기술로 이루어졌으며, 작황을 30배로 늘리는 동안 물사용은 도리어 2/3로 줄인 점을 예로 들었다.

두 가지가 궁금했다. 어떤 기술을 썼기에 그 정도의 발전이 가능했을까? 그리고 어떻게 하면 저런 기술들을 개발할 수 있을까? 먼저 기술을 살펴본다.

이스라엘은 땅덩어리 자체가 작다. 강원도만 한 크기의 땅 가운데 절반 이상이 사막 아니면 산악이다. 산도 녹지가 아니라 구릉성 사막이 많다. 농사를 지을 수 있는 땅 자체가 그리 많지 않다. 게다가 농사에 가장 중요한 역할을 하는 물이 귀해서 연간강수량이 우리나라의 절반 수준이다. 이스라엘 남쪽에는 비가 거의 내리지 않고 북쪽에만 내리며, 사계절 내내 비나 눈이 내리는 우리와는 달리 이스라엘은 겨울철 두 달 동안만 비가 내리고 나머지는 내내 건기다. 그래서 이스라엘의 농업정책은 곧 치수정책이다. 여기서 치수는 고대문명을 탄생시킨 치수, 즉 넘치는 물을 통제하는 치수가 아니라 턱없이 모자라는 물을 어떻게든 조달하는 치수다. 결론적으로 이스라엘은 물이 절대적으로 부족하기 때문에 치수사업의 핵심은 비 한 방울까지 모두 이용하는 것이다.

이스라엘 치수기술의 핵심은 점적관개다. 식물은 햇볕과 물이 밥이고, 땅속의 여러 무기물이 반찬이다. 그런데 이스라엘에서는 햇볕은 너무 많아서, 물은 너무 없어서 문제다. 볕은 막을 쳐서 가리면 되지만 문제는 물이다. 이스라엘 사람들의 물 사용원칙은 두 가지다. 절대 허비하지 않는다, 쓴 물도 다시 쓴다. 그러다보니 효율의 극치를 보여주는 물관리와 농사법을 개발했고, 하수를 다시 상수로 만드는 정수기술이 발달했다.

이스라엘 사람들이 이용하는 물은 대부분 갈릴리호수의 물이다. 호수의 물을 모터로 높은 곳까지 끌어올려 농사를 짓는 땅에 보낸다. 시냇물처럼 졸졸 흐르게 하면 좋겠지만, 그러면 얼마 안 되는 물이 금세 증발하고 말 것이다. 그래서 땅속에 관을 묻었다. 이 관은 경작지와 경작지를 잇고 작물의 뿌리와 뿌리를 잇는다. 대동맥을 타고

심장을 나온 피가 모세혈관을 통해 세포에 이르듯 굵은 파이프를 타고 농지에 다다른 물은 바늘구멍이 뚫린 호스에서 한 방울씩 빠져나가 식물뿌리에 흡수된다. 이때 그 식물의 최적 성장에 필요한 딱 그만큼만 물을 제공한다.

작물의 잎에는 수분 정도를 측정할 수 있는 센서가 달려 있어 식물의 상태를 점검하고, 이 정보는 컴퓨터를 통해 관제센터로 보내진다. 점적관개의 물효율은 95%로 50% 수준의 담수관개나 80%의 스프링클러보다 훨씬 높다. 그야말로 '깨알 같은 과학'이다.

정수기술 또한 발군의 실력을 자랑한다. 최근에는 미생물을 이용한 정수방식을 도입했다. 조그만 플라스틱 볼 안에 이끼를 넣고 물속에 두면 이끼가 물을 정화하는 방식이다. 오염된 물을 깨끗하게 만드는 일은 없는 물을 만들어내는 데 비하면 차라리 쉬운 문제였을지도 모른다. 아쿠아와이즈의 우디라셉 부사장은 "모세가 지팡이로 바위를 쳤을 때 물이 나왔지만, 지금 우리에게는 모세의 마법 지팡이가 없다. 다만 마법 같은 첨단기술이 있다"고 표현했다. 게다가 이스라엘의 해수담수화 기술은 이미 최고의 경지에 올라 있다. 이스라엘의 농업에 대해 페레스 대통령은 이렇게 정리했다.

"우리 농업은 95%가 기술이고 노동은 5%다."

다르게 생각하기(think different)의 원조

　　　　　　'없는 물'로 농사를 지어 수출하는 이스라엘 사람들이 그 따가운 볕을 그대로 둘 리 없다. 이스라엘은 세계에서 최초로 태양에너지를 상용한 나라다. 이스라엘의 수도 텔아비브 근교에 사는 타보르 씨를 만났다. 그는 무려 60여 년 전에 벤 구리온 수상의 지시에 따라 보급형 태양에너지 발전설비를 세계 최초로 개발한 과학자다. 90을 넘긴 그는 자부심이 대단했다.

　"지금 전 세계가 태양에너지 사업에 뛰어들고 있지만, 우리나라는 이미 반세기 전에 태양에너지 발전을 시작했다."

　첫 번째 상용국이라는 타이틀보다 더 중요한 것은 많은 나라에서 이스라엘의 태양에너지 발전기술을 탐내고 있다는 점이다. 태양에너지 발전 역시 이스라엘이 처한 상황에서 비롯되었다. 사막이 있을 만큼 햇볕이 따가워서 태양에너지 발전에 유리한 환경이었고, 더욱이 인접 아랍국가들과의 관계 때문에 석유공급이 원활하지 못했다. 이런 상황에서 이스라엘은 보란 듯이 대체에너지를 개발했다. 소렐, 브라이트소스, 제니스솔라 등 이스라엘의 태양에너지 발전 기업들은 이미 다국적 투자를 받아 미국 캘리포니아와 애리조나 사막, 스페인 레브리하 등에 태양에너지 발전설비를 조성했다.

　페레스 대통령이 최근 전폭적으로 지원하는 사업 분야는 전기자동차다. 이스라엘의 선택치고는 좀 진부한 테마라는 생각이 들 수도 있다. 이미 많은 자동차회사들이 전기자동차를 시범적으로 내놓았고, 우리나라만 해도 석유와 전기를 함께 쓰는 하이브리드 자동차가 시내를 굴러다니고 있기 때문이다. 연비도 석유만 쓰는 차에 비해 좀 더 나아졌다.

하지만 이스라엘에서 생각하는 전기자동차는 이런 것이 아니라 오직 전기로만 달리는 차다. 우리나라에도 전기차가 있기는 하지만, 아직은 '저속전기차'라는 이름으로 제한된 장소에서만 운행되고 있다. 최근에는 베터플레이스(Better Place)와 르노삼성이 손잡고 SM3를 기반으로 만든 르노 플루언스 Z.E가 등장해 전기차 시대의 개막을 알렸다. 한 번 충전해서 180km를 갈 수 있지만, 충전소 등 인프라의 부족으로 아직 갈 길이 멀다. 베터플레이스가 바로 이스라엘 전기차 사업을 주도하고 있는 기업이다.

이스라엘은 전기차 상용화를 앞당기기 위해 전기차보다는 전기 충전 시설 등 인프라의 구축에 초점을 맞추고 있다. 언제 어디서나 빠르게 전기차를 충전할 수 없다면 아무도 전기차를 구입하지 않을 것이기 때문이다. 이미 텔아비브를 중심으로 시내 곳곳에 전기차 충전소를 설치했고, 조만간 세계 최초로 전기차 보급률 100%를 이루는 나라가 될 예정이다. 현재 이스라엘에서 전기자동차 사업을 진두지휘하고 있는 인물은 베터플레이스의 CEO 샤이 아가시다. 잘나가는 IT기업의 이사였던 그는 전기자동차, 정확히 전기배터리 사업(전기차 인프라 구축)을 위해 사표를 던지고 나왔다.

샤이 아가시가 개발한 전기자동차 충전 시스템.(좌)
이스라엘이 구축한 태양에너지 발전 시스템.(우)

잠깐 아가시 이야기를 하자면, 그는 2005년 IT기업의 대표로 다보스포럼에 참석했는데, 포럼의 주제는 '2020년, 어떻게 하면 세상을 좀 더 나은 곳(better place)으로 만들 것인가?'였다. 아가시는 이때 '어떻게 하면 이산화탄소를 줄일 수 있을까?' 자문했고, 이에 대한 답을 찾다가 전기자동차를 만났다. 전기차의 개발을 위해 자동차회사 빅5에 면담을 요청했지만 모두 거절당했다. GM, 포드, 크라이슬러는 아예 답조차 없었다. 이때 답을 제시한 사람이 바로 이스라엘의 페레스 대통령이었다. 페레스 대통령은 그에게 정부관계자들을 소개시켜주었고, 이스라엘 정부는 2주 만에 전기차 사업에 뛰어들었다. 2008년, 아가시는 베터플레이스라는 전기차 배터리충전소 업체를 차렸다. 회사 이름은 자신에게 영감을 주었던 다보스포럼의 주제에서 따왔다.

아가시는 이산화탄소를 배출하는 차를 거리에서 사라지게 하고 싶었다. 소비자들도 그 뜻을 잘 헤아리고 있지만, 그 의미를 위해 비용을 더 지불하거나 불편을 감수할 생각은 없다. 물론 아가시도 잘 알고 있었다. 전기차의 문제는 가격이 비싸다는 것과 충전하기가 너무 불편하다는 것이다. 충전소도 많지 않은 데다 충전소에서 반나절씩 시간을 보낼 수는 없기 때문이다. 아가시는 이 두 가지 문제를 모두 해결해냈다.

차 가격을 낮춘 비결은 휴대전화 사업 모델이다. 아가시는 "테슬라(전기차 제조업체)가 아이폰을 만드는 애플이라면 우리는 AT&T다"라고 말했다. 제조사와 통신사가 협조해 전화기를 싸게 공급하듯 전기차 할부금을 전기충전 요금과 함께 나눠서 내는 것이다. 여기에 장기가입자 할인혜택도 있다. 4년 이상 타면 차 가격과 충전요금을 할인받고, 6년 타면 차를 소유할 수 있다. 이 방법으로 비싼 차 가격은 해결했다.

다음으로 충전소 문제. 본래 아가시의 사업 모델은 전기차의 배터리였고, 효율을 높이기 위한 사업의 핵심 아이디어는 전기차 배터리를 교환할 수 있게 하자는 것이었다. 이 아이디어 역시 휴대전화 사업에서 가져왔다. 그런데 배터리를 교체할 경우 충전소에서 보내는 시간은 줄겠지만, 그 무거운 배터리를 빼내고 교체해서 다시 연결하기가 쉽지 않다. 아가시의 목표는 기름을 넣는 시간보다 배터리 교환시간이 짧아야 한다는 것이었고, 이것도 해결했다. 자동화된 기계로 배터리를 바꾸는 데 걸리는 시간은 65초. 50kg에 달하는 배터리를 정확하고 안전하게 교체하는 프로그램을 개발한 것이다. 역시 IT 기업 출신답다.

이렇게 문제를 해결한 뒤 베터플레이스 시스템은 이스라엘 전역에 확대되었다. 반응은 뜨거웠다. 덴마크와 호주, 미국의 일부 주에서 이 시스템을 도입하겠다고 나섰고, 독일은행은 이 사업 모델이 장차 휘발유자동차를 사라지게 할 잠재력이 있는 것으로 평가했다. 아가시의 목표는 2020년까지 이스라엘에서 아무도 휘발유자동차를 사지 않게 만드는 것이다. 그리고 이 혁신적인 젊은 기업가에게는 시몬 페레스라는 든든한 조력자가 있다. 페레스 대통령은 샤이아가시의 연설을 듣고 이렇게 말했다고 한다.

"당신의 아이디어는 실행되지 않는다면 1페니의 가치조차 없을 것이다. 내가 도와줄 테니 바로 그 아이디어를 사업화해라."

이 얼마나 멋진 리더인가!

사람을 혁신하는 리더십

혁신은 변화하는 시대의 패러다임을 미리 예측하고 미래의 핵심기술에 투자한다. 그 미래가 도래했을 때, 다른 나라들이 인프라를 구축하기 위해 천문학적인 투자를 할 때 혁신의 리더는 그 부가가치를 쓸어담을 수 있다. 이스라엘의 영농기술은 물이 부족한 현실에서 생존하기 위해 찾아낸 방법이었다. 하지만 그 과정에서 이스라엘은 혁신의 DNA를 갖추게 되었고, 이 DNA는 다른 분야의 혁신으로까지 이어졌다. 전기차 사업이 대표적인 예다. 그렇다면 이스라엘이 가진 혁신의 유전자는 어떤 것일까? 어떤 제도 또는 문화가 그들로 하여금 끊임없이 혁신하게 할까?

전문가들은 이스라엘 부총리 산하의 OCS(Office of Chief Scientist)를 혁신의 원천으로 본다. 자연과학 · 경제 · 환경 · 미래사회 분야의 전문가 150명으로 구성된 OCS는 이스라엘의 모든 사회적 · 경제적 문제를 논의하고 정책을 결정한다. 농업의 혁신은 물론이고 해수담수화 기술 역시 OCS가 주도했다. 기존에는 물을 전기분해해서 소금을 걸러냈는데, 그렇게 하면 전기를 너무 많이 잡아먹었다. 그래서 전기분해 대신 역삼투압 원리를 이용해 소금을 분리해냈다. 이로써 에너지를 아낄 수 있게 된 것은 물론 관련 특허로 그동안 세계 각국에서 거둬들인 로열티만 해도 어마어마하다.

OCS가 정책적으로 혁신의 리더십을 발휘한다면, 이스라엘 사회에서 전반적으로 혁신적 사고를 가능하게 하는 것은 군대다. 좀 의외였다. 솔직히, 우리 사회에서 혁신의 리더십과 가장 거리가 먼 조직을 꼽으라면 공공기관과 군대일 것이다. 그런데 이스라엘에서는 공공기관과 군대에서 혁신의 리더십과 팔로어십을 기른다니 흥미로웠다. 이스라엘 국민들은 어떻게 군대에서 혁신의 가치를 익힐까?

이스라엘에서는 남녀 모두 군대에 간다. 기간은 남자 3년, 여자 2년이고 부대에 따라 더 길게 복무해야 하는 경우도 물론 있다. 대개는 고등학교를 졸업하고 입대해서 제대 후 대학에 간다. 장애가 있는 사람이 입대를 원할 경우 특정 장애가 있어도 복무할 수 있는 부대에 배치된다.

이스라엘에서는 전반적으로 군대에 가는 것을 당연하게, 부대에 따라서는 영예롭게 여긴다. 여기에는 아랍국가들과 대치상태에 있는 조국에 대한 애정도 중요하게 작용하지만, 개인의 역량을 최대한 발휘하게 하는 이스라엘의 군대문화도 중요한 부분이다. 즉, 군대지

이스라엘 대통령 페레스. 그는 변화하는 시대의 패러다임을 읽고
미래 기술에 투자하는 혁신을 실현했다.

만 계급 중심의 상명하달 시스템이 아니라 주어진 상황에서 <u>스스로</u> 판단하고 결정하게 만든다. 이를 상징적으로 보여주는 것이 호칭이다. 즉, 계급과 상관없이 서로 이름을 부른다. 계급은 책임의 깊이와 넓이에 대한 개념이다.

가장 엘리트 군대로 꼽히는 곳이 8200부대와 텔리오드인데, 높은 경쟁률 속에서 수재들만 뽑아 최고의 과학기술을 교육시킨다. 물론 전쟁과 전투에 대한 훈련은 기본이다. 이 과정에서 이스라엘 청년들은 실패에 대한 두려움보다는 성공에 대한 기대와 열정을 크게 받아들이게 된다. 실패도 제대로만 하면 성공에 도움이 된다는 것을 배우는 것이다. 이스라엘의 군대는 후츠파의 산실이기도 하다. '후츠파(chutzpah)'는 '주제넘은, 뻔뻔한'이라는 의미와 함께 '놀라운 용기'라는 의미도 담고 있다. 우리말로는 두둑한 배짱 정도로 옮길 수 있다. 우리로서는 쉽게 연결되지 않는 군대와 상상력이 이스라엘에서는 떼려야 뗄 수 없는 관계다.

"혁신은 상상력을 필요로 하고, 우리에게 상상력의 원천은 군대다. 군대는 우리나라 최고의 학교이며, 우리 군대는 상상력을 강조한다."

페레스 대통령은 지난 50년 동안 국가의 요직을 두루 거쳤다. 스물네 살에 국방장관에 임명되기도 했던 그는 상상력 덕분에 그 나이에도 국방장관직을 수행할 수 있었다고 말했다. 그러면서 이렇게 덧붙였다.

"우리 이스라엘 사람들은 늘 위험을 감내하고 부족을 극복하며 상상해왔다. 앞으로도 우리는 끊임없이 상상할 것이다."

국민들은 군대에서 창의와 혁신을 배우고, 나라에서는 최고의 과학자들이 모여 혁신과 통섭을 통해 정책을 결정하는 나라가 바로 이스라엘이다. 지금까지 이스라엘이 준비해온 미래사업에는 어떤 것들이 있을까? 페레스 대통령은 5가지 새로운 산업이 부상할 것으로 예상했다. 신에너지 산업, 물 생산 및 분배 산업, 줄기세포 산업, 교육 산업, 첨단가정보안 산업이다. 이 가운데 이스라엘에서 관심을 두는 분야는 교육과 줄기세포 분야라고 한다. 이 말은 그 분야에 대한 준비가 상당히 진행되었음을 뜻한다.

부러운 점은 미래산업에 대한 준비가 아니라 각박한 현실에서도 미래를 볼 줄 아는 혜안과 그것을 갖추는 시스템이다. "교육과 혁신은 맹목(盲目)과의 싸움이고, 과학과 기술은 불만을 기반으로 한다"는 페레스 대통령의 말이 기억에 남는다.

기억하기와 상상하기

유럽의 경제위기 소식이 연이어 들려온다. 2008년 시작된 금융위기의 여진이 세계 곳곳을 툭툭 건드리는 모양새다. 이스라엘로서는 물론 유럽의 경제위기가 남의 얘기겠지만 금융위기를 어떻게 받아들이고 있는지 궁금했다. 자본주의 금융 시스템이 쌓은 모래성에 대한 페레스 대통령의 평가는 간단하다. 지금의 위기는 미국에 아이디어보다 돈이 많기 때문에 벌어진 일이라는 것. 이스라엘은 이에 해당하지 않는다는 암시도 함께 전해졌다.

"사람들은 보통 계산을 할 때 가격에 따라 계산한다. 하지만 우리는 가치에 따라 계산해야 한다. 한 상황에서 저렴한 것이 다른 상황에서는 비쌀 수도 있다. 사람들은 상상하기보다 기억하는 것을 좋아하는데, 우리는 상상을 하라고 강조한다."

가격은 제품을 만드는 데 들어간 요소 가격들의 합이다. 하지만 가치는 어떻게 쓰이느냐에 따라 달라진다. 가격은 과거에 뿌리를 두고 가치는 미래에 가지를 뻗는다. 우리는 무엇을 더 중요하게 생각해왔고, 무엇을 더 중요하게 생각해야 할까?

이스라엘의 농업과 전기차는 여전히 혁신 중이다. 점적기술을 개발한 네타핌은 영농기술을 수출할 계획이다. 세계 곳곳에 있는 농경지의 기후, 토양, 작물의 종류 등의 정보를 데이터베이스화해서 이스라엘 본사에서 작물정보를 관리하며 작물을 키우는 것이다. 베터플레이스 역시 전기차 배터리와 충전소 시스템을 수출한다. 이들의 지나온, 그리고 앞으로의 행보에는 가격보다 가치가 큰 동력이다.

2009년 〈타임〉지가 선정한 '세계에서 가장 영향력 있는 100인'이자 2010년 미국의 외교전문지가 선정한 '세계에서 가장 영향력 있는 지성 100인'이기도 한 샤이 아가시는 혁신의 의미를 이렇게 정의했다.

"나는 미래를 창안하고 방향을 제시한다. 하지만 그 미래로 가는 방법을 주지 않고 수평선 너머의 새로운 목표를 제시한다. 마음속에 그것을 향한 열망을 품도록 권유한다. 그러면 각자 그곳에 도달할 방법을 찾아내게 된다."

위기상황에서 리더십은 더욱 빛난다. 전쟁, 테러, 환경, 에너지 등 총체적 위기 속에서도 이스라엘은 좌절하지 않고, 위기를 극복하고, 나아가 위기를 혁신의 동력으로 삼았다. 때로 위기는 리더에게 독재와 탄압의 명분을 준다. 우리나라 민주화 과정에서 안보위기는 독재정권의 단골 메뉴였고, 아직도 정치권에서는 각종 위기론을 들먹이며 지지층을 확보하려고 애쓴다. 최근에도 이런 종류의 데자뷰를 여러 번 보았다.

우리는 영웅이 아니라 리더를 원한다. 위기를 단박에 기회로 만들어 '쨍 하고 해뜰 날'을 만들어내라는 것이 아니다. 다만 위기를 맞았을 때 거기에 대처하는 데 급급한 리더가 아니라 위기 너머에 있는 더 큰 기회를 읽고, 비전을 제시해주는 리더가 필요하다. 우리에게는 그럴 자격과 권리가 있다.

인터뷰할 때 미처 물어보지 못했는데, 어쩌면 아가시는 생텍쥐페리를 좋아할지도 모른다. 생텍쥐페리의 다음과 같은 말 때문이다.

"배를 만들고 싶다면 사람을 모아 배 만드는 기술을 가르치지 말고, 저 넓고 끝없는 바다에 대한 동경을 키워주라."

소득과 행복의 틈
- 행복은 소득순이 아니다

사랑이 뭘까? 누구에게는 삶의 이유일 것이고 다른 누구에게는 삶을 견디기 힘든 이유이기도 하다. 사랑에 대한 정의는 사람마다 다르다. 그동안 사랑에 대한 정의가 과학자나 의사의 실험과 관찰에서 나오지 않고 시인과 철학자의 붓 끝에서 나온 것은 그래서다. '사랑의 유효기간'이니 하는 말들이 나오면서 사랑에 대한 과학적 분석이 이뤄진 것은 그리 오래된 일이 아니다. 행복도 마찬가지다.

과학이 밝혀낸 행복의 몇 가지 비밀

2012년 초에 발간된 《하버드 비즈니스 리뷰(Harvard Business Review, 이하 HBR)》는 행복을 특집주제로 다뤘다. HBR은 하버드대학교 경영대학원이 펴내는 경영학 잡지다. 1922년 창간돼 약 25만 부의 발행부수를 자랑하는 이 잡지에서 행복을 특집으로 다룬 것이다.

일단 우리가 행복에 대해 막연하나마 예상하는 것들은 모두 맞다. 사랑을 시작한 사람은 이별을 한 사람보다 행복할까? 당연하다. 건강한 사람은 아픈 사람보다 행복할까? 물론이다. 부유한 사람은 가난한 사람보다 행복할까? 많은 경우에 그렇다. 이번에는 우리가 행복에 대해 잘못 알고 있는 것들을 보자. 우리를 행복하게 만드는 여러 요소가 있는데, 요소 하나가 가진 영향력은 생각보다 작다. 로또복권 1등에 당첨된 이들은 대부분 불행했으니 논외로 치더라도, 집을 샀다거나 새로운 사랑을 시작했다거나 시험에 합격했다거나 하는 이벤트들은 우리를 구름 위로 띄울 것 같지만, 실제로 그 순간엔 그러겠지만, 그리 큰 영향력을 발휘하지는 못한다. 최근의 연구는 3개월 이상 우리를 행복하게 만드는 이벤트는 거의 없다고 밝히고 있다.

특집의 핵심은 우리 스스로 행복을 만들 수 있으며, 행복의 가장 중요한 요소는 사회적(social)이라는 점이다. 인간은 사회적 동물이기 때문이다. 그러면 어떻게 만들 수 있을까? 필요한 것은 즐거운 경험, 중요한 것은 즐거움의 강도가 아니라 경험의 빈도다. 거꾸로 말하면 큰 노력이 필요하지 않고 작은 노력을 꾸준히 기울여야 한다는 얘기다. 대신 행복해지려면 매일 반복하면서 그 결과를 기다려야 한다. 아무나 쉽게 행복해지지 못하는 이유다. '자잘한 것'들이 뭐냐고 묻는 이들에게 저자의 답을 전하자면, 명상과 운동, 충분한 잠, 그리고 이타주의다. 행복의 비밀은 바로 비밀이 없다는 것이다.

이스털린의 역설

직장인에게 연봉이 얼마인지, 학생에게 용돈 또는 아르바이트 수입이 얼마인지 물으면 답하기가 별로 어렵지 않다. 대답하기는 쉽지 않겠지만 헤아리기는 쉽다. 숫자이기 때문이다. 더하거나 곱하거나 빼거나 나누면 답은 나온다. 이번엔 이렇게 묻자. "행복하세요?"

그러면 눈동자가 하늘을 향하면서 잠깐 생각하게 된다. '내가 행복한가?' 그러다가 '그런데 행복이 뭐지?'를 거쳐, 통장의 잔고와 이달 말의 예상입금액을 셈하고 나서야 "직장이 있는 것으로 행복해요" 또는 "아직은 먹고사는 데 큰 어려움이

315

없으니 행복하다고 해야겠죠?" 하거나 "크게 아픈 데가 없으니 불행하진 않아요" 하고 대답할 것이다. 요즘 같은 상황이라면 "행복? 지금 장난하나?"고 되물을 수도 있겠다. 답을 하기 전에 가장 많은 부분을 차지하는 생각은 경제적인 것이다. 그러니까, 돈이다. 그다음이 건강이다. 주변의 몇몇 사람들에게, 그리고 스스로에게 물어보니 그랬다. 그렇다면 경제적 문제가 해결되면 행복할까?

오랜 세월 '잘사는 국가'의 기준은 국민총생산(GNP) 또는 국내총생산(GDP) 등이었다. 여기에 경제성장률이나 무역수지 등 몇 가지 숫자가 따라붙었다. 잘사는 나라를 정하는 이유는 잘살고 싶어서, 행복하고 싶어서다. 잘살면 행복할 거라고 생각해서다. 하지만 뚜껑을 열어보니 잘사는 것과 행복한 것이 꼭 일치하지는 않았다. 그리 오래된 생각도 아니다.

"GNP로 나타낼 수 없는 것들이 있다. 우리 아이들의 건강과 교육, 놀면서 느끼는 즐거움이 그렇고, 시와 사랑의 아름다움이 그러하며, 공공가치를 두고 벌이는 논란이 지니는 가치가 그렇다. 일상의 위트와 용기, 깨달음과 지혜 역시 GNP에 포함되지 않는다. 국가에 대한 열정과 헌신은 또 어떤가. GNP는 우리 삶을 가치 있게 만드는 것을 뺀 나머지를 수치로 표현한 것이다."

누구의 말일까? 케네디 전 대통령의 동생으로 미국 상원의원, 법무장관을 지낸 로버트 케네디의 말이다. 1968년 암살당했으니 이미 1960년대에 나온 생각이다. 이후 1974년 경제사학자 리처드 이스털린은 소득이 증가해도 기본적 욕구가 충족되면 소득은 행복에 큰 영향을 미치지 않는다는 이론을 발표했다. 그것이 바로 '이스털린의 역설'이다. 한계효용[18]이 체감하는 것은 '법칙(law)'이라 하면서 이스털린의 이론에는 '역설(paradox)'이라 이름 붙인 것을 보면 가치관이 지금도 크게 달라지지 않은 모양이다.

"돈이 다는 아니다. 우리 모두의 삶을 행복하게 만드는 일은 단순히 경제를 성장시키는 일 그 이상의 것이다."

"우리는 국민의 주머니를 두둑하게 할 방법뿐 아니라 그들의 가슴을 기쁘고 행복하게 할 방법도 모색해야 한다."

앞의 말은 영국의 토니 블레어 전 총리가 한 말이고, 뒤의 말은 데이비드 카메론 현 총리가 한 말이다. 모든 영국 국민이 두둑한 호주머니와 행복한 가슴을 느끼며 살지는 않겠지만, 기본적으로 리더의 가치관이 '경제성장'인 나라와는 뭔가 다를 것이다.

방송에도 나왔지만 경제성장과 정치적 리더십의 상관관계를 연구한 학자도 있다. 예일대학교의 레이 페어 교수는 경제변수들을 고려해 집권당의 득표율을 예측하는 공식을 만들었다. 1916년부터 2004년까지 치러진 22차례의 미국 대선에 이 공식을 적용했더니 19번이나 들어맞았다. 그의 결론은 간단하다. 경제성장률이 높으면 집권당이 승리하고, 경기가 나빠지면 집권당이 패한다는 것이다. 페어 교수의 법칙은 아직까지 최저수준의 소득을 보장받지 못하는 이들이 많은 현실과, 소득이 많아질수록 행복해진다고 믿는 우리의 생각을 반영한다.

부유한 나라와 행복한 나라

소득과 행복이 꼭 일치하지 않는다는 사실을 안 많은 사람들은 소득이 아닌 행복을 측정하기 위해 노력했고, 그 결과 몇 가지 지수 또는 공식이 탄생했다. GNP를 가장 직접적으로 비튼 GNH는 'Product' 대신 'Happiness'를 넣어 만든 '국민총행복'이다. 부탄의 4대 국왕 지그메 싱기에 왕축이 만든 GNH는 4가지 기본전략을 바탕으로 한다. 첫째는 지속가능하고 공평한 발전, 둘째는 생태계의 보전과 회복, 셋째는 문화의 보전과 증진, 넷째는 앞의 세 가지를 달성할 수 있는 정부와 정책이다. 그리고 국민 개개인의 행복에 영향을 미치는 요인으로 심리적 웰빙, 건강, 교육, 시간 활용 및 균형, 공동체의 활력, 전통과 문화의 다양성, 생태 다양성 및 복원력, 생활수준, 좋은 정치영역에 72개 지표를 개발해 정책에 반영하고 있다.

부탄? 이름도 낯선 이 나라는 세계의 지붕이라는 히말라야산맥 동쪽 언저리에 있는 산악국가로 인구가 70만 명이고 1인당 국민소득이 2천 달러에도 못 미치지만 GNH는 세계 최고 수준이다. 무상교육과 무상의료는 기본이다. 포퓰리즘도 아니고 좌파정권도 아니며 그저 국민총행복이라는 개념을 국정의 기본철학으로 삼고 있는 왕정국가의 모습이다.

GNH와 비슷한 개념으로 행복지수도 있다. 영국의 심리학자 로스웰과 상담사 코언이 만든 공식으로 행복지수를 만드는 공식은 P+(5×E)+(3×H)다. P는 Personal, 즉 가치관이나 사고방식 등의 개인적 특성이고, E는 Existence로 건강과 돈 등 생존에 필요한 조건, H는 Higher order로 좀 더 고차원적인 가치들, 이를테면 야망과 자존심 등을 가리킨다. 공식을 보면 알겠지만 생존의 조건이 5, 추상적 가치가 3, 개인적인 특성이 1의 비율로 행복에 영향을 미친다. 이에 동의하는가? 사람에 따라 상수가 달라지거나 아예 변수의 제곱으로 바뀔 수도 있겠다.

그런가 하면 세계행복조사라는 것도 있다. 런던정경대 교수들이 조사한 세계행복조사에 따르면 권력을 사용하는 것(소비도 일종의 권력행사다. 소비자는 왕이라는 말도 있잖은가!)과 삶의 질 관련성을 조사한 결과, 돈으로 살 수 없는 유일한 것이 행복이었다. 이 조사에서 가장 행복도가 높은 나라는 앞에서 유누스, 이크발 카디르와 함께 소개한 방글라데시였다. 이에 비해 영국은 32위였다. 영국 국민들은 40년 전에 비해 두 배 이상을 소비하며 살고 있지만 삶의 질은 그만큼 향상되지 않았다.

잘 찾아보면 행복에 관련된 지표나 공식이 꽤 눈에 띌 것이다. 하지만 3개의 지표만으로도 경제지표와 행복지표 간의 틈을 발견할 수 있다. 잠깐 이스털린의 역설로 돌아가보면, 돈이 많으면 불행하다는 말이 아니다. 소득은 기본적 욕구를 충족시킬 정도는 돼야 하고, 그 이후에도 행복에 영향을 미치지만 그 영향이 그리 크지는 않으며, 꼭 필요한 것도 아니라는 얘기다. 말 그대로, 돈은 행복을 위한 최소한의 필요조건일 뿐 충분조건은 아니라는 것이다.

"과학은 곧 우리가 원하는 삶을 살기 위해 어떻게 해야 하는지 알려줄 수 있을 것이다. 하지만 어떤 삶을 원해야 하는지는 결코 답해줄 수 없을 것이다. 그것은 우리가 결정할 몫이다."

HBR에 행복에 관한 논문을 기고한 다니엘 길버트의 말이다. 요컨대 돈과 과학은 행복해지는 데 큰 도움을 주지만 행복을 주지는 않는다. 어떤 행복을 선택하느냐는 사람만이 할 수 있기 때문이다.

이제 행복해지자

생존의 단계를 넘어서면 길은 둘로 나뉜다. 더 많은 소득을 취하는 길과 행복을 찾는 길이다. 취하는 길은 지금껏 해온 대로만 하면 되지만 찾는 길은 새로운 것을 찾아야 하므로 낯설고 어렵고 시행착오도 많을 것이며, 실패할 수도 있다. 소득은 눈에 잘 띄기 때문에 동네방네 자랑하고 소문을 내기도 좋지만, 행복은 느끼는 것이라서 여간해선 알아차리기 힘들다. 간단히 말하자면 확실한 길과 불투명한 길 또는 쉬운 길과 어려운 길이다.

선택의 순간 생각해야 할 것은 처음 길을 떠난 목적이다. 행복해지고 싶다면 행복의 길을 찾아가는 게 맞다. 과학자들이 오랜 시간 연구한 결과를 토대로 "행복하기란 생각보다 쉽다"고 하는데, 우리 이제 행복해지자.

319

당신이 리더다

"당연히 제 아내가 저의 리더고, 또 아내에게는 제가 리더고 그렇습니다."

●● 서울의 주연우

"나를 행복하게 하는 리더는 우리 자신이다. 우리 모두다."

●● 서울의 고등학생 장형우

부유한 나라와 행복한 나라는 다르다.
'행복의 리더십'은 경제적인 결과물 이상을 보여야 한다. ➡

1인 리더십의 종말

　　벌써 10년 전의 일이다. 하지만 기억 속에서는 마치 엊그제 일처럼 그 느낌과 함성이 생생하다. 나만 그런 것은 아니리라 믿는다. 2002년 월드컵 이야기다. 우리는 월드컵을 통해 박지성을 알게 되었고 히딩크를 만났다. 월드컵 기간 내내, 끝난 다음에도 한동안, 그 뒤로도 한국 축구가 벽에 가로막힐 때마다 우리는 히딩크를 떠올렸다.

　히딩크의 유산은 많다. 과학적인 정보와 분석, 훌륭한 전술과 전략, 우리에게 필요했던 훈련방식, 새로운 시스템의 도입과 밀고 나가는 뚝심…. 여기서 주목하고 싶은 것은 용병술이다. 히딩크는 태극전사 한 명 한 명에게 포지션을 부여해주며 그 역할에서는 리더가 되기를 요구했다. 수비수는 그 위치에서 최고의 리더였고 미드필더는 중심에서, 공격수는 최전선에서 무소불위의 전권을 가졌다. 그 자리를 가장 잘 아는 선수가 그 자리의 리더가 되는 것이다. 이 때문에 선수 각자는 더 큰 부담감을 가졌지만 결국 경기력 향상이라는 결과를 가져왔다. 우리가 아직도 태극전사 한 명 한 명을 선명하게 기억하는 이유는 단순히 우리 팀이 4강까지 올라갔기 때문이 아니라 각 선수들의 역할과 리더십이 명확했기 때문이 아닐까?

"사공이 많으면 배가 산으로 간다"는 말이 있다. 모두 리더가 되려고 하면 제대로 될 일도 안 된다는 말이다. 우리는 상식적으로 리더는 하나여야 한다고 생각한다. 집단 리더십은 비효율적이고 경쟁력을 떨어뜨린다는 관점이다. 하지만 세상이 바뀌고 있다. 독재, 권위, 파워, 위계질서, 톱다운 등 적어도 20세기를 주름잡았던 1인 리더십의 시대는 저물고 있는 것 같다. 서구 민주주의 사회에서도 지도자의 권위는 합법성(合法性)보다는 합의성(合意性)에 기초하고 있다. 즉, 법보다는 국민들의 의견(총합적)이 리더를 리더답게 만드는 것이다.

기업은 이런 측면에서 앞서고 있다. 대부분의 서구기업, 우리나라 대기업에서도 더 이상 사장, 전무, 상무 같은 전통적 위계구조가 낳은 직함을 사용하지 않는다. CEO(Chief Executive Officer, 최고경영자), COO(Chief Operating Officer, 최고업무책임자), CTO(Chief Technology Officer, 최고기술경영자), CFO(Chief Finance Officer, 최고재무책임자) 등은 모두 분야만 다를 뿐 앞에 Chief, 즉 리더라는 명칭이 주어진다. 최고기업은 최고전문가들이 함께 만든다. 집단 리더십이 반드시 필요하다는 뜻이다. 앞에서 본 싱가포르의 혁신적 정부형태도 마찬가지다. 한 부처의 장관이 다른 부처의 장관 또는 차관을 겸임하는 형태는 전통적 관점에서 지극히 비효율적일 수 있다. 하지만 1인 리더십이 초래할 수 있는 비전문성, 독단성, 부패 등의 부작용을 감안한다면 그들의 집단지성은 비효율성의 작은 흠집을 상쇄하고도 남는다.

팔로어가 리더십을 가져야 하는 이유

　　　　　　자, 이제 하고 싶은 이야기를 좀 더 솔직하게 하겠다. 결국 질문은 당신을 향한다. 당신의 리더십은 어떤 리더십인가? 리더가 아니라고? 그렇지 않고, 그럴 수도 없다. 당신은 누군가의 팔로어지만 누군가의 리더다. 많은 리더에 대해 이야기했지만, 중요한 것은 리더가 아니라 리더십이다.

리더는 사람에 대한 이야기고 리더십은 관계에 대한 이야기다. 지금 여기에 사는 우리와 다른 시공간의 그들이 우리에게 중요한 이유는 그들의 리더십이 우리에게 어떤 가르침을 주기 때문이다. 경우에 따라서는 반면교사의 교훈이라 할지라도 말이다. 나아가 우리의 관계를 더 행복하게 만들어주기 때문이다. 그래서 다시 묻는다. 당신의 리더십은 어떤 리더십인가? 소통과 공감, 정의와 책임, 혁신과 비전 중 어느 쪽인가?

〈타임〉지는 매년 '올해의 인물'을 선정하는데, 2012년에는 스티브 잡스가 물망에 오르고 있다는 이야기가 들린다. 〈타임〉지는 단순히 한 해 동안 화제가 된 인물이 아니라 나아가 미래에도 어떤 의미를 부여할 인물들을 올해의 인물로 선정해왔다. 이를테면 베트남전이 한창이던 1966년에는 반전평화를 외치고 기성세대와 대립각을 세운 '젊은 세대(young people)'가 선정되었다.

1982년은 좀 특별했다. 올해의 인물이 아니라 '올해의 기계'라는 이름을 붙여 컴퓨터를 선정하고, 퍼스널컴퓨터의 시대가 왔음을 선언했다. 그리고 2006년에 컴퓨터가 다시 한 번 등장했다. 이번에는 하얀 모니터에 거울을 붙이고 거울 한가운데 'You'라고 쓰여 있었다. 그리고 그 밑에는 이렇게 적어두었다.

"네, 당신 맞아요. 정보의 시대는 당신이 지배하는군요. 당신의 세계에 오신 걸 환영해요(Yes, you. You control the Information Age. Welcome to your world)."

2006년의 인물은 '당신'이었지만, 정확히 말하자면 인터넷을 통해 서로 연결되어 있는 당신들 모두였다. 〈타임〉지 표지를 장식한 '당신'이라는 단어는 정보 수신자가 아니라 적극적인 참여자로 나선 당신들에게 바친 헌사였다.

〈타임〉지는 표지기사에서 공동체의 붕괴와 개인화를 강조하는 수많은 기사들에도 불구하고 조금만 시각을 달리하면 공동체와 협력에 대한 이야기를 만날 수 있다고 했다. 지금까지 접해본 적 없는 규모의 공동체와 협력, 거기에는 인터넷이 있었다. 인터넷을 통한 협력은 기존 언론사의 입맛에 맞게 다듬어진 뉴스뿐만 아니라 현장에서 전해지는 날것 그대로의 뉴스를 접할 수 있게 했다. 결국 웹 2.0 시대가 가져온 사회에 의미를 부여한 셈이다.

과연 이런 것들이 어떻게 가능했을까? 하루 종일 생업과 일상에 치이면서도 관심 분야나 눈앞에서 벌어진 현실을 파악하고 분석해 졸린 눈을 비벼가며 쓰고 다듬어 인터넷에 올린 당신들이 있었기에 가능했다. 인터넷과 당신이 가져온 공동체와 협력이란 위키피디아에 대한 말이었고, 유튜브에 대한 표현이었으며, 마이스페이스(우리에게는 블로그나 싸이월드)나 트위터, 페이스북 등을 가리키는 말이기도 했다. 공동체와 협력이라는 키워드는 세상을 바꾸고 있었고, 세상을 바꾸는 방식까지 바꾸고 있다.

물론 부작용도 있었다. 집단의 지성만큼 대중의 어리석음도 분명 있고, 음란물이나 악성 댓글과 같이 바람직하지 않은 콘텐츠들도 있었다. 하지만 그것이 긍정적인 영향력을 뒤덮을 만큼 크지는 않았고, 공동체를 만들었던 바로 당신들이 스스로 정화해갈 것을 믿기에 현재진행형인 당신과 인터넷의 혁명은 멈추지 않고 계속돼야 한다.

〈타임〉지 표지기사의 마지막은 이렇게 마무리되었다.

"세계를 완전히 새롭게 이해할 수 있는 기회다. 정치인과 정치인, 저명인사와 저명인사의 관계가 아니라 시민과 시민, 사람과 사람의 관계를 세울 수 있다. 계속 가기 바란다. 그저 단순한 호기심이 아니었음을 우리에게 보여달라."

당신이 각오를 다지고 새롭게 도전해야 할 것은 없다. 그냥 지금껏 해오던 것을 해오던 방식대로 계속하면 된다.

네트워크의 발전과 리더십

웹 2.0 시대다. 인터넷이 처음 등장했을 때, 정말 충격이었다. 책에서만 만났던 석학들의 홈페이지에서 그들이 강의하는 커리큘럼을 볼 수도 있었고, 가보고 싶은 곳에 대한 정보를 '마우스질'로 모을 수도 있었다. 얼마 지나지 않아 오히려 정보과잉이 문제라는 지적들이 나오기 시작했을 만큼 인터넷은 정보의 바다였다. 시기를 구분하자면 이때가 웹 1.0 시기다. 이때 네티즌의 관심사는 '정보의 바다에서 어떻게 원하는 정보를 찾을 것인가'였다. 수요에는 공급이 따르는 법, 이후 검색엔진이 등장했다. 야후(Yahoo)가 등장한 게 1995년이었다.

시간이 지나면서 사람들은 인터넷 정보에 자신의 의견을 더하기 시작했다. 예를 들면 이런 거다. 장마철을 맞아 자동차를 관리하는 요령에 대한 기사가 올라왔는데, 전문가(이를테면 자동차정비사)가 보기에는 내용이 부족할 수 있다. 그러면 기사의 부족한 부분을 전문가가 분량에 상관없이 자세하게 올릴 수 있다. 어떤 분야에든 전문가가 있다. 그러다보니 아예 네티즌들끼리 묻고 답하는 서비스가 생겼고 (한 예로 지식인 서비스), 네티즌들이 만든 백과사전도 나왔다(위키피디아). 사람들은 자신의 오랜 경험과 노하우를 공유하기 시작했다. 포털사이트를 통하지 않는 네티즌 간의 직접소통도 이루어졌다. SNS가 생긴 것이다.

조선간장과 왜간장, 양조간장의 차이를 묻는 사소한 질문에서부터(조선간장은 햇간장이고 국간장이며, 왜간장은 숙성시킨 간장으로 양조간장이다) 시시각각 변하는 폭우와 이로 인한 재해 및 교통 상황(2010년 초의 폭설이나 2011년의 도심침수 때 SNS의 위력은 대단했다), 금융위기를 맞은 우리나라 경제의 바람직한 방향(2008년 우리나라 경제는 황혼기인 듯했고, 아고라에서는 '미네르바의 올빼미'가 날았다)까지 네티즌들은 정보를 공유하고 토론을 벌이고 방향을 찾으려 애썼다. 정보의 개방과 공유는 웹 2.0 시대의 가장 큰 특징이다.

벌써 웹 3.0에 대한 이야기가 흘러나오고 있다. 사실 웹 2.0은 특별한 용어가 아니라 '예전과 다른 새로운 세대'라는 의미로 만들어졌다. 이 말을 처음 사용한 오라일리미디어그룹의 팀 오라일리 회장은 한 언론과의 인터뷰에서 '차세대 버전의 웹'이라는 의미로 사용했다고 말했다. 그가 처음 이 표현을 쓴 것은 2004년이었는데, 인터넷만 있으면 어느 곳에서도 데이터를 만들고 공유하며 저장·출판하는 비즈니스가 가능하다고 했다. 정보가 쌍방향으로 흐르면서 서로 공유하는 방식이 웹 2.0이었다.

그렇다면 3.0은 뭘까? 오라일리 회장은 모든 것이 센서화된 세계를 뜻한다고 밝혔다. 수많은 센서를 통한 기계의 자동화 사례들을 우리는 이미 보고 있다. 말로 전화를 거는 데는 이미 익숙하고, 자동차가 자동으로 평행주차를 하는 기술이나 차선을 넘어가면 경고음을 울리는 기술도 상용화되었다. 머지않아 말만 하면 자동으로 타이핑이 되는 기술도 나올 것이다. 다만, 센서를 통해 정보를 수집한다면 몇 해 전 스마트폰 이용자의 위치정보를 통신사에서 활용했듯이 누군가가 정보를 통제할 가능성도 있다. 조지 오웰이 《1984》에서 말한 '빅 브라더'가 기술적으로 가능해지는 것이다. 그 기술이 빅 브라더를 만들어낼지, 당신과 우리를 좀더 '소셜하게' 단련시킬지는 아직 미지수다. 우리가 하기 나름인 것이다.

　이런 시대적 흐름을 정치인이라고 모를 리 없다. 웹의 순기능과 부작용이 교차하는 가운데 정치권력도 슬쩍 발을 담그고 있다. 웬만한 국회의원은 물론 대통령까지도 SNS 대열에 동참했고, 일부 정당에서는 SNS가 운명을 가르기도 한다. 그런데 잠깐, 웹 2.0이 만들어낸 사회적 혁신을 과연 우리 사회의 리더, 특히 정치인들은 제대로 이해하고 있을까?

　이집트 시민운동 지도자 엘탄타위는 SNS를 통해 시민 각자가 리더 역할을 수행할 수 있었다고 말한다. 실시간 네트워크를 통해 누군가가 앞장서고 리드하면 순식간에 군중이 암묵적인 합의를 통해 거대한 힘, 어떤 정치 리더도 이루지 못한 변화를 이끌어낼 수 있는 것이다. SNS는 무척 중요하고, 이러한 소통은 더 중요하며, 변화의 의지와 공감대를 이룰 수 있는 비전과 정책 및 진심은 가장 중요하다. 그러니 SNS를 통해 국민과 소통하겠다는 우리 정치인들이 SNS의 껍데기만 부여잡고 있지 않기를 바란다.

당신이 리더라고, 진짜로!

　　　　　과장하는 것도 포장하는 것도 부추기는 것도 아니다. 당신이야말로 리더다. "내가 누군 줄 알고 리더라고 하느냐?"고 물을 수도 있다. 상관없다. 그냥 당신이 리더다, 무조건.

일차적으로는 당신이 리더가 될 수 있는 여건이 충분히 무르익었다는 뜻이다. 개인의 모든 행위는 개인 차원에서 끝날 수도 있지만, 우리가 되거나 사회적 맥락과 닿으면 변화의 시작이 될 수 있다. SNS를 비롯한 인터넷이라는 툴은 개인적 행위를 묶어내거나 사회적 맥락과 엮을 수 있다. 예전에는 인터넷을 통한 다양한 의견개진이 사회변화의 종속변수에 지나지 않았지만, 지금은 충분히 독립변수로 작용할 만큼 힘을 가지고 있다.

당신이 자판기 커피를 마시면서 동료들과 나눈 이야기, 어느 날 신문이나 책을 읽다가 문득 든 생각들이 트위터나 페이스북을 통해 트친(트위터 친구)과 페친(페이스북 친구)들에게 뻗어나가면 의견에서 여론으로 바뀔 수 있다. 다섯 명의 친구에게 퍼진 당신의 이야기가 다시 다섯 명에게 나눠지기를 10번만 하면 10,000,000명과 공유할 수 있는 것이다. 굳이 피라미드나 행운의 편지를 떠올리지는 말자. 트위터나 페이스북에서는 흔히 있는 일이다.

지금은 거대담론의 시대가 아니다. 작은 이야기(small talk)가 모여 거대담론을 만드는 모양새다. 방글라데시 빈민들에게 네트워크가 생기면서 이들이 세금을 축내는 빈민층에서 세금을 내는 사업가로 변화했듯이, SNS뿐 아니라 집단지성과 토론의 마당을 갖춘 우리는 이제 변화의 주인공으로 바뀌고 있다. 피라미드 꼭대기에서 만들어진 거대담론이 우리를 행복하게 해주지 않는다는 것을 경험으로 알기 때문이다. 나와 내 이웃의 행복을 논하는 작은 이야기들이 모여 큰 이야기를 이루고 관행과 제도를 바꿀 수 있다.

'어라? 나한테 그런 힘이 있다고?'

그렇다. 의심하지 말고 믿어라. 당신들의 리더십이 모여 우리의 리더십이 되는 것이다. 한 줌 권력도 없는데, 잃을 것도 없는 평범한 직장인이고, 등록금과 취업에 숨 막히는 대학생인데 무슨 리더십이냐고 묻지 마라. 리더십은 관계다. 당신이 주변 사람들과 맺는 관계가 모이고 쌓여 우리의 리더를 만든다. 공유할 수 있는 가치를 고민하고, 사람들과 소통하며 그 가치를 나누고, 나눈 가치를 추구하기 위해 지금까지의 관행과 습관을 혁신하는 과정이 우리의 행복을 만들고, 그 행복을 담보할 리더를 만든다. 그리고 한 가지만 더 생각하

라. 당신이 리더라는 것은 그만큼 책임이 있다는 말이라는 것을.

2006년 올해의 인물 소식을 전하는 〈타임〉지 표지를 장식한 것은 컴퓨터였지만, 선정된 인물은 '당신'이었다. 컴퓨터와 인터넷이 가져온 웹 2.0의 혁명이 없었다면 당신의 혁명도 어려웠겠지만, 거꾸로 웹 2.0 환경이 조성되었다고 해서 당신의 행복이 절로 주어지는 것은 아니라는 뜻이다. 네트워크는 도구이고, 중요한 건 당신이며 우리들이다.

아, 깜빡 잊은 것이 있다. 〈타임〉지가 선정한 2010년 올해의 인물은 대표적 SNS인 페이스북을 만든 마크 주커버그였고, 2011년 올해의 인물은 시위자(protester)였다. 꼭 SNS를 하고 시위대열에 나서라는 이야기가 아니다. 다만, 행복이란 하늘이나 땅의 선물이 아니라 '인간의 자식'이라는 것을 잊지 않았으면 좋겠다는 뜻이다. 행복은 인간의 몫이고 키우기 나름인 것이다.

"푸라 비다(Pura vida)"

어느 한적한 바닷가. 노신사는 느긋하게 휴가를 즐기고 있었고, 어부는 그날 잡은 물고기를 챙겨 집으로 향하고 있었다. 노신사가 어부에게 물었다.

"많이 잡으셨소?"

"네. 가족들과 나눠 먹고 이웃과 나눌 정도는 되지요."

"좀 더 잡지 그러셨소?"

"왜요?"

"시장에 팔면 돈을 많이 벌 수 있잖소?"

"그러면요?"

"돈을 모아 배도 큰 걸로 사고, 더 많은 배를 사서 사람들을 고용하고 더 많은 고기를 잡으면 부자가 될 수 있소. 왜 이렇게 누추하게 사시오?"

"그러고 나서 뭘 하실 셈인가요?"

"나중에 은퇴하고 어디 한적한 시골에 살면서 낚시나 하며 가족들과 여유를 즐기면 좋잖소. 난 평생 사업을 통해 돈을 모아 드디어 은퇴를 하고 첫 휴가를 떠나왔다오."

"저는 지금 그렇게 살고 있답니다."

어쩌면 코스타리카의 어느 바닷가였는지도 모르겠다. 얼마 전 발표된 국가별 행복지수에서 1위는 코스타리카였다. 삶의 만족도와 기대수명, 환경오염 등을 고려해 정하는 행복지수에서 코스타리카는 2009년과 2012년에 1위를 차지했다. 그런데 〈경향신문〉에 실린 칼럼(7월 5일 자 30면)에 따르면, 코스타리카의 가장 유명한 관광지인 몬테베르데의 울퉁불퉁한 길을 포장하자는 의견이 나왔다가 무산되었다고 한다. 관광이 편해져 관광객이 너무 많이 몰리면 자연이 훼

손될 것이 뻔하기 때문이다.

'푸라 비다'는 코스타리카에서 가장 많이 쓰이는 인사말이다. 우리나라의 '식사하셨어요?'가 곤궁하던 시절 먹는 일의 어려움과 소중함을 담은 인사였다면, '푸라 비다'는 아등바등하지 말고 즐겁게 살자는 코스타리카 사람들의 인생관과 철학을 담은 인사다. 직역하자면 '순수한 인생(pure life)'이다. 최소한, 인생의 순수한 목적이 돈은 분명 아닐 것이다. 또 하나 분명한 것은 우리의 소득수준은, 적어도 국민 각각이 아니라 전체 평균으로 보면 행복을 위한 최소한의 수준을 넘어섰다는 것이다.

정리하는 글이니 오랜 시간 이 책을 쓰면서 내내 참았던 말을 하고 마무리해야겠다. 오는 12월 대통령 선거에서 '내 행복'을 챙기시라. 나라의 부유와 우리 경제의 성장이 아니라 나와 내 가족의 행복을 아주 강력하게 두둔하시라. 우리는 그래도 된다. 그동안 열심히 살아왔기 때문이고, 그전에 사람은 누구나 행복하게 살 권리가 있기 때문이다. 나라의 이익과 나의 행복이 다른 방향을 향한다면 주저하지 말고 나의 행복을 탐하시라. 추상적인 국가에 휩쓸리지 말고 구체적인 나를 지키시라. 대한민국은 수없이 많은 나가 모여 이뤄진다. 나와 당신의 행복은, 그래서, 언제나 옳다.

나의 한 표가 나의 행복을 만든다

대담 : 장영철 경희대학교 경영대학 교수 / 이재혁 KBS 프로듀서
일자 : 2012년 7월 30일

대통령 선거가 6개월도 채 남지 않았다. 여러 인물이 다양한 캐치
프레이즈와 가치를 내걸고 대통령이 되겠노라 나섰지만, 국민의 마
음은 아직 오리무중이다. 어떤 후보를 뽑아야 할까? 누굴 뽑든 마찬
가지는 아닐까? 선택이 어려운 것은 딱히 마음에 드는 후보가 없어
서이기도 하고, 누가 대통령이 되든 달라질 게 없다는 정치적 허무
주의 때문이기도 하다. 어떤 리더십이 국민들을 행복하게 만들까?
팔로어들은 그런 리더십을 어떻게 알아볼 수 있을까? 결론적으로
우리는 이번 대선에서 어떤 선택을 해야 할까? 이러한 질문들을 가
지고 경희대학교 경영학과 장영철 교수를 만났다.

　장영철 교수는 《행복의 리더십》을 작업하는 동안 많은 자문을 해
주었다. 장 교수가 이야기하는 피터 드러커 이론은 몇몇 지점에서
정치적 리더십에도 시사하는 바가 아주 컸다. 그래서 올해 말에 있

을 대통령 선거와 관련해 행복해지고 싶은 우리 국민들이 행복의 리더십을 선택하는 데 보탬이 되도록 대담을 마련했다.

리더십의 핵심, 사명과 결과

이재혁 PD : 대통령 선거는 정치와 경제뿐 아니라 사회와 문화 등한 나라의 전반적인 리더를 선출하는 일입니다. 단도직입적으로 묻겠습니다. 리더란 어떤 사람입니까? 바람직한 리더의 조건을 꼽는다면 어떤 걸 들 수 있을까요?

장영철 교수 : 피터 드러커가 정의하는 리더의 핵심은 딱 두 가지입니다. 하나는 사명을 명확하게 해주는 사람, 다른 하나는 결과를 만들어내는 사람입니다. 사명을 명확하게 한다는 것은 팔로어로 하여금 '내가 왜 존재하고, 왜 이 일을 하고 있는지'를 분명하게 한다는 뜻입니다. 결과는 변화와 같은 의미입니다. 결과를 만들어낸다는 것은 고객의 삶에 변화를 불러일으켜야 한다는 것이죠. 기업이라는 조직에서 리더는 사원들에게 그들에게 주어진 일을 하는 분명한 이유를 제시하고, 제품과 서비스를 통해 소비자의 삶에 변화를 줘야 합니다. 정치적으로 해석한다면 어떻게 될까요? 기업이라는 대상을 국가로 확대해보면 알 수 있습니다. 한 나라의 리더는 국민들이 하고 있는 일이 이 사회를 위해 반드시 필요하다는 확신을 줄 수 있어

야 하고, 정책과 제도를 통해 국민들의 삶을 나아지게 해야 합니다. 꾸준한 소통이 필요한 이유입니다.

이재혁 PD : 우리의 정치현실을 보면, 선거운동 기간에는 정치가 일상을 방해할 정도로 삶 속에 들어오지만, 막상 선거가 끝나면 언제 그랬냐는 듯 삶과 격리된 공간으로 사라지는 것 같습니다. 리더와 팔로어가 지속적으로 소통할 수 있는 방법은 없을까요?

장영철 교수 : 소통의 수단이라면 이미 방송이나 이 책에 소개된 툴 (tool)을 들 수 있겠죠. SNS를 비롯해 때와 장소에 상관없이 소통할 수 있는 방법은 많습니다. 문제는 이러한 도구를 소통이 아닌 전달과 홍보의 수단으로 삼고 있기 때문에 발생합니다.

아까 정치적 리더십은 국민의 삶에 변화를 일으킬 수 있어야 한다고 말씀드렸는데요, 그러려면 국민이 가장 가치 있게 생각하는 것이 무엇인지 알아야 합니다. 인류학 연구 방법 가운데 에스노그래피 (ethnography)가 있습니다. 사회학에서는 참여관찰법이라고도 하는데, 간단히 말하면 부족과 함께 살면서 그 사람들의 삶을 살펴보는 방법입니다. 이미 기업에서는 이런 방법을 이용해 소비자의 필요(needs)를 파악하고 있습니다. 기존의 이론과 지식만으로는 고객을 파악할 수 없다는 것이 정설입니다. 예를 들어 주부들이 필요로 하는 제품을 구상한다고 할 때, 주부들을 인터뷰하는 것보다 더 좋은 방법은 주부로 살아보는 것입니다. 단순히 체험을 하는 것이 아니기 때문에 주부와 함께 생활하면서 그들의 생활방식과 사고방식 등 주부의 삶

소통의 리더십

자체를 들여다보고 경험합니다. 이 과정에서 수요자가 가장 가치 있게 생각하는 것이 무엇인지 파악해 제품이나 서비스에 반영하는 것입니다. 정치의 리더십도 마찬가지입니다. 현재 국민들이 가장 중요하게 생각하는 것이 무엇인지 파악하는 것이 중요합니다. 중요한 결과를 만들어내기 위해서는 어떤 가치가 중요한지 파악하는 것이 기본이고, 이를 위해서는 진정한 의미의 소통이 이뤄져야 하며, 이것이 리더의 기본이라고 할 수 있습니다.

이재혁 PD : 리더의 조건 가운데 결과에 대한 말씀을 해주셨는데, 이번에는 사명에 대해 이야기해보겠습니다. 사명감이란 일을 하는 이유라고 하셨는데, 구체적으로 사명감이란 무엇이고, 왜 중요합니까?

장영철 교수 : 재미있는 이야기 하나 할까요? 성당을 짓고 있는 석공 세 사람에게 왜 돌을 쪼고 있느냐고 물었더니 대답이 다 다르더랍니다. 첫 번째 석공은 먹고살기 위해서, 두 번째 석공은 나라에서 제일가는 석공이 되기 위해서, 마지막 석공은 아름다운 성전을 짓기 위해서라고 대답했어요. 어느 석공의 작품이 가장 아름다울까요? 이것이 사명감의 힘입니다. 대통령은 국민에게 일하고 세금을 내며 살아가는 이유를 제시해야 합니다. 구체적인 이유를 명시하라는 것이 아니라 이 나라에서 살아가는 일이 보람 있고 뿌듯해야 한다는 것이죠.

리더의 키워드인 사명과 결과를 리더가 갖춰야 할 조건으로 표현하면 영감과 행동이라고 할 수 있습니다. 드러커의 용어를 빌리면 미션(mission)과 액션(action)입니다. 우리나라 사람들은 미션 또는 영감에는 익숙지 않아요. 대신 비전에 강하죠. 기업들도 마찬가지예요. 기업 소개에 보면 비전은 제시하지만 미션은 잘 나와 있지 않아요. '일류기업' 같은 것은 비전이죠. 미션은 '일을 하는 이유'를 설명해야 해요. 예를 들어 월마트의 미션은 가난한 사람들에게도 부유한 사람들과 같이 공산품을 접할 수 있는 기회를 제공하는 것이에요. 국내의 한 보험회사는 '역경에 처한 사람들이 역경을 극복할 수 있도록 하는 것'을 핵심목적으로 하고 있더군요. 이런 게 미션입니다.

또 하나, 미션은 사회의 필요나 문제를 해결하는 것입니다. 개인의 입장에서는 밥벌이를 하는 것이 일하는 이유일 수 있고, 기업을 경영하는 경영자는 막대한 이익을 거두는 것이 목표일 수 있지만 이런 목표가 미션이 될 수는 없습니다. 미션은 사회를 앞으로 나아가게 해야 합니다. 거꾸로 말해서 필요와 문제에서 기회를 발견하는 것이 기업가이고 리더라 할 수 있습니다. 요컨대 미션은 이해(利害)의 문제가 아니라 가치의 문제이며, 리더에게는 사회 전체를 위한 가치관이 있어야 합니다. 이것이 정의와 책임 같은 가치를 리더에게 요구하는 이유입니다.

실패에 대한 관용이 새로운 도전과 가치를 만든다

이재혁 PD : 교수님께 자문을 구하면서 드러커의 리더십 이론을 정치적 리더십에도 적용할 수 있겠다는 생각은 했지만, 이 정도로 시차가 적을 줄은 몰랐습니다. 기업의 리더십과 정치의 리더십 사이에는 차이점이 없습니까?

　장영철 교수 : 근본적으로 조직을 이끄는 리더십의 원리는 같다고 할 수 있습니다. 회사든 국가든 구성원은 결국 사람이고, 사람의 마음을 얻는 원리는 비슷하니까요. 다만 정치와 기업이라는 특성 때문에 생기는 차이는 있습니다. 정치적 리더십은 영감 부분(mission oriented), 기업 리더십은 행동 부분(action oriented)에 강합니다. 아무래도 정치는 미래에 이뤄야 할 가치를 앞세우고, 기업에서는 결과를 중요시하기 때문이죠. 물론 이상적인 리더십은 이 두 부분을 조화시킬 줄 알아야 합니다. 우리 정치의 리더십이 액션만 좀 더 강화하면 된다는 의미는 아닙니다. 정치가 제대로 된 영감을 주었다는 뜻이라기보다는 영감과 행동 중에 그나마 영감 쪽에 가깝다는 뜻입니다.

　이재혁 PD : 그렇군요. 우리 사회의 현실에 대한 말씀을 꺼내셨는데, 교수님이 보시는 우리 사회의 모습에 대해 말씀해주시겠습니까?

　장영철 교수 : 사회에는 다양한 계층이 있고 빈부의 차이가 있기 마련이어서 우리 사회의 모습을 한마디로 정의하기는 어렵지만, 일종의 무력감이 우리 사회에 너무 많아 보입니다. 경제활동을 비롯한 생활 전반에 어려움이 너무 많고, 사회를 변화시키기에는 '내가 뭘 할 수 있을까' 하는 회의가 많은 것이지요.

　이재혁 PD : 어떻게 해야 할까요?

장영철 교수 : 쉬운 문제는 아닙니다. 책에도 혁신 이야기가 나오는데, 드러커는 혁신을 설명하는 과정에서 체계적 파괴(constructive destruction)라는 개념을 사용합니다. 흔히 창조적 파괴라고도 합니다. 과거에는 무척 유용했지만 지금은 효용이 없는 것들을 버려야 한다는 것입니다. 지금 유용하지 않고 버려야 한다는 사실도 알지만, 실제로 버리기는 쉽지 않습니다. 그래서 체계적 파괴에는 합리적 판단보다 용기가 더 필요합니다. 체계적 파괴가 사회구조를 바꾸는 일이라면 그 구성원인 사람들을 위한 작업도 필요하겠지요. 도전 과정에서 생긴 실수와 실패를 다독일 수 있는 여유와 관용이 있어야 합니다. 그래야 새로운 도전이 이어지고 새로운 가치도 만들어질 수 있겠지요.

이재혁 PD : 자연스럽게 혁신에 대한 이야기가 나왔습니다. 피터 드러커에게 혁신은 무엇이고, 우리 정치사회에 어떤 메시지를 전할 수 있을까요?

장영철 교수 : 혁신 역시 드러커의 핵심개념 가운데 하나입니다. 결과는 고객이나 국민의 삶에 변화를 일으켜야 한다고 했습니다. 그러기 위해 가장 중요하게 생각하는 가치를 파악해야 했고요. 그런데 삶의 환경과 수준이 달라지면 시각도 변화하기 마련입니다. 1960년대와 지금 국민들의 바람이 같을 수는 없습니다. 당연히 비전도 미션도 삶의 존재이유도 달라집니다. 그래서 리더는 변화를 읽고 내가 옳다고 믿는 것이 진짜 옳은지 끊임없이 생각하고 의심해야 합니다. 바로 혁신이지요. 혁신을 하기 위해서는 우선 소통이 이뤄져야 합니

다. 주부들의 삶에 참여해 관찰하는 사례에서도 말했듯이, 혁신을 통해 고객이 미처 깨닫지 못한 수요까지 깨달을 수 있습니다. 앞서 말한 체계적 파괴와 달라지는 시대와 미션을 파악하는 것이 혁신이라고 할 수 있습니다.

강점을 키우는 사회가 행복하다

이재혁 PD : 프로그램을 만들면서 고민했던 5가지 키워드를 드러커의 이론 속에서 자연스럽게 만나게 되네요. 키워드를 사용한 것도 결국은 행복의 리더십이라는 문을 열기 위해서였는데, 이제 행복의 리더십에 대해 묻겠습니다. 국민들이 행복해지려면 먼저 어떤 요건이 충족돼야 할까요?

장영철 교수 : 저 역시 책을 읽으면서 소통과 공감, 정의와 책임, 혁신의 키워드가 몇몇 지점에서 피터 드러커의 이야기와 맞아떨어진다는 생각을 했어요. 간단히 정리하자면, 소통을 해야 대중이 원하는 정의를 헤아릴 수 있고, 변화하는 사회에 맞춰 자신을 바꾸는 것이 혁신이겠죠. 행복한 사회를 위한 필수조건이라고 할 수 있습니다.

행복이라는 책의 핵심주제가 좋았어요. 결국 모든 행위는 행복하기 위한 것이니까요. 행복은 아주 명확한 가치인데, 그만큼 동떨어진 가치이기도 합니다. 어떻게 하면 행복해질 수 있을까? 모든 개인과 조직이 동시에 같은 정도로 행복할 수는 없습니다. 그나마 다행스러운 점은 물질적인 것이 행복의 전부가 아니라는 공감대가 이미 형성돼 있다는 것입니다. 행복의 기본조건은 물질적인 기초와 일에서 느끼는 만족감이라고 봅니다.

우선 물질적인 조건에 대해서 살펴볼까요? 방글라데시 국민들이 느끼는 행복이 우리보다 높은데요, 이는 분명 행복하다고 생각하는 기준치(reference point) 또는 행복에 대한 기대치가 낮기 때문이기도 합니다. 하지만 우리 사회는 기준치가 너무 높습니다. 그래서 이 기준치를 따라가려면 너무 힘들어요.[19] 우선 기준치를 좀 낮춰야 합니다. 그래야 만족을 느끼고 행복할 수 있습니다.

여기까지가 물질적 기초가 되겠고, 그 위에 자신의 삶에 의미를 부여할 수 있는 일을 많이 창출할 수 있어야 합니다. 드러커가 말하기를, 20세기의 가장 큰 변화는 인간이 자기 직업을 스스로 선택할 수 있게 된 것이라고 했습니다. 자기 삶을 위해 도전하고 그에 대해 책임을 지는 것이죠. 하지만 우리 사회에는 이런 모습이 많이 부족합니다. 직업선택의 자유는 있지만, 직업선택의 폭이 너무 좁습니다. 선택의 자유가 있는데도 스스로 결정할 수 없는 것은 구조의 문제입니다. 자신의 직업에 의미를 부여하기 위해서는 사회적 인정이 이뤄져야 합니다. 환경미화원을 보고 아이들에게 "저분들 덕분에 우리가 깨끗한 환경에서 사는 거야. 늘 감사하는 마음을 가져야 해" 하고 가르치는 사회와 "너희들 공부 열심히 안 하면 나중에 저렇게 된다"고 말하는 사회의 직업선택의 폭은 다를 수밖에 없지 않겠어요?

이재혁 PD : 국민들이 행복할 수 있는 조건을 만들기 위해 리더는 어떤 역할을 해야 할까요?

장영철 교수 : 물적인 토대와 제도를 갖추는 것은 사람이 하는 일입니다. 사회적 부를 어떻게 배분하고 운영하느냐도 사람이 결정하죠. 그러니 사람을 어떻게 리드하느냐가 중요한 문제라고 할 수 있습니다. 기계는 계기판을 보고 조정할 수 있지만, 사람은 그렇게 되지 않습니다. 마음을 움직여야 합니다. 만약 피터 드러커가 12월에 선출될 우리 대통령에게 조언을 한다면, "약점을 보지 말고 강점을 보라"고 할 것입니다.

보통 사람들이 자신의 강점이나 지식을 얼마나 활용할까요? 학자들은 20~30% 수준이라고 말합니다. 나머지 70~80%는 그대로 썩혀버립니다. 이유는 불통, 불신, 압박 등 다양할 것입니다. 흔히 '스왓(SWOT)'이라고 해서 강점(Strength)·약점(Weakness)·기회(Opportunity)·위기(Threat) 요인을 분석하는데, 눈에 들어오는 것은 약점·위기 요인입니다. 단점을 극복해야 한다는 말은 맞지만, 강점과 기회 요인을 살리는 게 훨씬 효율적입니다. 드러커는 악필로 유명했지만, 글씨체를 바꾸는 데 공을 들이는 대신 저술작업에 힘을 쏟았습니다. 대한민국 대통령이 할 일은 이 나라 국민들이 리더를 믿고 자신의 능력을 마음껏 발휘할 수 있게 하는 것, 나아가 자신이 잘하는 것을 더 잘할 수 있게 노력할 수 있는 사회를 만드는 것입니다.

이재혁 PD : 대통령 선거운동이 본격적으로 시작되면 더하겠지만, 지금도 보수진영과 진보진영의 갈등이 심합니다. 서로 대립하는 가치관이 충돌할 때 리더가 할 수 있는 선택은 무엇일까요?

장영철 교수 : 해결할 수 없는 갈등이라면 해결하지 않는 것, 나아가 갈등을 오히려 키우는 것도 하나의 방법입니다. 중요한 것은 대립을 위한 대립이 아니라 생산적인 대립을 해야 한다는 것입니다. 부부싸움도 잘만 하면 안 하는 것보다 낫다고 하지 않습니까? 파괴적인 논쟁이냐, 생산적인 논쟁이냐를 결정짓는 기준은 간단합니다. 큰 목소리가 작은 목소리를 덮지 않으면 생산적인 논쟁입니다. 드러커 역시 이론의 여지가 없는 의사결정은 유보하라고 했습니다. 민주화 사회란 다양성이 많이 확보된 사회이고, 당연히 다양한 목소리들이 나오게 됩니다. 그 목소리들을 살려 소통의 기회로 삼는 것이 진짜 리더십이겠지요.

내 표가 내 행복을 만든다

이재혁 PD : 간단한 질문 두 가지로 마무리하겠습니다. 먼저, 대권후보들에게 질문할 수 있는 기회가 주어진다면 교수님께서는 어떤 질문을 하시겠습니까?

장영철 교수 : (망설임 없이) 당신의 미션은 무엇입니까? 그 이유는 무엇

'행복의 문'을 여는
5가지 키워드

《행복의 리더십》은 리더가 아닌 팔로어,
선출될 대표가 아닌 유권자가 원하고 공감하는 리더십의 필수요소를 찾으려고 노력했다.
그 대표적인 키워드가 소통·공감·정의·책임·혁신이다.

입니까? 그 야망이 어떤 결과를 만들 거라고 생각합니까? 미션을 통해 국민과의 소통 정도와 리더의 자격을 알 수 있고, 미션 이유를 통해 그 사람의 가치관을 파악할 수 있기 때문이죠. 결과를 예상해보라는 것은 그 미션이 허황된 것인지 아닌지를 가늠하기 위해서입니다.

이재혁 PD : 이제 마지막 질문입니다. 한 사람의 유권자로서 선택의 순간에 스스로에게 던져야 할 질문이 있다면 무엇일까요?

장영철 교수 : 내가 지금 이 시점에서 가장 희망을 가지고 신뢰할 수 있는 리더가 누구인지 물어야 합니다. 그런 후보를 어떻게 알아볼 수 있을까요? 리더의 조건으로 이야기한 사명과 결과, 영감과 행동 중에 행동과 결과는 미리 알 수 없습니다. 과거의 행동과 결과 또는 공약들을 보고 미뤄 짐작할 뿐이지요. 하지만 사명이나 영감은 판단할 수 있습니다. 우선 후보자가 비전이 아니라 미션이 있는지 살펴야 합니다. 숫자와 실적에 집착한 공약은 미션이 아니라 비전입니다. 그리고 그 후보가 나에게 영감을 줄 수 있는지 살펴봐야겠죠. 또한 모든 투표의 기본이겠지만, 내 한 표가 나의 행복을 만든다는 생각으로 투표하셨으면 좋겠습니다.

이재혁 PD : 오랜 시간 좋은 말씀 감사합니다. 독자 여러분들의 선택에 큰 도움이 될 것으로 생각합니다. 고맙습니다.

장영철 교수 : 고맙습니다.

부자와 빈자를 함께 만족시켜라 – 전 브라질 대통령 룰라의 삼바 리더십

1 조돈문, 《브라질에서 진보의 길을 묻는다_신자유주의 시대 브라질의 노동운동과 룰라 정부》(후마니타스, 2009). 이 책 제3부 7장은 룰라 정부가 출범할 당시 브라질의 사회경제적 상황과 룰라의 사회정책을 다루고 있다.

2 위의 책 283쪽.

왜곡된 소통의 참혹한 결과 – 히틀러와 홀로코스트

3 한 가지 짚고 넘어갈 것은 히틀러가 완전히 민주적인 선거를 통해 정권을 장악한 것은 아니라는 점이다. 1928년 총선에서 나치당은 2.6%의 득표율로 참패했다. 하지만 1929년 미국에서 대공황이 발생한 이후 1930년에 치러진 제국의회 선거에서는 18.3%의 지지를 얻어 제2당으로 떠올랐다. 이후 몇몇 지방의회에서 제1당이 되더니 같은 해 7월 총선에서 37.4%의 지지율로 제1당이 되었다. 이에 히틀러는 총리직을 요구하고 1933년 1월 총리가 되었다. 사회의 각 조직에서 숙청과 나치화 작업이 진행되었고, 그해 10월 제국의회를 해산했다. 11월 선거를 통해 나치당 의원들로만 의회가 구성되었다. 찬반투표로 이뤄진 선거에서는 찬성이 95.1%나 되었다. 1934년 힌덴부르크 대통령이 사망하자 히틀러가 국가수반이 되었고, 며칠 뒤 실시된 국민투표에서 89.9%가 히틀러에게 전권의 부여를 헌법으로 보장하는 데 찬성했다. 이 모든 것이 불과 6년 사이에 벌어졌다. 공황으로 피폐해진 국민들의 정서와 히틀러의 권력욕이 만나 불꽃을 튀기며 나치 독일은 전쟁으로 치달았다. 연도에 따른 주요 내용은 이언 커쇼의 《히틀러 I》, 《히틀러 II》(이상 교양인, 2010)를 참고했다.

4 히틀러에 대한 가장 촘촘한 기록은 이언 커쇼의 《히틀러》두 권이다. 요아힘

페스트의 《히틀러 평전》(푸른숲, 1998)을 참고했다. 히틀러와 처칠을 비교한 앤드류 로버츠의 《CEO 히틀러와 처칠, 리더십의 비밀》(휴먼앤북스, 2003)에는 구체적인 비교가 나와 있다. 뒤에 나오는 프로이트와 히틀러에 대한 내용은 마크 에드문순의 《광기의 해석 : 프로이트 최후의 2년》(청림출판, 2008)을 참고했다.

5_____ 이언 커쇼, 《히틀러 I》, 75쪽.

6_____ 위의 책 414쪽.

7_____ 앤드류 로버츠, 《CEO 히틀러와 처칠, 리더십의 비밀》, 102쪽.

정의가 새삼 떠오르다 – 나침반이 고장 난 월가의 비극

8_____ 김수행 교수의 《세계대공황》(돌베개, 2011), 조지프 스티글리츠의 《끝나지 않은 추락》(이십일세기북스, 2010), 데이브 캔사스의 《월가의 끝나지 않은 도박》(엘도라도, 2009) 등을 일독하면 흐름이 보인다. 하루 만에 이해하고 싶다면 《세계대공황》 5장과 6장, 《끝나지 않은 추락》 4장과 6장을 찬찬히 살펴도 된다.

9_____ 조지프 스티글리츠 외 여러 경제학자가 쓴 글을 모은 《눈먼 자들의 경제》(한빛비즈, 2011) 가운데 마이클 쉬나이얼슨의 '월가의 보너스' 장 참고.

10_____ 눈치챘겠지만, 영화 〈세상의 중심에서 사랑을 외치다〉의 형식을 빌려왔다.

착한 기업이 돈 잘 버는 이유 – 가치의 공유와 공유할 가치

11_____ 박지희·김유진, 《윤리적 소비》(메디치미디어, 2010) 제3부 1장 참고.

12_____ 외부효과란 경제활동이 의도와 상관없이 만들어낸 혜택이나 손해를 가리킨다. 혜택에 대해 대가를 받지도, 손해에 대해 비용을 지불하지도 않는다. 혜택은 '외부경제', 손해는 '외부비경제'라고 한다.

13_____ 임영신·이혜영, 《희망을 여행하라》(소나무, 2009), 105~106쪽.

섬기는 자, 이끌 것이다 – 전 서독 총리 빌리 브란트와 이태석 신부의 서번트 리더십

14_____ 로버트 그린리프, 《서번트 리더십》(참솔, 2006), 서문.

15_____ 여기에 소개된 내용은 칠레 광산사고 당시 구조대 신분으로 현장을 취재한 조나단 프랭클린의 르포르타주 《THE 33》(월드 김영사, 2011)을 참고했다.

리더에게 군자의 모범을 권한다 – 핑핑푸 교수의 대아(大我) 리더십

16_____ 배병삼, 《논어, 사람의 길을 열다》(사계절, 2005) 12장 참조.

자본주의의 구원투수 – 조지프 슘페터의 '창조적 혁신'

17_____ 월터 아이작슨, 《스티브 잡스》(민음사, 2011), 777쪽.

'행복의 리더십'을 위한 팁 03_일상의 행복 ; 소득과 행복의 틈

18_____ 한계효용이란 뭔가 마지막 하나 더 소비할 때 느끼는 효용이란 뜻이다. '한계효용체감의 법칙'은 소비의 단위가 커지면 마지막 소비의 만족도가 줄어든다는 법칙이다. 한여름의 맥주도 첫 잔이 가장 맛난 법이다. 많이 가진다고, 많이 소비한다고 꼭 그만큼 행복한 것은 아니란 얘기다.

부록_ 대담 : 나의 한 표가 나의 행복을 만든다

19_____ 한 설문조사 결과 우리나라 중산층의 기준은 부채 없는 30평 이상의 아파트와 500만 원 이상의 월급여, 2,000cc 이상의 중형차, 1억 원 이상의 은행잔고 등이었다. 너무 높다. 참고로 조르주 퐁피두 전 프랑스 대통령이 말한 프랑스 중산층의 기준에는 직접 즐기는 스포츠와 자신만의 맛이 담긴 요리, 약자에 대한 관심과 봉사활동 등이 포함되어 있다.

참고문헌_

● ———— 강주헌(역)(2006). 서번트 리더십. Servant Leadership by Robert K. Greenleaf. 참솔.

● ———— 김수행(2011). 세계대공황. 돌베개.

● ———— 김정혜(역)(2011). 눈먼 자들의 경제. The Great Hangover by Joseph E. Stiglitz. 한빛비즈.

● ———— 박지희, 김유진(2010). 윤리적 소비. 메디치미디어.

● ———— 박혜원(역)(2009). 월가의 끝나지 않은 도박. The Wall Street Journal Guide to the End of Wall Street as We Know it by Dave Kansas. 엘도라도.

● ———— 배병삼(2006). 논어, 사람의 길을 열다. 사계절.

● ———— 송정은(역)(2008). 광기의 해석 : 프로이트 최후의 2년. The Death of Sigmund Freud by Mark Edmundson. 청림출판.

● ———— 안인희(역)(1998). 히틀러 평전. Hitler by Joachim Fest. 푸른숲.

● ———— 안진환(역)(2011). 스티브 잡스. Steve Jobs by Walter Isaacson. 민음사.

● ———— 이원경(역)(2011). THE 33. 33 Men: Inside the Miraculous Survival and Dramatic Rescue of the Chilean Miners by Jonathan Franklin. 월드김영사.

● ———— 이은정(역)(2003). CEO 히틀러와 처칠, 리더십의 비밀. Hitler & Churchill Secrets of Leadership by Andrew Roberts. 휴먼앤북스.

● ———— 이희재(역)(2010). 히틀러. HITLER, 1889~1936 by Ian Kershaw. 교양인.

● ———— 임영신, 이혜영(2009). 희망을 여행하라. 소나무.

● ———— 장경덕(역)(2010). 끝나지 않은 추락. Freefall _America, Free Markets, And The Sinking Of The World Economy by Joseph E. Stiglitz. 이십일세기북스.

● ———— 조돈문(2009). 브라질에서 진보의 길을 묻는다. 후마니타스.

● ─────── 홍성민(역)(2011). 좌절하지 않는 한 꿈은 이루어진다. 稲盛和夫のガキの自
叙傳一私の履歷書. 더난

● ─────── 조정주(역)(2010). 핀란드가 말하는 핀란드 경쟁력 100. 100 Sosiaalista
innovaatiota Suomesta. by Ilkka Taipale. 비아북

● ─────── 최재경(역)(2011). 위대한 희망. Unbowed: A Memoir. by Wangari
Maathai. 김영사

행복의 리더십

1판 1쇄 발행 2012년 9월 27일
1판 4쇄 발행 2015년 4월 10일

지은이 이재혁·KBS스페셜제작팀
정리 서승범

발행인 양원석
본부장 김순미
편집장 송상미
책임편집 송병규
기획 페이퍼100
해외저작권 황지현, 지소연
제작 문태일, 김수진
영업마케팅 김경만, 정재만, 곽희은, 임충진, 이영인, 장현기, 김민수,
      임우열, 윤기봉, 송기현, 우지연, 정미진, 이선미, 최경민

펴낸 곳 ㈜알에이치코리아
주소 서울시 금천구 가산디지털2로 53, 20층(가산동, 한라시그마밸리)
편집문의 02-6443-8857   **구입문의** 02-6443-8838
홈페이지 http://rhk.co.kr
등록 2004년 1월 15일 제2-3726호

ⓒ이재혁·KBS, 2012

ISBN 978-89-255-4831-9 (03320)

RHK는 랜덤하우스코리아의 새 이름입니다.